U0816409

21世纪会计系列规划教材·致用型

Accounting Informatization System Training

（第二版）

会计信息系统实训

张耀武　李星　主编

东北财经大学出版社
Dongbei University of Finance & Economics Press
大连

图书在版编目（CIP）数据

会计信息系统实训 / 张耀武，李星主编．—2版．—大连：东北财经大学出版社，2022.10

（21世纪会计系列规划教材·致用型）

ISBN 978-7-5654-4645-0

Ⅰ.会… Ⅱ.①张…②李… Ⅲ.会计信息-财务管理系统-高等学校-教材 Ⅳ.F232

中国版本图书馆CIP数据核字（2022）第190872号

东北财经大学出版社出版

（大连市黑石礁尖山街217号 邮政编码 116025）

网 址：http://www.dufep.cn

读者信箱：dufep@dufe.edu.cn

大连雪莲彩印有限公司印刷 东北财经大学出版社发行

幅面尺寸：185mm×260mm 字数：265千字 印张：11.25

2022年10月第2版 2022年10月第1次印刷

责任编辑：王 莹 周 晗 责任校对：何 群

封面设计：张智波 版式设计：原 皓

定价：39.00元

教学支持 售后服务 联系电话：（0411）84710309

版权所有 侵权必究 举报电话：（0411）84710523

如有印装质量问题，请联系营销部：（0411）84710711

第二版前言

当今，以计算机信息技术为核心的技术革命正在推动人类社会进入一个新的阶段，信息技术正全面渗透到人类社会的各个方面。经济一体化的逐步形成、市场竞争的不断加剧和客户需求的变化都迫切需要组织提升管理水平和应变能力，以求在市场中占有一席之地。同时，大数据技术、云计算技术、人工智能技术、移动通信技术、区块链技术等都在不断改变传统会计，重新赋予会计新的内涵。另外，各种新的管理思想也在改变着会计管理的内容和会计人员的工作。在这种背景下，会计人员需要不断更新自身的会计理论知识和会计技能。在会计教学体系中，会计信息系统知识是会计及相关专业学生必备的基本知识。

《会计信息系统实训》作为会计信息系统课程的配套实训教材，旨在让学生基于用友U8V10.1软件平台，通过完整的企业业务数据和会计数据实操，系统地掌握会计信息系统的基本知识，熟练掌握业务财务一体化管理软件集成应用的基本操作。本书共六章，分别讲述了系统管理、总账系统、报表系统、薪资管理系统、固定资产管理系统和购销存管理系统这六个系统的操作流程、初始设置、日常业务处理和期末处理。内容上注重会计实务与软件平台结合的全面性和典型性，每章实训均按照实训目的、实训内容、实训准备、实训案例和实训指导展开。实训目的明确了通过该实训应该掌握的知识和技能；实训内容说明了该实训应完成的主要工作；实训准备指出了完成该实训应具备的知识和事先应准备的数据环境；实训案例提供了企业的业务及财务数据；实训指导详细地讲解了具体的操作流程和步骤。

本书适用于本科经济管理类专业会计信息系统实验实训教学，也可用于高职高专、中专学校相关专业的会计信息系统实训教学及培训，还可作为在职会计人员学习会计信息系统知识、掌握会计软件基本操作的参考用书。

本书由武汉纺织大学会计学院张耀武老师和李星老师担任主编，由武汉纺织大学数学与计算机学院许小静老师和长江职业技术学院胡晓燕老师担任副主编，武汉纺织大学会计学院研究生梅星茹、景家阳、王淑彬、丁伟参加了本书的编写。

本书的编写和出版得到了东北财经大学出版社的大力支持和协助，在此表示感谢。

由于水平有限、时间仓促，书中难免存在不足和疏漏之处，敬请读者指正。

编　者

2022年9月

目 录

第一章 系统管理 ⇨1
第一节 建账及财务分工设置 /1
第二节 基础档案设置 /16
第二章 总账系统 ⇨43
第一节 总账系统初始设置及日常业务处理 /43
第二节 出纳管理 /67
第三节 总账系统期末处理 /76
第三章 报表系统 ⇨90
第一节 套用模板报表制作 /90
第二节 自定义报表制作 /97
第四章 薪资管理系统 ⇨109
第一节 薪资管理系统初始化设置 /109
第二节 薪资管理系统日常业务处理 /123
第五章 固定资产管理系统 ⇨134
第一节 固定资产管理系统初始化设置 /134
第二节 固定资产管理系统日常业务处理 /150
第六章 购销存管理系统 ⇨160
第一节 采购与应付款管理系统 /160
第二节 销售与应收款管理系统 /166
第三节 存货核算与库存管理系统 /169
参考文献 ⇨173

第一章

系统管理

第一节　建账及财务分工设置

一、实训目的

通过完成本实训，学生应掌握新建账套、财务分工的设置等内容及操作方法。

二、实训内容

1.用户添加；

2.建立账套；

3.财务分工；

4.数据备份。

三、实训准备

1.已正确安装用友U8 V10.1软件；

2.正确设置相应的系统日期：2023年1月1日。

四、实训案例

（一）增加用户及建立账套

1.用户设置

本实训中无须设置角色，所以不必修改系统默认的角色。

增加用户信息，见表1-1。

表1-1　**用户信息**

用户编号	用户名	虚拟身份	口令
001	学生本人	账套主管	1
002	张玲	出纳	2
003	李云海	应收会计	3
004	王小芳	应付会计	4
005	赵伟	总账会计	5

2.建立账套

建立实训所需账套。

账套号：班级号+后两位学号（例如：1班34号学生所建账套号应为134）；账套名称：怡讯公司；账套路径：默认；启用会计期：2023年1月；会计期间设置采用系统默认设置。

单位名称：武汉市怡讯科技有限公司；单位简称：怡讯公司；地址：武汉市建设大道135号；法人代表：张讯；邮政编码：430000；联系电话与传真：027-88888888；电子邮件：zx@qq.com；税号①：135792468031210。

本币代码：RMB；本币名称：人民币；企业类型：工业；行业性质：2007年新会计制度科目；账套主管：学生本人；按行业预置科目打“√”。

存货、客户、供应商均分类核算，有外币业务，在后面相应的可选栏打“√”；科目编码级次：4-2-2-2-2；客户及供应商分类编码级次：2-2-3；其余分类编码及数据精度均采用系统默认值；启用总账系统，启用日期为2023年1月1日。

（二）财务分工

设置上述账套用户的功能级权限，见表1-2。

表1-2　**用户权限**

用户编码	用户名	功能级权限
001	学生本人	账套主管
002	张玲	具有总账系统凭证下的出纳签字权及出纳的所有权限
003	李云海	具有应收系统的所有权限及总账系统除设置、主管签字、审核凭证、记账、恢复记账前状态及出纳（包含出纳签字）以外的所有权限
004	王小芳	具有应付系统的所有权限及总账系统除设置、主管签字、审核凭证、记账、恢复记账前状态及出纳（包含出纳签字）以外的所有权限
005	赵伟	具有总账系统除设置、主管签字、审核凭证、记账、恢复记账前状态及出纳（包含出纳签字）以外的所有权限

五、实训指导

系统管理模块主要能够实现如下功能：对账套的统一管理，包括建立、修改、引入、输出、删除及启用；对操作员及其功能权限实行统一管理，设立统一的安全机制，包括用户和权限设置；允许设置自动备份计划，系统根据这些设置定期进行自动备份处理，实现账套的自动备份；对年度账的管理，包括建立、引入、输出年度账，结转上年数据，清空年度数据。

（一）登录系统管理

操作步骤：

（1）用户选择运行【系统管理】模块，如图1-1所示。

---

① “三证合一”后税号变更为18位，此处仅为示例。

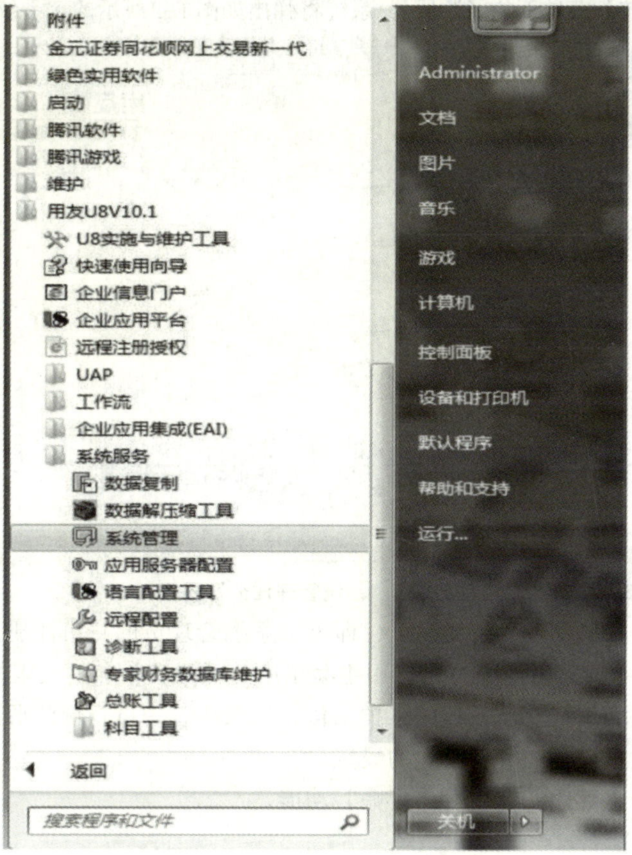

图1-1　选择【系统管理】模块

（2）显示如图1-2所示的“系统管理”界面。

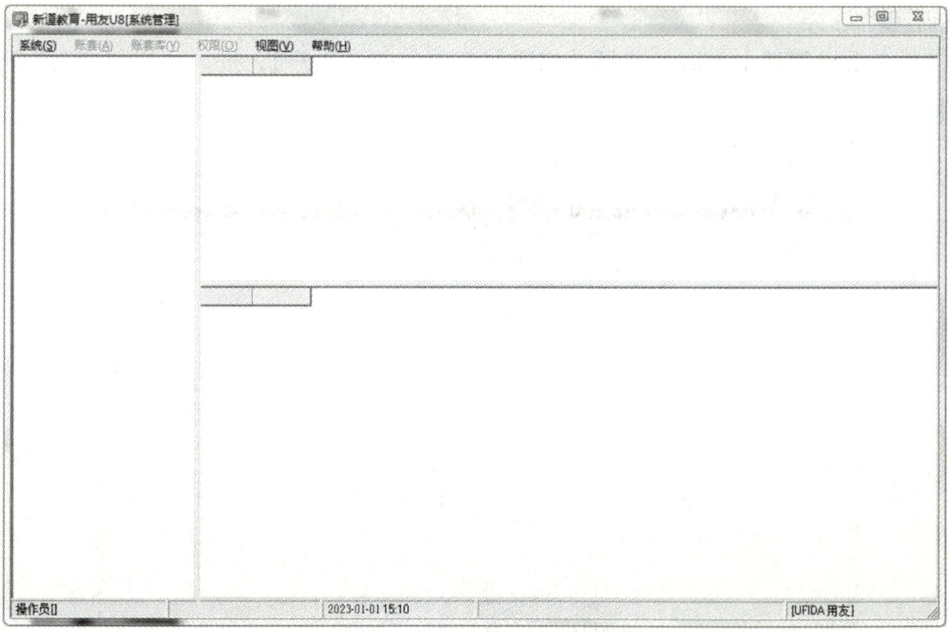

图1-2　“系统管理”界面

（3）点击【系统】菜单下的【注册】，系统将弹出如图1-3所示的“系统管理注册”界面。

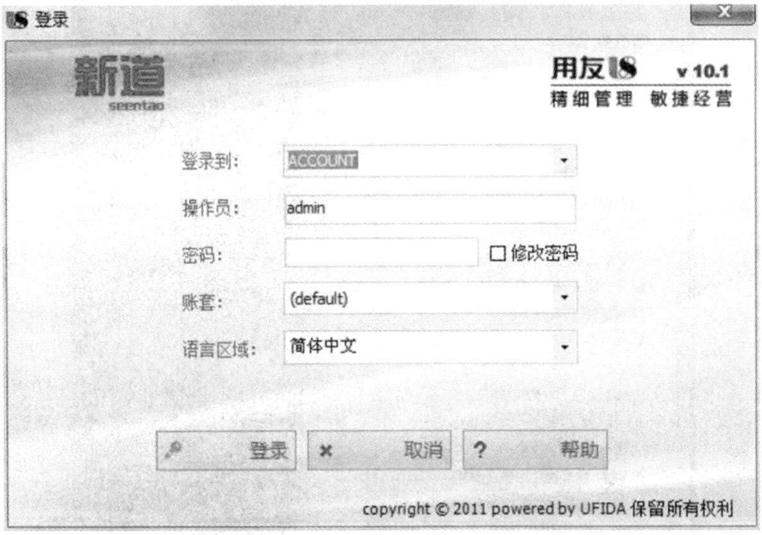

图1-3　“系统管理注册”界面

（4）在“操作员”处输入“admin”，即可以系统管理员的身份注册进入系统管理。注册成功后，在图1-2所示界面中可以启用主菜单中的【账套】和【权限】功能。

（5）系统管理员负责整个系统的维护工作。以系统管理员身份注册进入，便可以进行账套的管理以及【用户】和【权限】的设置。

（6）只有账套主管才能使用【年度账】功能。

（二）设置用户

设置用户的作用类似于Windows的用户账号，只有设置了具体的用户之后，才能进行相关的操作。

操作步骤：

（1）在系统管理主界面，选择【权限】菜单中的【用户】，进入“用户管理”界面，如图1-4所示。

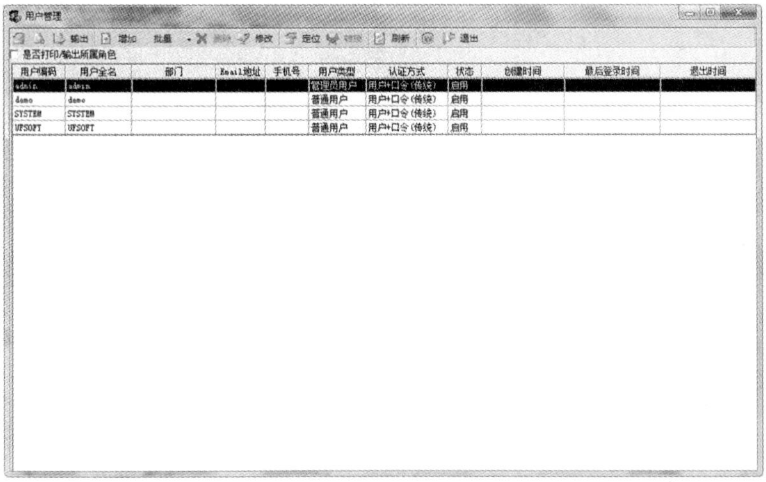

图1-4　“用户管理”界面

（2）增加新用户：在“用户管理”界面，点击〖增加〗按钮，显示“增加用户”界面。输入用户的编号、姓名、口令、所属部门、E-mail地址、手机号等，并选择新增用户所属的角色，点击〖增加〗按钮，保存新增用户信息，如图1-5所示。

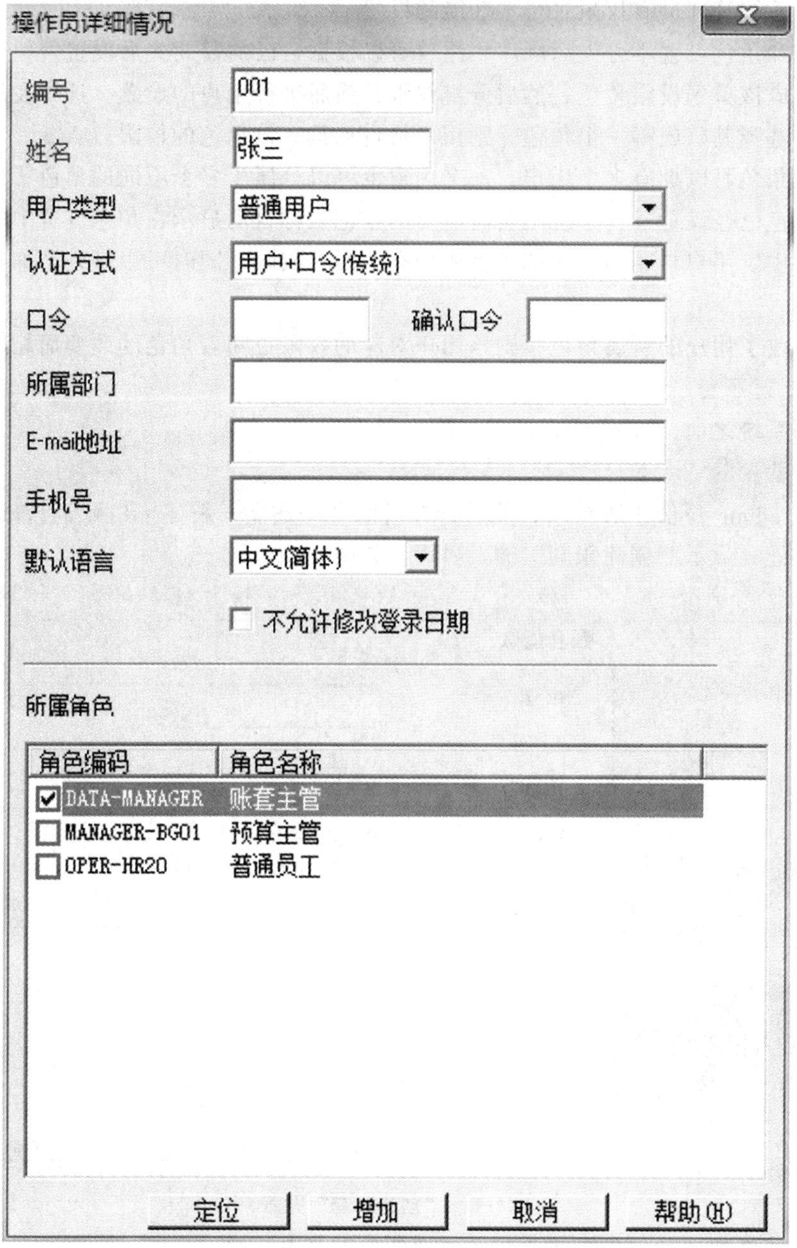

图1-5　新增用户信息

（3）修改用户信息：选中要修改的用户信息，点击〖修改〗按钮，可进入修改状态，但已启用用户只能修改口令、所属部门、E-mail地址、手机号和所属角色的信息。此时系统会在“姓名”后出现〖注销当前用户〗的按钮，如果需要暂时停止使用该用户，则点击此按钮。此按钮会变为〖启用当前用户〗，可以点击继续启用该用户。

（4）删除用户信息：选中要删除的用户，点击〖删除〗按钮，可删除该用户。但已启用的用户不能删除，已定义用户角色的用户必须先取消所属角色信息才能删除。

操作说明：

—只有系统管理员有权限进行本功能的设置。

—用户和角色设置不分先后顺序，用户可以根据自己的需要先后设置。但对自动传递权限来说，应该首先设定角色，然后分配权限，最后进行用户的设置。这样在设置用户的时候，如果选择其归属哪一个角色，则用户将自动具有该角色的权限。

——个角色可以拥有多个用户，一个用户也可以分属于多个不同的角色 。

—若角色已经设置过，系统则会将所有的角色名称自动显示在角色设置中的所属角色名称的列表中。用户自动拥有所属角色所拥有的所有权限，同时可以额外增加角色中没有包含的权限。

—若修改了用户的所属角色，则该用户对应的权限也随着角色的改变而相应改变。

（三）新建账套

在使用系统之前，首先要新建本单位的账套。

操作步骤：

首先以 admin 身份注册登录，然后选择【账套—建立—新建空白账套】，进入建立单位账套的功能，显示“创建账套”输入界面，如图 1-6 所示。

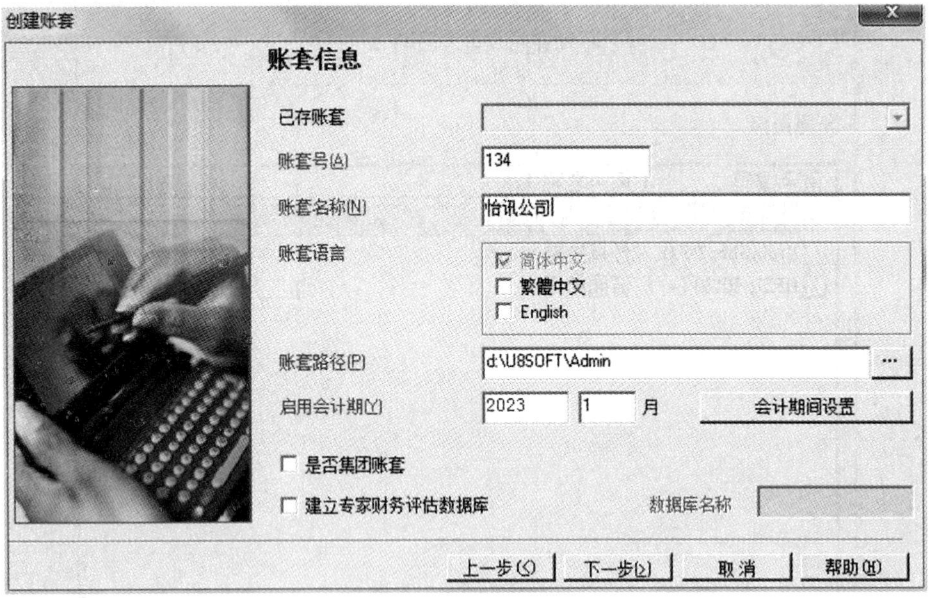

图1-6 “创建账套”界面

（1）输入新建账套信息，用于记录新建账套的基本信息。

栏目说明：

—已存账套：系统将现有的账套以下拉框的形式在此栏目中表示出来，只能参照，而不能输入或修改。其作用是在建立新账套时可以明晰已经存在的账套，避免在新建账套时重复建立。

—账套号：用来输入新建账套的编号，必须输入，可输入 3 个数字（只能是 001 ~

999之间的数字，而且不能是已存在账套中的账套号）。

—账套名称：用来输入新建账套的名称，作用是标识新账套的信息，必须输入，可以输入40个字符。

—账套路径：用来输入新建账套所要被保存的路径，必须输入，可以参照输入，但不能是网络路径中的磁盘。点击参照图标，弹出“账套存放路径”对话框，选择适宜的驱动器和目标文件夹，系统按选择的存放路径存放账套数据。

—启用会计期：输入新建账套被启用的日期，必须输入。

—会计期间设置：因为企业的实际核算期间可能与正常的自然日期不一致，所以系统可以在此进行设置。系统根据前面“启用会计期”的设置，自动将启用月份以前的日期标识为不可修改的部分，而将启用月份以后的日期（仅限于各月的截止日期，至于各月的初始日期则随上月截止日期的变动而变动）标识为可以修改的部分。例如，某企业由于需要在每月25日结账，那么可以在“会计日历—建账”界面双击可修改日期部分（灰色部分），在显示的会计日历上输入每月结账日期，下月的开始日期为上月截止日期+1（26日），年末12月份以12月31日为截止日期。设置完成后，企业每月25日为结账日，25日以后的业务记入下个月。每月的结账日期可以不同，但其开始日期为上一个截止日期的下一天。输入完成后，点击〖下一步〗按钮，进行第二步设置。

（2）输入核算类型。用于记录本单位的基本核算信息，包括本币代码、本币名称、企业类型、行业性质、账套主管（这里指定为001号操作员）、按行业性质预置科目等。界面如图1-7所示。

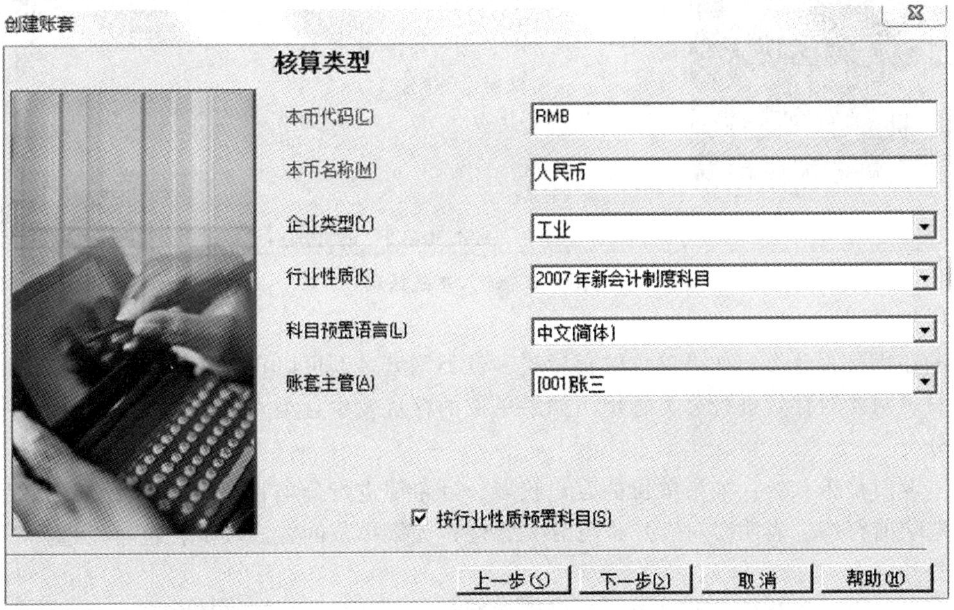

图1-7　输入核算类型

栏目说明：

—本币代码：用来输入新建账套所用的本位币代码，例如“人民币”的代码为RMB。

—本币名称：用来输入新建账套所用的本位币名称，必须输入。

—企业类型：必须从下拉框中选择输入与自己企业类型相同或最相近的类型。系统提供工业和商业两种类型。对于其他企业，建议选用“工业”。

—行业性质：必须从下拉框中选择输入本单位所处的行业性质。系统里提供了2007年新会计制度科目、行政、工业企业、商品流通、中小学校、高校等不同性质的行业。请您选择适用于您企业的行业性质，这为下一步“按行业性质预置科目”确定行业范围做好准备，系统会根据您的选择预制一些行业特定的报表。

—账套主管：用来确认新建账套的账套主管，用户只能从下拉框中选择输入。对于账套主管的设置和定义请参考后面介绍的权限管理。

—按行业性质预置科目：如果采用系统预置所属行业的标准一级科目，则在该选项前打钩，那么进入系统后，会计科目由系统自动设置；如果不选，则完全由自己来设置会计科目。

（3）输入基础信息选项。界面如图1-8所示。

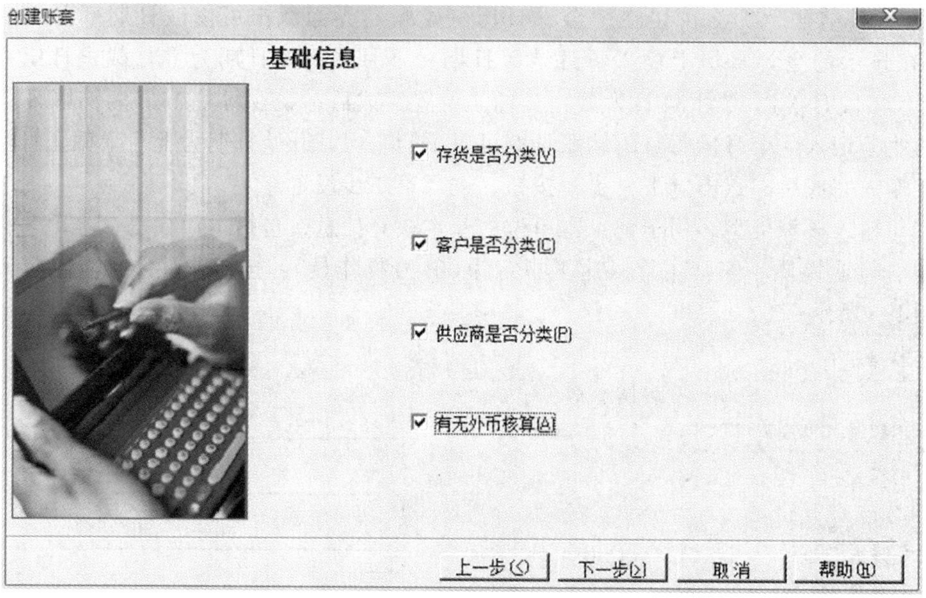

图1-8　输入基础信息

栏目说明：

—存货是否分类：如果单位的存货较多且类别繁多，可以在“存货是否分类”选项前打钩，表明要对存货进行分类管理；如果单位的存货较少且类别单一，也可以选择不进行存货分类。

—客户是否分类：如果单位的客户较多，且希望进行分类管理，可以在“客户是否分类”选项前打钩，表明要对客户进行分类管理；如果单位的客户较少，也可以选择不进行客户分类。

—供应商是否分类：如果单位的供应商较多，且希望进行分类管理，可以在“供应商是否分类”选项前打钩，表明要对供应商进行分类管理；如果单位的供应商较少，也可以选择不进行供应商分类。

—有无外币核算：如果单位有外币业务，可以在“有无外币核算”选项前打钩；否则，可以不进行设置。

（4）编码方案设置。可分级设置的内容有：科目编码级次、客户分类编码级次、供应商分类编码级次、存货分类编码级次、部门编码级次、地区分类编码级次、费用项目分类、结算方式编码级次、货位编码级次和收发类别编码级次等。编码级次和各级编码长度的设置将决定用户单位如何编制基础数据的编号，进而构成分级核算、统计和管理的基础。

【编码方案】显示如图1-9所示。

编码方案

项目	最大级数	最大长度	单级最大长度	第1级	第2级	第3级	第4级	第5级	第6级	第7级	第8级	第9级
科目编码级次	13	40	9	4	2	2	2	2				
客户分类编码级次	5	12	9	2	2	3						
供应商分类编码级次	5	12	9	2	2	3						
存货分类编码级次	8	12	9	2	2	2	2	3				
部门编码级次	9	12	9	1	2							
地区分类编码级次	5	12	9	2	3	4						
费用项目分类	5	12	9	1	2							
结算方式编码级次	2	3	3	1	2							
货位编码级次	8	20	9	2	3	4						
收发类别编码级次	3	5	5	1	1	1						
项目设备	8	30	9	2	2							
责任中心分类档案	5	30	9	2	2							
项目要素分类档案	6	30	9	2	2							
客户权限组级次	5	12	9	2	3	4						

确定(O)　取消(C)　帮助(F)

图1-9　设置编码方案

栏目说明：

—科目编码级次：系统最大限制为十三级四十位，且任何一级的最大长度都不得超过九位编码。一般单位用422即可。在此设定的科目编码级次和长度将决定用户单位的科目编号如何编制。例如，某单位将科目编码设为42222，则科目编号时一级科目编码是四位长，二至五级科目编码均为两位长；又如，某单位将科目编码长度设为442，则科目编号时一级科目编码为四位长，二级科目编码为四位长，三级科目编码为两位长。

—客户分类编码级次：系统的最大限制为五级十二位，且任何一级的编码长度都不得超过九位编码。在此设定的客户分类编码级次和长度将决定单位的客户编号如何编制。如某单位将客户分类编码设为223，则编号时，一级客户分类编码为两位长，二级编码为两位长，三级编码为三位长。

—供应商分类编码级次：系统的最大限制为五级十二位，且任何一级的编码长度都不得超过九位编码。在此设定的供应商分类编码级次和长度将决定用户单位的供应商编号如何编制。如某单位将供应商分类编码设为223，则编号时，一级供应商分类编码为两位长，二级编码为两位长，三级编码为三位长。

—存货分类编码级次：系统的最大限制为八级十二位，且任何一级的最大长度都不得超过九位编码。

—部门编码级次：系统的最大限制为九级十二位，且任何一级的编码长度都不得超过九位编码。在此设定的部门编码级次和长度将决定单位的部门编号如何编制。如某单位将部门编码设为12，则编号时，一级部门编码一位长，二级编码为两位长。

—地区分类编码级次：系统的最大限制为五级十二位，且任何一级的编码长度都不得超过九位编码。在此设定的地区分类编码级次和长度将决定单位的地区编号如何编制。如某单位将地区编码设为234，则编号时，一级地区分类编码为两位长，二级编码为三位长，三级编码为四位长。

—结算方式编码级次：系统将结算方式编码级次固定为二级，总长度不得超过三位编码。在此设定的结算方式编码级次和长度将决定单位的结算方式类别编号如何编制，系统默认结算方式编码为12，即编号时，一级结算方式编码为一位长，二级编码为两位长。

（5）数据精度设置：在系统管理部分需要设置的数据精度主要有：存货数量小数位、存货体积小数位、存货重量小数位、存货单价小数位、开票单价小数位、件数小数位、换算率小数位和税率小数位。可根据企业的实际情况进行设置。

【数据精度】显示如图1-10所示。

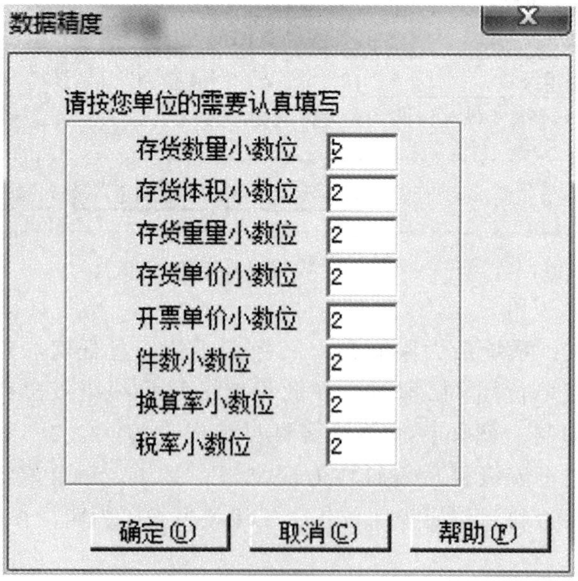

图1-10 设置数据精度

可根据企业的实际情况，输入在进行存货数量核算、存货单价核算时所要求的小数位数，输入在开票时所要求的单价和件数的小数位数，输入在进行单位换算时所要求的换算率的小数位数。

（6）系统启用：建账完成后，可以进行相关设置，要使用某个子系统必须先启用此子系统。

用户创建新账套后，自动进入系统启用界面，可一气呵成地完成创建账套和系统启用，“系统启用”界面如图 1-11 所示。

图1-11　“系统启用”界面

操作步骤：

有系统启用权限的系统管理员和账套主管选择要启用的系统，在方框内打钩。

在启用会计期间内输入启用的年、月数据。

用户按〖确定〗按钮后，保存此次的启用信息，并将当前操作员写入启用人。

系统启用的约束条件如下：

① 总账与其他系统的启用：各系统的启用日期必须大于等于账套的启用日期。

② 供应链系统启用：对于采购、销售、存货、库存四个模块，如果其中一个模块后启，其启用期间必须大于等于其他模块最大的未结账月。应付先启，后启采购，采购的启用月必须大于等于应付的未结账月。应收先启，后启销售，销售的启用月必须大于等于应收的未结账月，并且，必须是应收款管理系统未录入当月（销售启用月）发票，或者将录入的发票删除。销售先启，应收后启，如果销售已有结账月，应收的启用月应大于等于销售未结账月；如果销售无结账月，应收的启用月应大于等于销售启用月。销售先启，后启

应收，应将销售当月已审核的代垫费用单生成应收单（单据日期为当月）。

启用完成后退出建账向导，则企业建账成功。对于其他相关参数，可以在〖企业应用平台〗中进行设置。

（四）分配操作权限

本系统可以实现三个层次的权限管理：

第一，功能级权限管理，是将操作权限划分为更为细致的功能级权限管理功能，包括功能权限的查看和分配。

第二，数据级权限管理，可以通过两个方面进行权限控制，一个是字段级的权限控制，另一个是记录级的权限控制。

第三，金额级权限管理，主要用于完善内部金额控制，实现对具体金额数量的级别划分，对不同岗位和职位的操作员进行金额级别控制，限制他们制单时可以使用的金额数量，不涉及内部控制的不在管理范围内。

功能级权限的分配在系统管理的权限分配中进行设置，数据级权限和金额级权限在“数据权限”中进行分配。对于数据级权限和金额级权限的设置，必须是在系统管理的功能级权限分配之后才能进行。

操作步骤：

只有以系统管理员身份注册登录，才能进行功能级权限分配。

在系统管理主界面，选择【权限—权限】菜单，显示“操作员权限”设置界面，如图1-12所示。

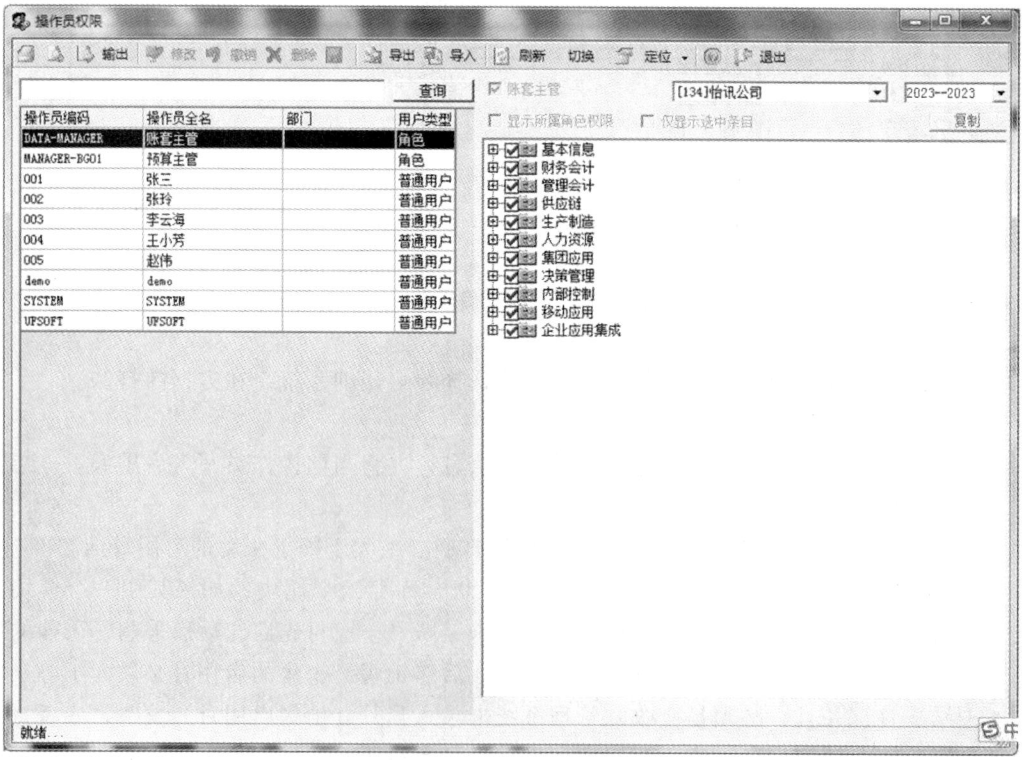

图1-12 设置操作员权限

（1）选择要分配权限的账套和账套所在年度，屏幕左边显示本账套内所有角色和用户名。

（2）选择要分配权限的角色和操作员，点击工具栏上的〖修改〗按钮，显示“修改权限”界面，系统提供各个子系统的功能级权限的分配，如图1-13所示。

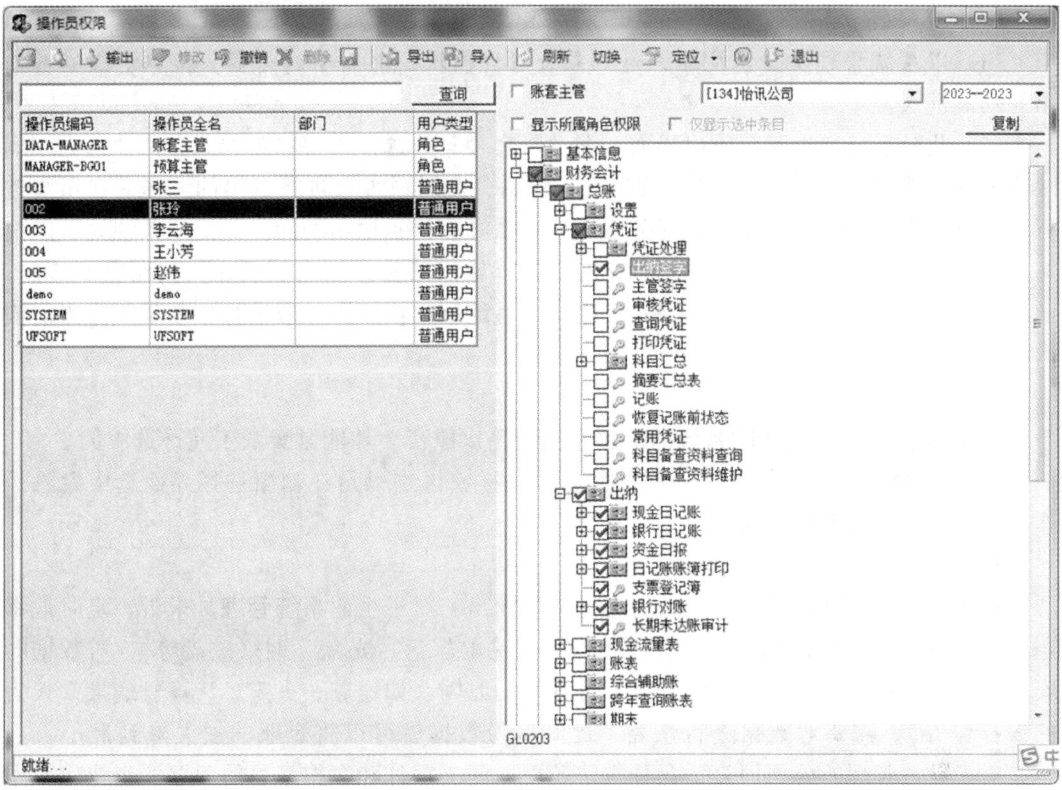

图1-13　修改操作员权限

（3）点击〖保存〗按钮保存设置，返回“操作员权限”界面。

（4）屏幕右边显示该角色或用户所拥有的权限名称和权限隶属的系统。

（五）数据备份、恢复——账套的其他操作

1.修改账套

当系统管理员建完账套后，在未使用相关信息的基础上，需要对某些信息进行调整，以便使信息更真实准确地反映企业的相关内容。只有账套主管可以修改其具有权限的年度账套中的信息，系统管理员无权修改。

操作步骤：

（1）用户以账套主管的身份注册，选择相应的账套，进入系统管理界面。

（2）选择【账套】菜单中的【修改】，则进入修改账套的功能。

注册进入系统后，可以修改的信息主要有：

① 账套信息：账套名称。

② 单位信息：所有信息。

③ 核算信息：不允许修改。

④ 基础设置信息：不允许修改。

⑤ 账套分类信息和数据精度信息：可以修改全部信息。

点击〖完成〗按钮，表示确认修改内容；如放弃修改，则点击〖放弃〗按钮。

2.删除账套

此功能可以一次将该账套下的所有数据彻底删除。

操作步骤：

（1）以系统管理员身份注册，进入系统管理模块，然后从【账套】菜单下级的【输出】功能进入。

（2）此时系统弹出账套输出界面，在“账套号”处选择需要输出的账套，并选中“删除当前输出账套”，点击〖确认〗按钮进行输出，此时系统会进行输出的工作。在系统进行输出过程中会有一个进度条，任务完成后，系统会提示输出的路径（此处系统只可以选择本地的磁盘路径，如C：\backup下等）。选择输出路径，点击〖确认〗按钮完成输出。此时系统提示：“真要删除该账套吗？”确认后系统删除该账套，取消操作则不删除当前输出账套。

操作说明：

① 正在使用的账套此时系统的“删除当前输出账套”功能是置灰不允许选中的。

② 账套删除和账套输出备份的操作基本一样，区别只是在输出选择界面选中删除操作和完成备份后的删除确认。

3.输出账套

输出账套是指将所选的账套数据进行备份输出。对于企业系统管理员来讲，定时地将企业数据备份出来存储到不同的介质上（如常见的软盘、光盘、网络磁盘等），对数据的安全性是非常重要的。如果企业由于不可预知的原因（如地震、火灾、计算机病毒、人为的误操作等），需要对数据进行恢复，此时备份数据就可以将企业的损失降到最小。当然，对于异地管理的公司而言，此种方法还可以解决审计和数据汇总的问题。企业应根据各自的实际情况加以应用。

操作步骤：

（1）以系统管理员身份注册，进入系统管理模块，然后点击【账套】菜单下级的【输出】功能。

（2）此时系统弹出“账套输出”界面，如图1-14所示，在“账套号”处选择需要输出的账套，选择输出路径（此处系统只允许选择本地的磁盘路径，如D：\backup下等），点击〖确认〗按钮完成输出，系统提示输出是否成功，如图1-15所示。

4.恢复账套

恢复账套功能是指将某账套的备份数据引入当前系统中。

操作步骤：

系统管理员在系统管理界面单击【账套】菜单中的【引入】，进入恢复账套的功能，如图1-16所示。

图1-14　“账套输出”界面

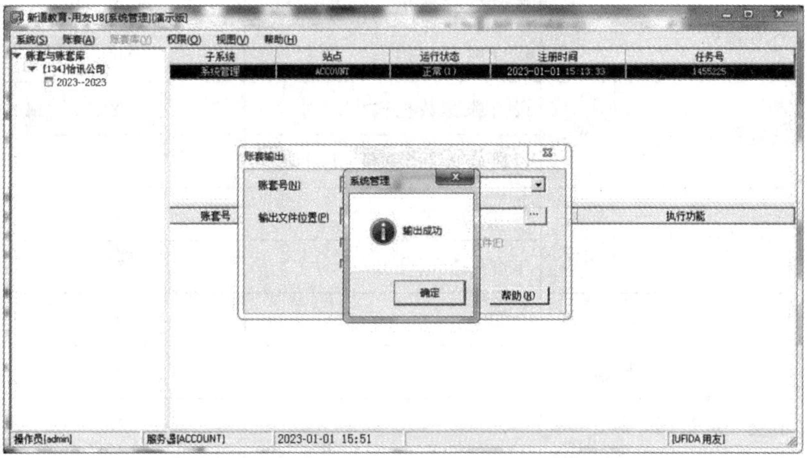

图1-15　输出成功

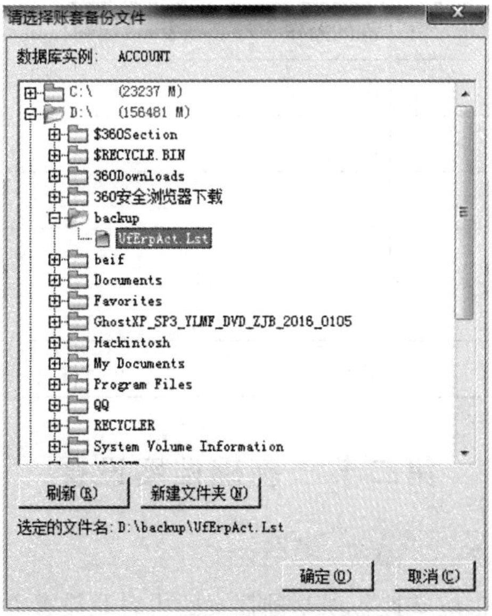

图1-16　恢复账套

系统管理员在界面上选择所要引入的账套数据备份文件。账套数据备份文件是系统输出的文件，前缀名统一为UfErpAct.。选择完以后，点击〖确定〗按钮表示确认。

系统管理员admin和账套主管的权限明细表见表1-3。

表1-3　系统管理员admin和账套主管的权限明细表

主要功能	详细功能1	详细功能2	系统管理员（admin）	账套主管
账套操作	账套建立	新账套建立	Y	N
		年度账建立	N	Y
	账套修改		N	Y
	数据删除	账套数据删除	Y	N
		年度账数据删除	N	Y
	账套备份	账套数据输出	Y	N
		年度账数据输出	N	Y
	设置备份计划	设置账套数据输出计划	Y	N
		设置年度账数据输出计划	Y	Y
	账套数据恢复	账套数据恢复	Y	N
		年度账数据恢复	N	Y
	升级Access数据		Y	Y
	升级SQL Server数据		Y	Y
	清空年度数据		N	Y
	结转上年数据		N	Y
人员、权限	角色	角色操作	Y	N
	用户	用户操作	Y	N
	权限	权限操作	Y	Y
其他操作	清除异常任务		Y	N
	清除单据锁定		Y	N
	上机日志		Y	N
	视图	刷新	Y	Y

第二节　基础档案设置

一、实训目的

通过完成本实训，学生应掌握各项基础档案的内容及设置方法。

二、实训内容

1.部门档案设置；
2.职员档案设置；
3.客户档案设置；
4.供应商档案设置；
5.会计科目设置；
6.凭证类别设置；
7.外币设置；
8.项目设置；
9.指定科目；
10.备份账套数据。

三、实训准备

引入实训项目第一章第一节的备份数据。

四、实训案例

（一）部门档案

部门档案见表1-4。

表1-4　**部门档案**

部门编码	部门名称	部门属性
1	综合部	管理部门
101	总经理办公室	综合管理
102	财务部	财务管理
2	销售部	市场营销
201	销售一部	专售电视机
202	销售二部	专售空调机
203	销售三部	专售大型设备
3	采购部	采购供应
4	制造部	研发制造
401	产品研发	技术开发
402	制造车间	生产制造

（二）职员档案

职员档案见表1-5。

表1-5 **职员档案**

职员编码	职员名称	所属部门	职员属性
01	张讯	总经理办公室	总经理
02	学生本人	财务部	财务主管
03	张玲	财务部	出纳
04	李云海	财务部	会计
05	王小芳	财务部	会计
06	赵伟	财务部	会计
07	周力	销售一部	业务员
08	吴勇	销售二部	业务员
09	郑兵	销售三部	业务员
10	钱进	采购部	业务员
11	孙清	产品研发	部门经理
12	陈飞	制造车间	部门经理

（三）客商信息

客户分类见表1-6。

表1-6 **客户分类**

类别编码	类别名称
01	企业单位
0101	工业企业
0102	商业企业
0103	金融企业
02	事业单位
0201	机关
0202	学校
03	其他

客户档案见表1-7。

表1-7　　客户档案

客户编码	客户名称	客户简称	所属分类	发展日期
001	武汉市第二高级中学	武汉二中	0202	2023.01.01
002	湖南华信集团有限公司	湖南华信	0101	2023.01.01
003	南京商贸有限公司	南京商贸	0102	2023.01.01
004	建设银行武汉分行	建银汉分	0103	2023.01.01
005	武汉市政府办公厅	汉办公厅	0201	2023.01.01

供应商分类见表1-8。

表1-8　　供应商分类

类别编码	类别名称
01	长期供应商
0101	福建地区
0102	上海地区
0103	湖北地区
02	临时供应商

供应商档案见表1-9。

表1-9　　供应商档案

供应商编码	供应商名称	供应商简称	所属分类
001	福建德成钢铁公司	福建德成	0101
002	上海万利塑成集团公司	上海万利	0102
003	武汉正大机电有限公司	正大机电	0103

（四）会计科目

1.修改应收应付系统受控会计科目

应收应付系统受控会计科目见表1-10。

表1-10　　应收应付系统受控会计科目

科目编码	科目名称	辅助核算	受控系统
1121	应收票据	客户往来	应收系统
1122	应收账款	客户往来	应收系统
2201	应付票据	供应商往来	应付系统
2202	应付账款	供应商往来	应付系统

2.增加或修改其他会计科目

其他会计科目见表1-11。

表1-11 其他会计科目

科目编码	科目名称	账页格式	单位	核算账类
100101	人民币户	金额式		日记账
100102	美元户	外币金额式		日记账
100201	人民币户	金额式		日记账、银行账
100202	美元户	外币金额式		日记账、银行账
112101	银行承兑汇票	金额式		客户往来
112102	商业承兑汇票	金额式		客户往来
122101	备用金	金额式		部门核算
122102	应收个人款	金额式		个人往来
140101	生产用材料采购	金额式		
14010101	钢材	数量金额式	吨	
14010102	塑料制材	数量金额式	吨	
14010103	其他	金额式		
140102	其他用材料采购	金额式		
140301	生产用原材料	金额式		
14030101	钢材	数量金额式	吨	
14030102	塑料制材	数量金额式	吨	
14030103	其他	金额式		
140302	其他原材料	金额式		
140501	电视机	数量金额式	台	
140502	空调机	数量金额式	台	
140503	X型数控设备	数量金额式	台	
220101	商业承兑汇票	金额式		供应商往来
220102	银行承兑汇票	金额式		供应商往来
222101	应交增值税	金额式		
22210101	进项税额	金额式		

续表

科目编码	科目名称	账页格式	单位	核算账类
22210102	销项税额	金额式		
222102	应交所得税	金额式		
222103	应交个人所得税	金额式		
224101	工会经费	金额式		
224102	教育经费	金额式		
500101	直接材料	金额式		项目核算
500102	直接人工	金额式		项目核算
500103	制造费用	金额式		项目核算
510101	工资费用	金额式		
510102	折旧费用	金额式		
510103	材料费用	金额式		
510104	其他费用	金额式		
600101	电视机	数量金额式	台	
600102	空调机	数量金额式	台	
600103	X型数控设备	数量金额式	台	
640101	电视机	数量金额式	台	
640102	空调机	数量金额式	台	
640103	X型数控设备	数量金额式	台	
660201	工资	金额式		部门核算
660202	福利费	金额式		部门核算
660203	折旧费用	金额式		部门核算
660204	差旅费	金额式		部门核算
660205	办公费	金额式		部门核算
660206	其他	金额式		部门核算
660301	利息费用	金额式		
660302	汇兑损益	金额式		
660303	其他	金额式		

（五）凭证类别

凭证类别见表1-12。

表1-12 **凭证类别**

凭证类别	限制类型	限制科目
记账凭证	无	无

（六）结算方式

结算方式见表1-13。

表1-13 **结算方式**

结算方式编号	结算方式名称	票据管理
1	现金结算	否
2	支票结算	否
201	现金支票	是
202	转账支票	是
3	托收承付	否
4	委托收款	否
9	其他	否

（七）外币及汇率设置

币符：USD；币名：美元；2023年1月份固定记账汇率1：6.9，1月末调整汇率1：7.0。

设置完成后将科目100102和100202的科目属性中选为外币核算，币种为刚才设置的美元USD。

（八）项目设置

项目设置见表1-14。

表1-14 **项目设置**

项目设置步骤	设置内容
项目大类	生产成本
核算科目	直接材料500101 直接人工500102 制造费用500103
项目分类	1.家用电器 2.大型机电设备
项目目录	101　电视机（家用电器） 102　空调机（家用电器） 201　X型数控设备（大型机电设备）

（九）指定出纳专管科目

在【会计科目设置—编辑—指定科目】中进行设置。

库存现金总账科目：1001 库存现金

银行存款总账科目：1002 银行存款

五、实训指导

从本实训开始，主要操作都是在企业应用平台中进行，操作顺序是：【开始—所有程序—用友U8V10.1—企业应用平台】，用户名填写代号或者名字，这里我们填001，也就是账套主管——学生本人，密码设置为“1”，日期选择2023年1月1日，在用友U8V10.1的基础设置中完成接下来的设置工作。

（一）机构人员档案设置

操作步骤：

1.部门档案

选择【基础设置—基础档案—机构人员】设置中的【部门档案】，显示如图1-17所示。

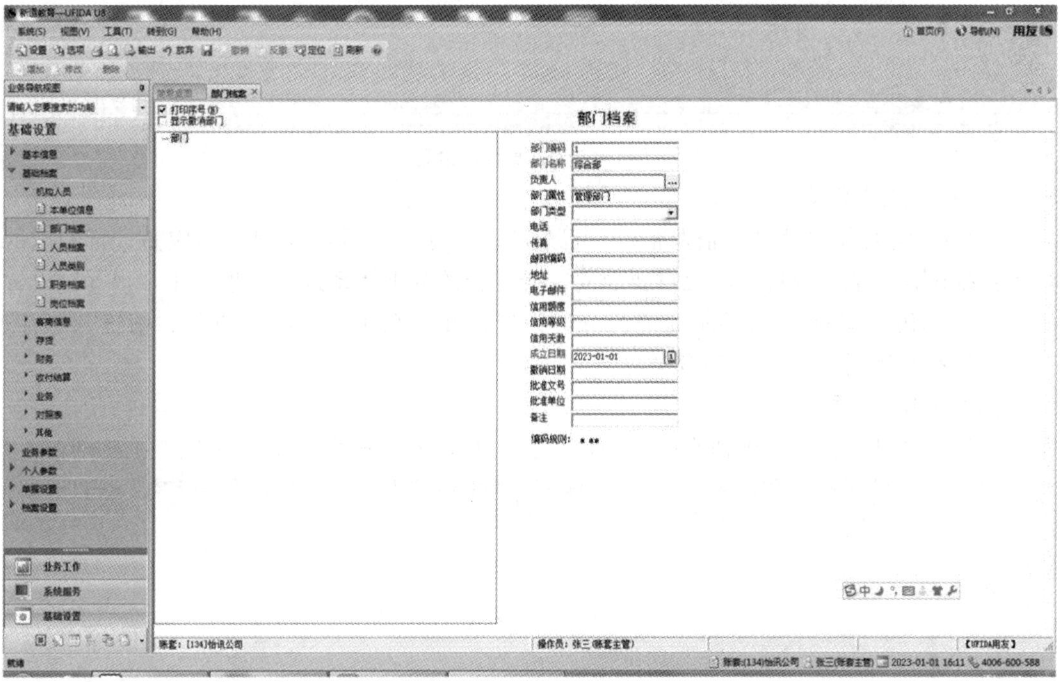

图1-17 部门档案设置

点击〖增加〗按钮，在编辑区输入部门编码、部门名称、负责人、部门属性、电话、地址等基础信息资料，其中部门编码、部门名称和成立日期必须输入。部门编码必须符合部门编码级次原则。

2.人员档案

选择【基础设置—基础档案—机构人员】设置中的【人员档案】，增加人员显示如图1-18所示。

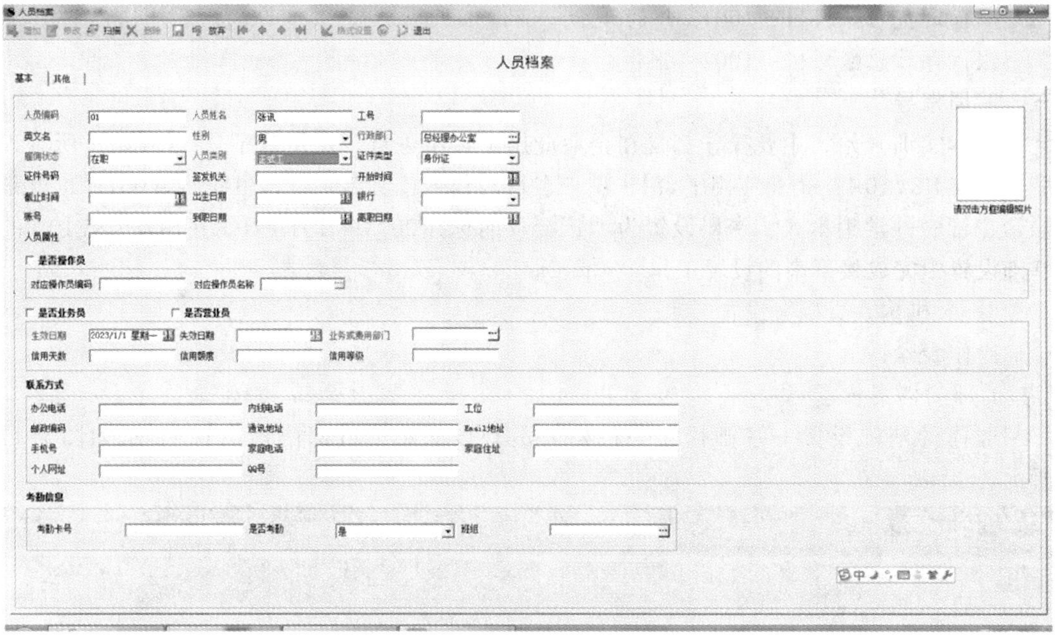

图1-18 人员档案设置

（二）客商分类设置

客户/供应商分类设置：企业根据自己管理的要求，需要对客户、供应商进行相应的业务数据统计、汇总分析，因此需要建立一套完善的分类体系进行管理。用户根据已设置好的分类编码方案对客户/供应商进行分类设置，在本系统中总账、应收、销售、库存、存货系统都会用到客户/供应商分类。

操作步骤：

选择【基础设置—基础档案—客商信息】中的【客户分类】，显示如图1-19所示。

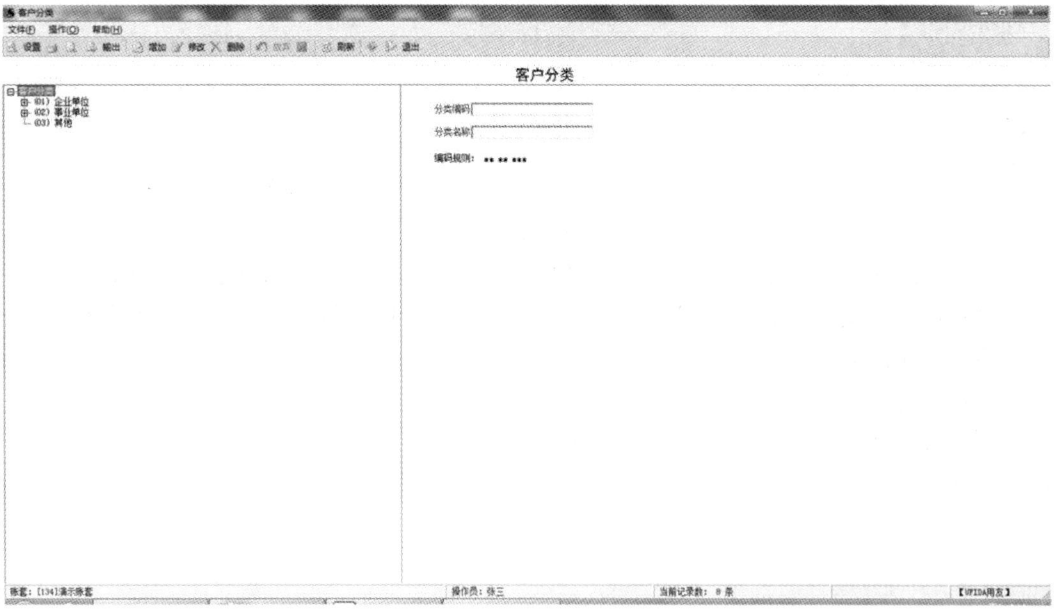

图1-19 客户分类设置

单击〖增加〗按钮，可新增一个客户类型，在编辑区输入客户分类编码、分类名称，输入完成后点击〖保存〗按钮，客户分类必须逐级增加；单击〖修改〗按钮，可对除客户分类编码外的其他客户分类信息进行修改；单击〖删除〗按钮，即可删除当前分类，注意已经使用的客户分类不能删除，非末级客户分类不能删除。

供应商分类设置的操作同客户分类。

（三）客商档案设置

客户/供应商档案设置：完成客户/供应商分类设置后，开始进行客户/供应商档案的设置和管理。供应商档案的相关设置操作同客户档案的处理，不再赘述。

操作步骤：

选择【基础设置—基础档案—客商信息】中的【客户档案】，显示如图1-20所示。

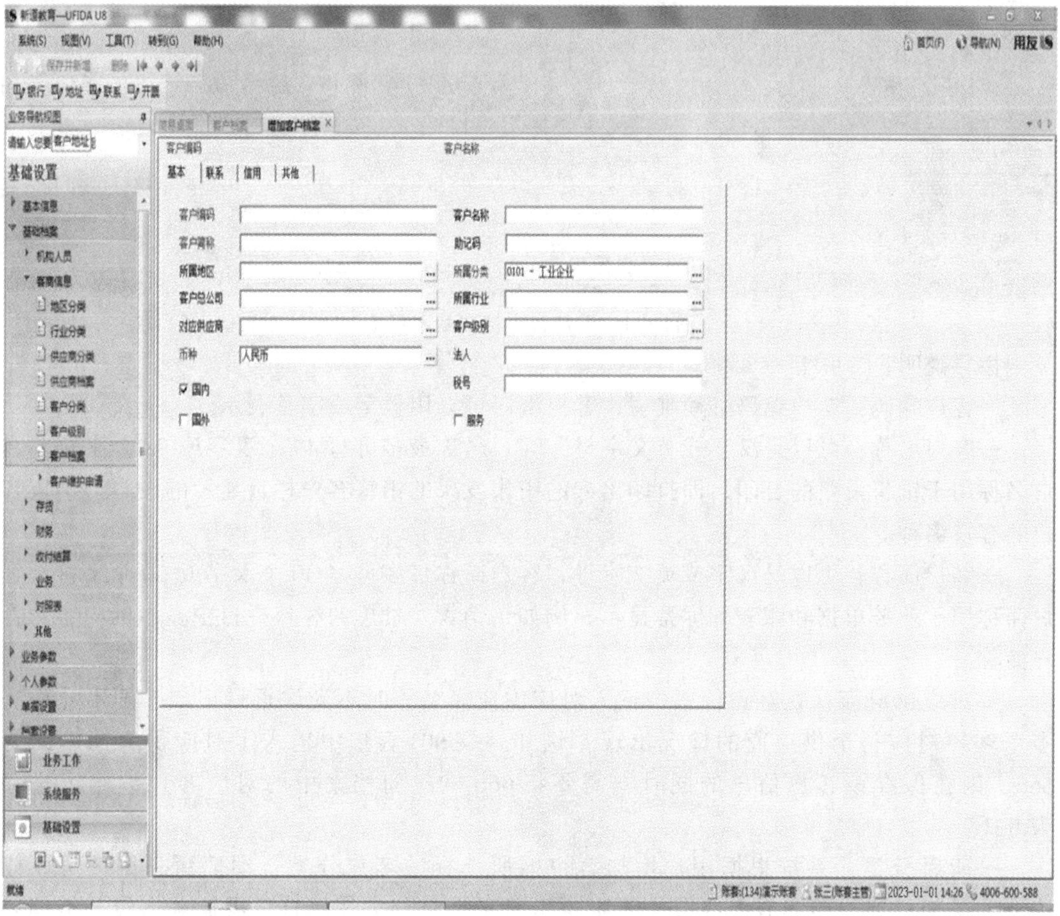

图1-20　客户档案设置

在图1-20界面左边的列表中选择一个末级的客户分类，点击〖增加〗按钮，显示如图1-21所示的“增加客户档案”界面，分别填写基本页签、信用页签、联系页签和其他页签的内容，增加客户信息。

1.基本页签（如图1–21所示）

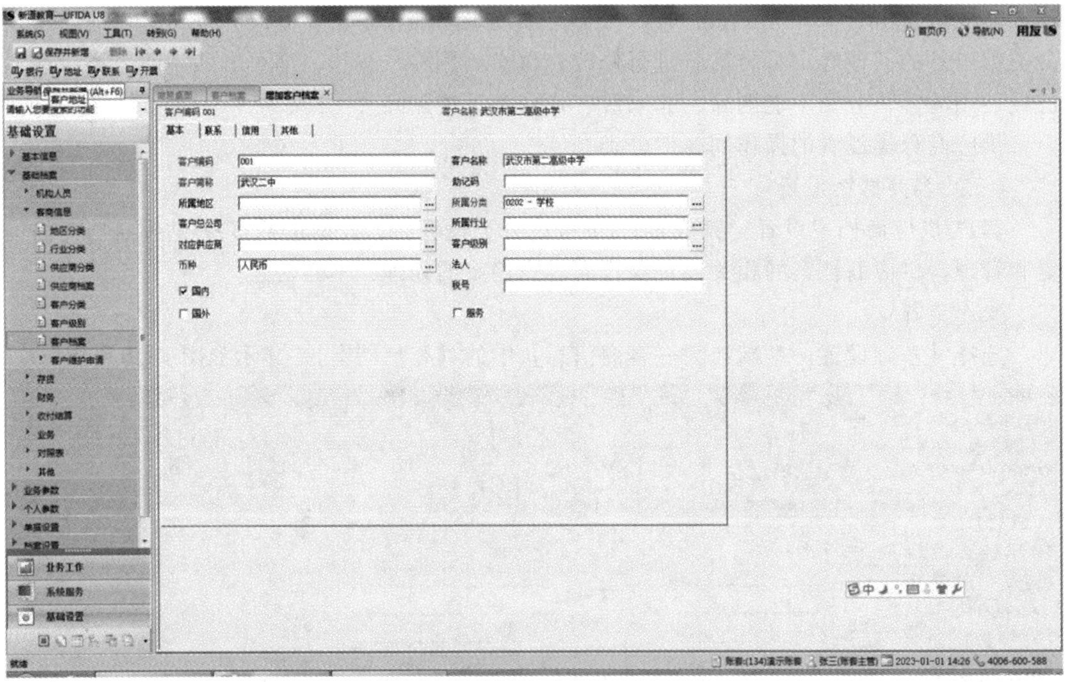

图1–21　添加客户档案基本页签

栏目说明：

—客户编码：客户编码必须唯一；客户编码可以用数字或字符表示。

—客户名称：可以是汉字或英文字母，客户名称最多可写49个汉字或98个字符。客户名称用于销售发票的打印，即打印出来的销售发票的销售客户栏目显示的内容为销售客户的客户名称。

—客户简称：可以是汉字或英文字母，客户简称最多可写30个汉字或60个字符。客户简称用于业务单据和账表的屏幕显示，例如，销售发货单的客户栏目中显示的内容为客户简称。

—对应供应商：在客户档案中输入对应供应商名称时不允许重复记录，即不允许有多个客户对应一个供应商的情况出现，例如，在001客户中输入了对应供应商编码为666，则在保存该客户信息的同时，需要将666供应商档案中的对应客户编码记录存为001。

—所属分类：系统根据用户增加客户前所选择的客户分类自动填写，用户可以修改。如果新增客户档案有上级分类，则这里显示上级分类编码，只需输入下级分类编码即可。

—所属地区：可输入客户所属地区的代码，输入系统中已存在的代码时，自动转换成地区名称，显示在该栏目的右编辑框内。建议输代码，也可以用参照输入法，即在输入所属地区码时用鼠标按参照键显示所有供选择的地区，用鼠标双击选定行或当光标位于选定行时用鼠标单击〖确认〗按钮即可。

—客户总公司：客户总公司指当前客户所隶属的最高一级的公司，该公司必须是已经通过【客户档案设置】功能设定的另一个客户。在销售开票结算处理时，具有同一个客户总公司的不同客户的发货业务，可以汇总在一张发票中统一开票结算。在此处，可输入客户所属总公司的客户编号，输入系统中已存在的编号时，自动转换成客户简称，显示在该栏目的右编辑框内。可以输入代码，也可以参照输入。

—所属行业：输入客户所归属的行业，可输入汉字。

—税号：输入客户的统一社会信用代码，用于销售发票的税号栏内容的屏幕显示和打印输出。

—法人：输入客户的企业法人代表的姓名。

2.信用页签

在信用页签（如图1-22所示）中输入有关用户的信用等级、信用期限等客户信用信息；如果您在应收款管理系统中选用“根据单据自动报警”，那么在这里要输入相应的信用期限；如果您在应收款管理系统中启用“信用额度控制”，那么在这里要输入信用额度的金额。供应商的信用控制主要在应付款管理中使用。

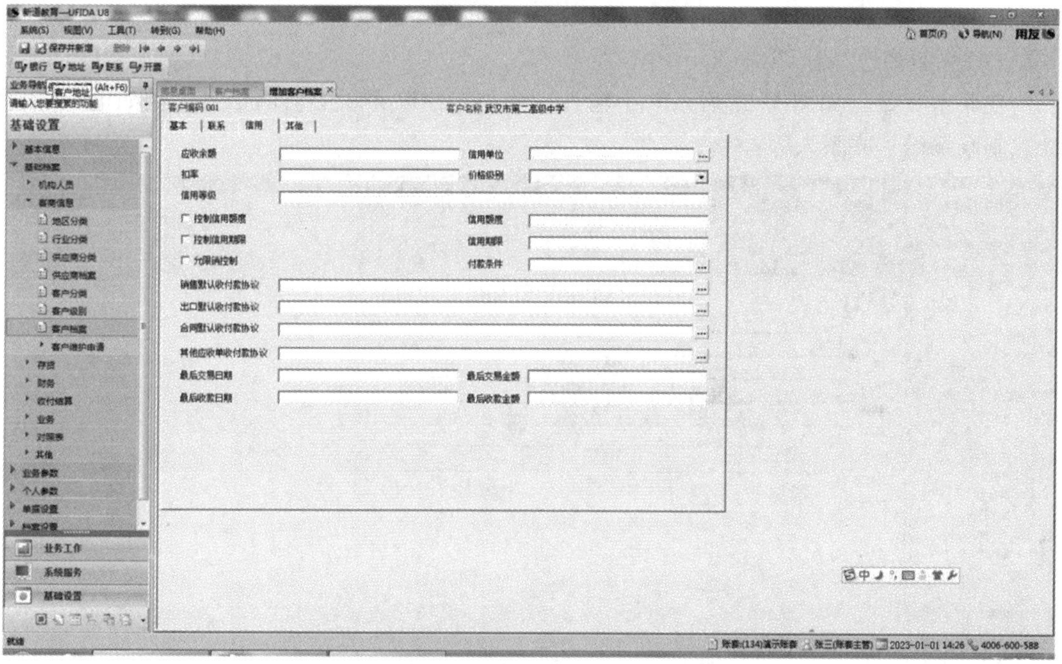

图1-22 信用页签

栏目说明：

—应收余额：应收余额指客户当前的应收账款的余额，由系统自动维护，不能修改该栏目的内容。点击客户档案主界面上的〖信用〗按钮，计算并显示应收款管理系统中客户当前的应收款余额。

—扣率：输入客户在一般情况下可以享受的购货折扣率，可用于销售单据中折扣的缺省取值。

—信用等级：按照用户自行设定的信用等级分级方法，依据客户在应收款项方面的表现，输入客户的信用等级。

—控制信用额度：选择集团账套时使用此控制项，打“√”表示该客户的应收账款信用额度受总公司制定的信用额度控制。如果按总公司控制信用额度，必须输入该客户的所属总公司。

—信用期限：可作为客户超期应收款项的计算依据，其度量单位为“天”。

—控制信用期限：此控制项打“√”表示对该客户的信用控制要实行信用期限控制。

—信用额度：内容必须是数字，可输入两位小数，可以为空。

—付款条件：可用于销售单据中付款条件的缺省取值，输入系统中已存在代码时，自动转换成付款条件表示。也可以用参照输入法，即在输入付款条件码时按参照键显示所有供选择的付款条件，用鼠标双击选定行或当光标位于选定行时用鼠标单击〖确认〗按钮即可。建议用参照输入法。

—最后交易日期：由系统自动显示客户的最后一笔业务的交易日期。例如，该客户的最后一笔业务（在各种业务中业务日期最大）是开具一张销售发票，那么最后交易日期即为这张发票的发票日期。不能手工修改最后交易日期。

—应收余额、最后交易日期、最后交易金额、最后收款日期、最后收款金额这五个字段是应收系统中计算相关数据时自动显示的，不能修改。

3.联系页签

在联系页签（如图 1-23所示）中输入一些与客户联系所必需的信息，例如电话、地址、邮政编码、联系人等。

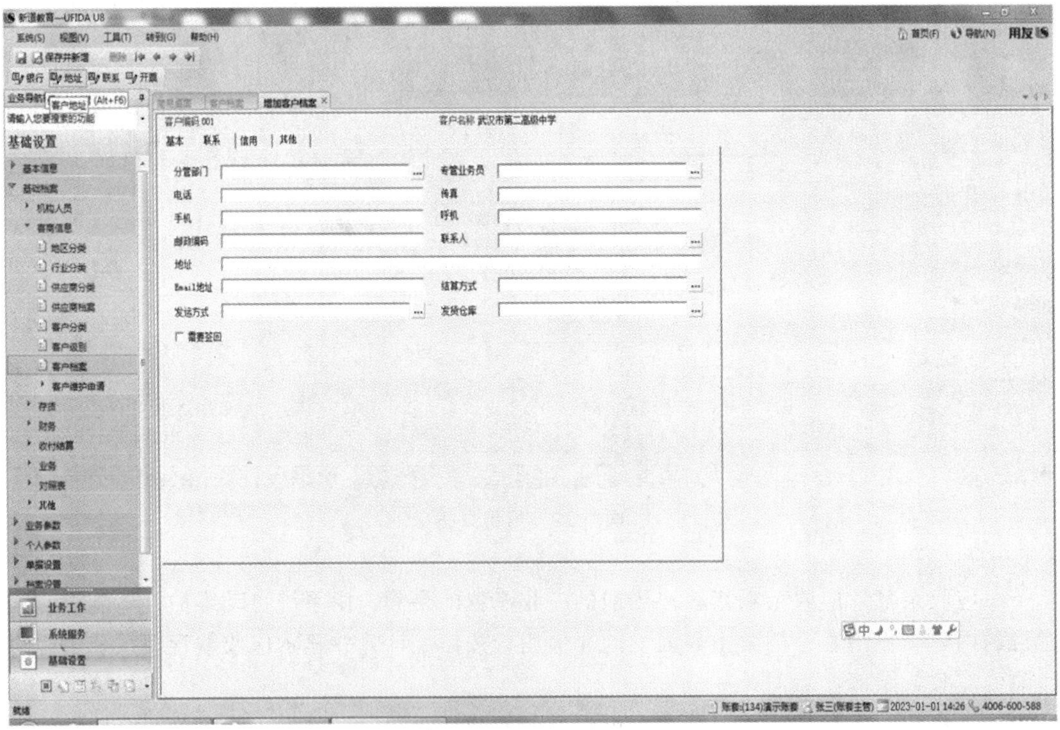

图1-23 联系页签

栏目说明：

—分管部门：该客户归属分管的销售部门。

—专管业务员：指该客户由哪个业务员负责联系业务。

—地址：可用于销售发票的客户地址栏内容的屏幕显示和打印输出，最多可输入49个汉字或98个字符。如果客户的地址有多个，在此处输入该企业同客户之间发生业务往来最常用的地址。

—电话、手机：可用于销售发票的客户电话栏内容的屏幕显示和打印输出。

—发运方式：可用于销售发货单中发运方式栏的缺省取值，输入系统中已存在代码时，自动转换成发运方式名称。建议输代码，也可以用参照输入法，即在输入发运方式码时按参照键显示所有供选择的发运方式，用户用鼠标双击选定行或当光标位于选定行时用鼠标单击〖确认〗按钮即可。

—发货仓库：可用于销售单据中仓库的缺省取值，输入系统中已存在代码时，自动转换成仓库名称。建议输代码，也可以用参照输入法，即在输入发货仓库码时按参照键显示所有供选择的仓库，用户用鼠标双击选定行或当光标位于选定行时用鼠标单击〖确认〗按钮即可。

4.其他页签

其他辅助信息在其他页签中输入，如图 1-24所示。

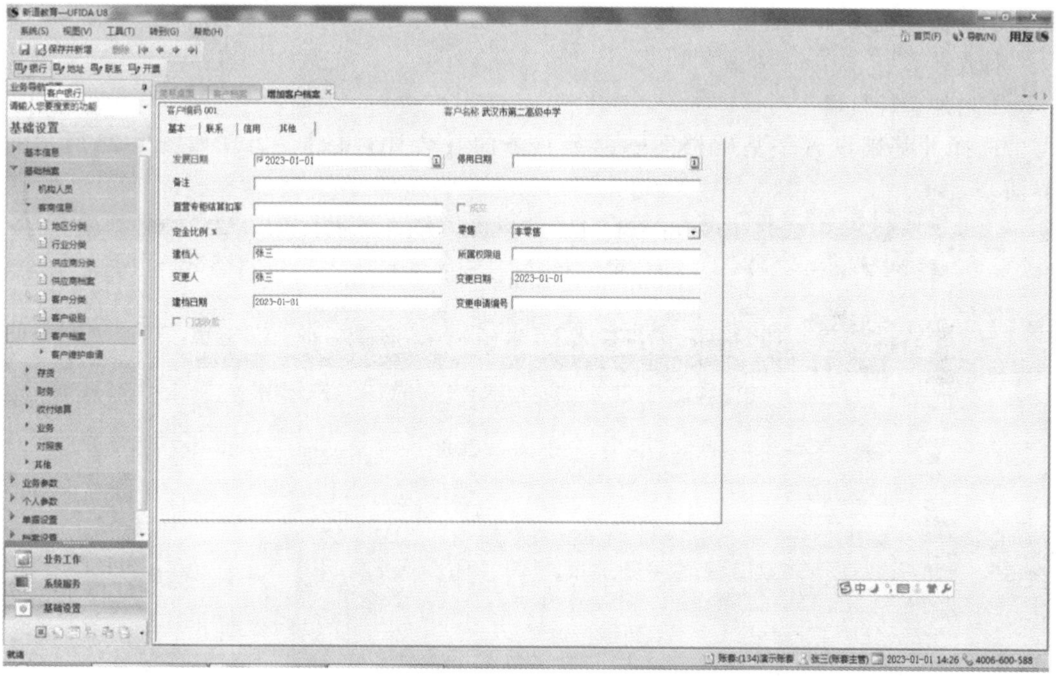

图1-24 其他页签

栏目说明：

—发展日期：表示该客户是何时建立供货关系的。

—停用日期：输入因信用等原因与客户停止业务往来的客户被停止使用的日期。到停用日期后，在任何业务单据开具时都不能使用该客户，但可进行查询。

—建档人：在增加客户记录时，系统自动将该操作员编码存入该记录中作为建档人，以后不管是谁修改这条记录均不能修改这一栏目，且系统也不能自动进行修改。

—所属权限组：该项目不允许编辑，只能查看；该项目在数据分配权限中进行定义。

—变更人：新增客户记录时“变更人”栏目记录的操作员与建档人内容相同，以后修改该条记录时系统自动将该记录的变更人修改为当前操作员编码，该栏目不允许手工修改。

—变更日期：新增客户记录时变更日期记录为当时的系统日期，以后修改该记录时系统自动将修改时的系统日期替换为原来的信息，该栏目不允许手工修改。

（四）会计科目设置

会计科目是填制会计凭证、登记会计账簿、编制会计报表的基础。会计科目是对会计对象具体内容进行分门别类核算所规定的项目。会计科目是一个完整的体系，它是区别于流水账的标志，是复式记账和分类核算的基础。会计科目设置的完整性影响着会计过程的顺利实施，会计科目设置的层次深度直接影响着会计核算的详细、准确程度。除此之外，会计信息系统会计科目的设置是用户应用系统的基础，它是实施各个会计手段的前提。因此，会计科目设置的完整性、详细程度对于整个财务电算化系统尤其重要，应在创建科目、科目属性描述、账户分类方面为用户提供尽可能多的方便和校验保障，并可以根据业务的需要方便地增加、插入、修改、查询、打印会计科目。

操作步骤：

1.增加会计科目

选择【基础设置—基础档案—财务】下的【会计科目】，出现如图 1-25 所示的界面。

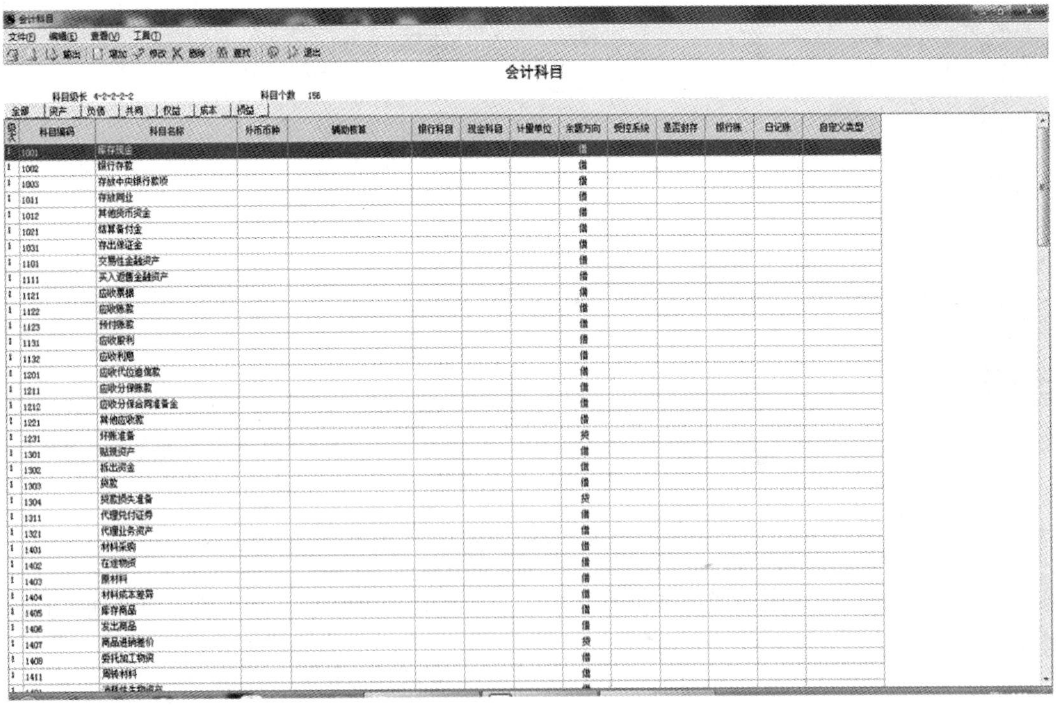

图1-25 会计科目设置

单击〖增加〗按钮即可进入“新增会计科目”界面，如图 1-26所示。

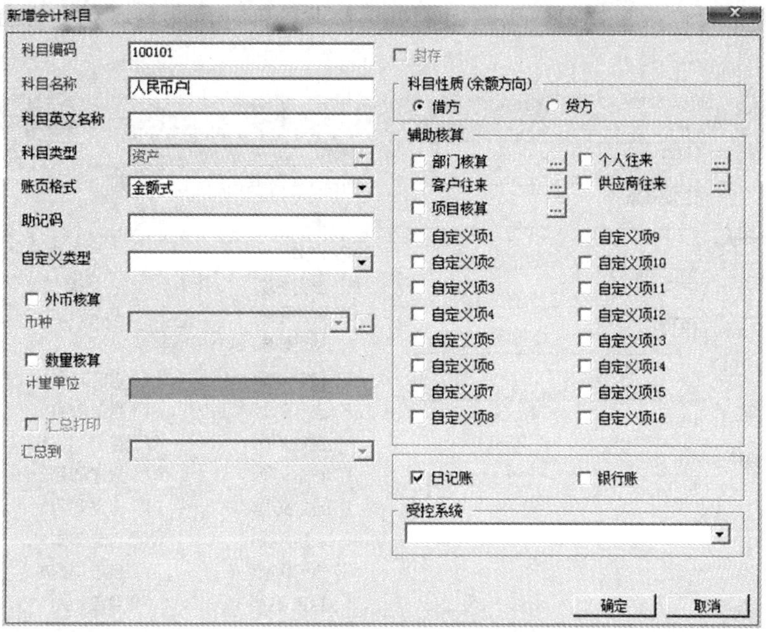

图1-26　“新增会计科目”界面

（1）输入科目编码。

（2）输入科目的中英文名称、性质和助记码。

（3）选择账页格式。

（4）设置辅助核算。

2.修改会计科目

双击需要修改的会计科目行，出现如图1-27所示的界面。

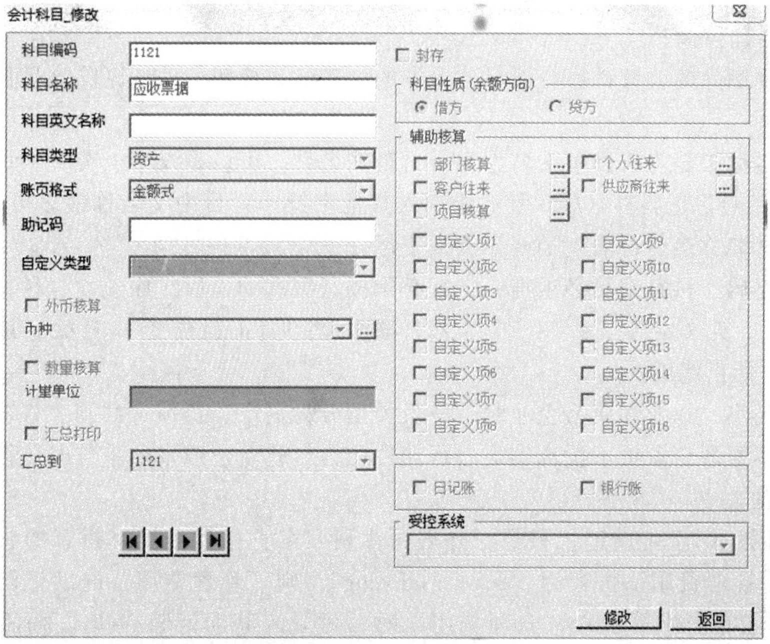

图1-27　会计科目修改界面

单击下方的〖修改〗按钮，则界面上可以修改的部分由灰色底色变为白色底色（如图 1-28所示）。

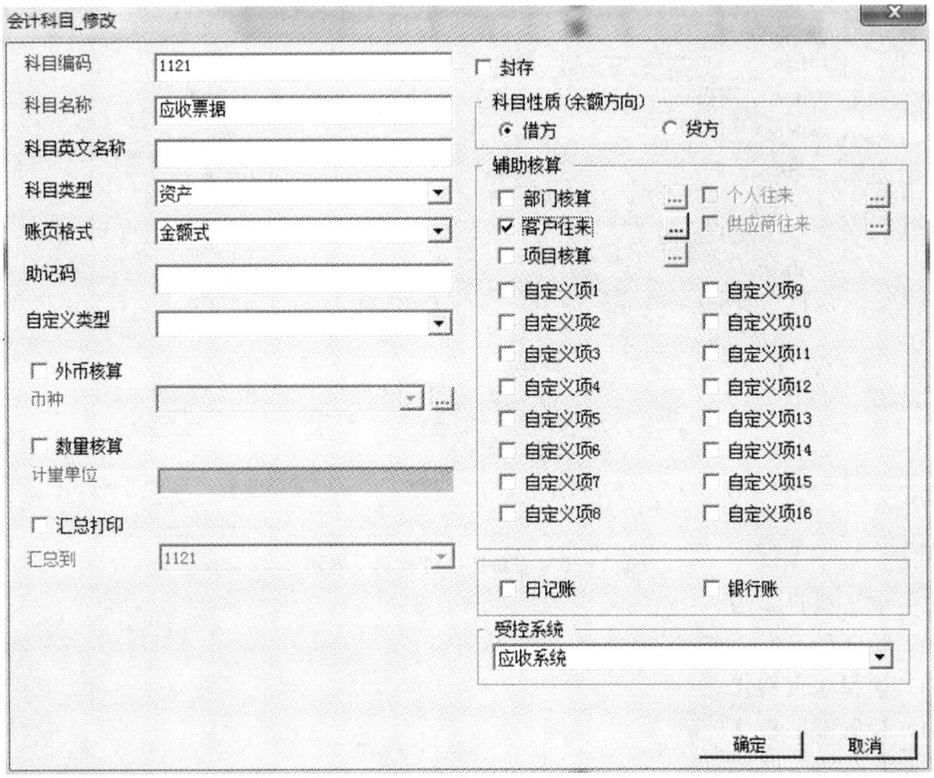

图1-28　修改会计科目

修改相应内容，并单击下方的〖确定〗按钮保存。

3.删除会计科目

单击需要删除的会计科目，按屏幕上方的〖删除〗按钮，确认删除该科目。

栏目说明：

—科目名称：分为科目中文名称和科目英文名称，可以是汉字、英文字母或数字，也可以是减号（-）、正斜杠（/），但不能输入其他字符。科目中文名称最多可输入 20 个汉字，科目英文名称最多可输入 100 个英文字母。

—科目编码：科目编码必须唯一，且必须按其级次的先后次序建立。科目编码只能由数字（0～9）、英文字母（A～Z 及 a～z）、减号（-）、正斜杠（/）表示，其他字符（如&、空格等）禁止使用。

—科目类型：行业性质为企业时，科目类型分为资产、负债、共同、权益、成本、损益，没有成本类的企业可不设成本类；行业性质为行政单位或事业单位时，按新会计制度科目类型设置。

—助记码：用于帮助记忆科目，一般可由科目名称中各个汉字拼音的头一个字母组成，例如，"管理费用"拼音为"guan li fei yong"，则"管理费用"的助记码可写为"glfy"，在制单或查账中需录入"管理费用"时，可录入其助记码"glfy"而不用录入汉字"管理费用"，这样既可加快录入速度，也可减少汉字录入的数量。在需要录入科目的地方输入助记码，系统可自动将助记码转换成科目名称。

—账页格式：定义该科目在账簿打印时的默认打印格式。系统提供了金额式、外币金额式、数量金额式、外币数量式四种账页格式供选择。一般情况下，有外币核算的科目可设为外币金额式，有数量核算的科目可设为数量金额式，既有外币又有数量核算的科目可设为外币数量式，既无外币又无数量核算的科目可设为金额式。

—辅助核算：也叫辅助账类，用于说明本科目是否有其他核算要求，系统除完成一般的总账、明细账核算外，还提供以下几种专项核算功能供用户选用：部门核算、个人往来、客户往来、供应商往来、项目核算。

—其他核算：用于说明本科目是否有其他要求，如银行账、日记账等。一般情况下，"库存现金"科目要设为日记账，"银行存款"科目要设为银行账和日记账。

—科目性质（余额方向）：增加登记在借方的科目，科目性质为借方；增加登记在贷方的科目，科目性质为贷方。一般情况下，资产类科目的科目性质为借方，负债类科目的科目性质为贷方。

—外币核算：用于设定该科目是否有外币核算，以及核算的外币名称。一个科目只能核算一种外币，只有有外币核算要求的科目才允许也必须设定外币币名，如果此科目核算的外币币种还没有定义，可以用鼠标点击〖参照〗按钮，进入【外币设置】中进行定义。

—数量核算：用于设定该科目是否有数量核算及计量单位。计量单位可以是任何汉字或字符，如千克、件、吨等。

—封存：被封存的科目在制单时不可以使用，此选项只能在科目修改时进行设置。

—受控系统：为了加强各系统间的相互联系与控制，在定义会计科目时引入受控系统概念，即设置某科目为受控科目，受控于某一系统，则该受控系统只能使用受控科目制单。例如，"应收账款"是应收系统的受控科目，则"应收系统"只能使用应收账款科目制单。

—汇总打印：在同一张凭证中当某科目或有同一上级科目的末级科目有多笔同方向的分录时，如果希望将这些分录按科目汇总成一笔打印，则需要将该科目设置汇总打印，汇总到的科目设置成该科目的本身或其上级科目。

操作说明：

—一个科目可同时设置三种专项核算。

—辅助核算属性可以组合设置，例如可以进行部门+客户+项目、部门+供应商+项目的组合设置，但部门和个人不能组合设置，客户与供应商不能一同设置。

—在设置辅助核算时应尽量慎重，因为如果科目已有数据，而又对科目的辅助核算进行修改，那么很可能会造成总账与辅助账对账不平。

—只能在一级科目设置科目性质，下级科目的科目性质与其一级科目相同。已有数据的科目不能再修改科目性质。

—银行存款科目要按存款账户进行设置，需进行数量、外币核算的科目要按不同的数量单位、外币单位设立科目。

—只有在会计科目修改状态下才能设置汇总打印和封存。只有末级科目才能设置汇总打印，且汇总到的科目必须为该科目的上级科目。当将该科目设置成汇总打印时，系统登记明细账时仍按明细登记，而不是按汇总数登记，此设置仅供凭证打印输出。

—增加的会计科目编码长度及每段位数要符合编码规则。

—科目一经使用，就不能再增设下级科目，只能增加同级科目。

—由于建立会计科目的内容较多，很多辅助核算内容对后面的凭证输入操作会产生影响，因此在建立会计科目时，要小心并反复检查。

—如果科目已录入期初余额或已制单，则不能删除。

—非末级会计科目不能删除。

—被指定为“现金科目”“银行科目”的会计科目不能删除；如果想删除，必须先取消指定。

—指定会计科目是指定出纳的专管科目。只有指定会计科目后，才能执行出纳签字，从而实现现金、银行存款管理的保密性，才能查看库存现金、银行存款日记账。

—在指定“现金科目”“银行科目”之前，应在建立“库存现金”“银行存款 ”会计科目时选中“日记账”复选框。

（五）凭证类别设置

可以按照本单位的需要对凭证进行分类设置。如果是第一次进入凭证类别设置，系统提供了几种常用的分类方式供用户选择。选择【基础设置—基础档案—财务】下的【凭证类别】，即可进行设置。

第一种分类方式：记账凭证。

第二种分类方式：收款、付款、转账凭证。

第三种分类方式：现金、银行、转账凭证。

第四种分类方式：现金收款、现金付款、银行收款、银行付款、转账凭证。

第五种分类方式：自定义凭证类别。

当选择了分类方式后，则进入凭证类别设置，系统将按照所选的分类方式对凭证类别进行预置。凭证类别设置界面如图 1-29 所示。

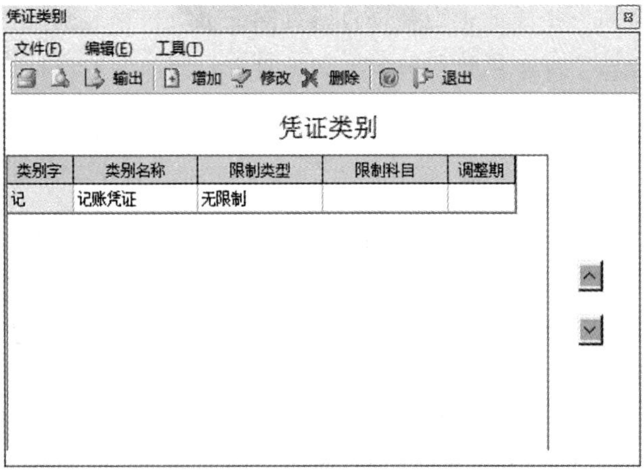

图1-29 凭证类别设置

（六）结算方式设置

用来建立和管理企业在经营活动中所涉及的结算方式。

操作步骤：

选择【基础设置—基础档案—收付结算】中的【结算方式】，显示如图 1-30所示的界面。

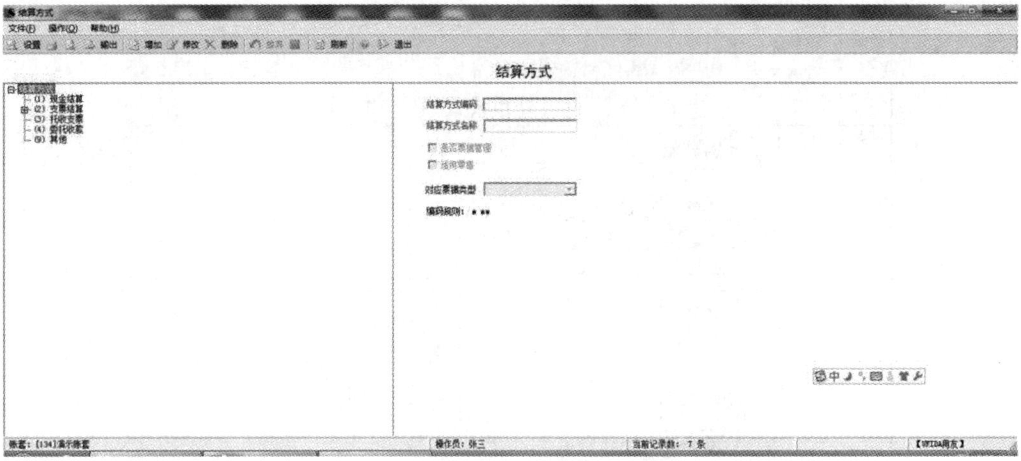

图1-30　结算方式设置

点击〖增加〗按钮，输入结算方式编码、结算方式名称，选择是否票据管理。

结算方式编码用以标识某结算方式，“是否票据管理”标志是选择该结算方式下的票据是否要进行支票登记簿管理。

点击〖保存〗按钮，便可将本次增加或修改的内容保存。

（七）外币及汇率设置

汇率管理是专为外币核算服务的。在此可以对本账套所使用的外币进行定义，在【填制凭证】中所用的汇率应先在此进行定义，以便制单时调用，减少录入汇率的次数和差错。对于使用固定汇率（即使用月初或年初汇率）作为记账汇率的用户，在填制每月的凭证前，应预先在此录入该月的记账汇率，否则在填制该月外币凭证时，将会出现汇率为零的错误；对于使用变动汇率（即使用当日汇率）作为记账汇率的用户，在填制该天的凭证前，应预先在此录入该天的记账汇率。

选择【基础设置—基础档案—财务】下的【外币设置】，屏幕显示如图 1-31所示界面。

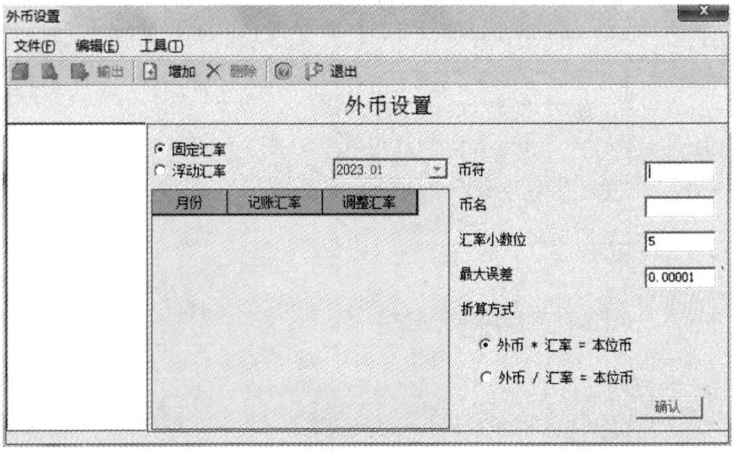

图1-31　外币设置

操作步骤：

增加核算外币币种：单击【增加】按钮，显示如图 1-32所示界面。输入币符、币名和汇率小数位，选择折算方式、固定汇率或浮动汇率并确认。

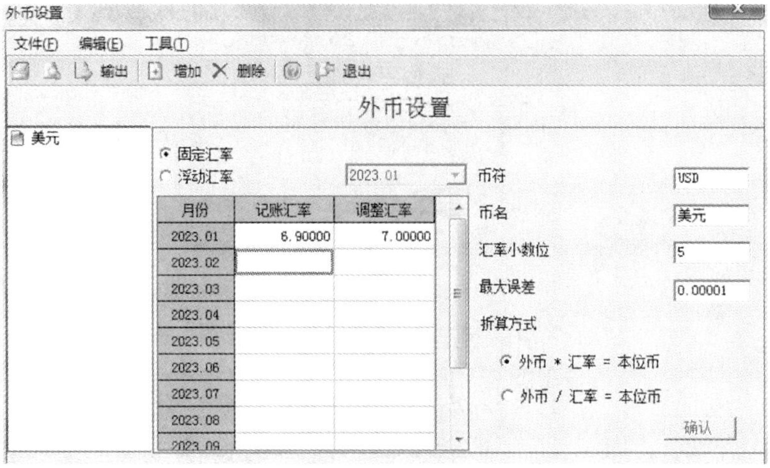

图1-32　增加核算外币

栏目说明：

—折算方式：分为直接汇率与间接汇率两种，可以根据外币的使用情况选定汇率的折算方式。直接汇率即“外币*汇率=本位币”，间接汇率即“外币/汇率=本位币”。

—最大误差：在记账时，如果外币*（或/）汇率-本位币>最大折算误差，则系统给予提示，系统默认最大折算误差为0.00001，即不相等时就提示；如果希望在制单时不提供最大折算误差提示，可以将最大折算误差设为一个比较大的数值，如1300000即可。

—固定汇率与浮动汇率：选【固定汇率】即可录入各月的月初汇率，选【浮动汇率】即可录入所选月份的各日汇率。

然后回到会计科目设置窗口，将100102和100202两个科目的外币核算属性做出相应修改（如图1-33所示），指出相应的币种和币符。

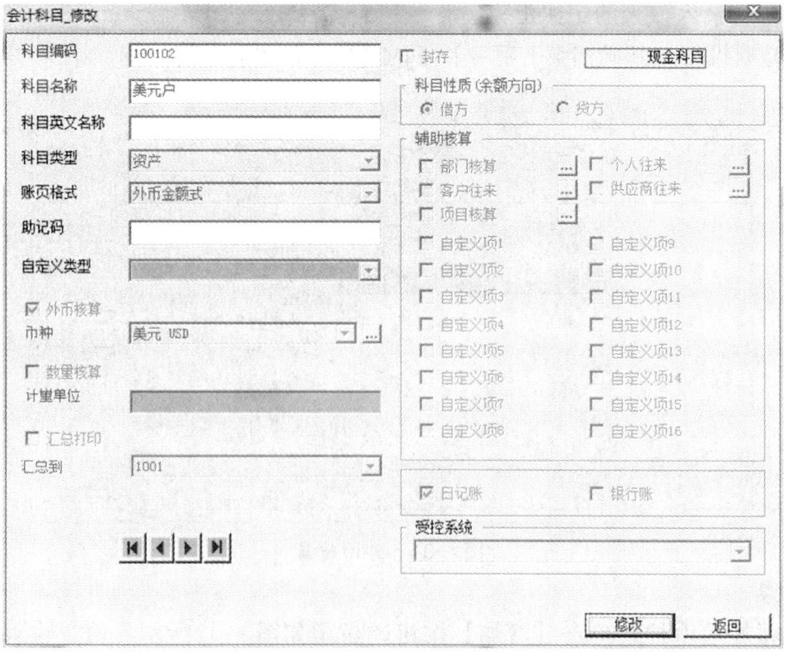

图1-33　外币核算科目修改

（八）项目设置

企业在实际业务处理中会对多种类型的项目进行核算和管理，例如在建工程、对外投资、技术改造项目、项目成本管理、合同等，可以将具有相同特性的一类项目定义成一个项目大类。一个项目大类可以核算多个项目，为了便于管理，还可以对这些项目进行分类管理，可以将存货、成本对象、现金流量、项目成本等作为核算的项目分类。

使用项目核算与管理的首要步骤是设置项目档案。项目档案设置包括：增加或修改项目大类，定义项目核算科目、项目分类、项目栏目结构，并进行项目目录的维护。

建立项目档案的操作流程如图1-34所示。

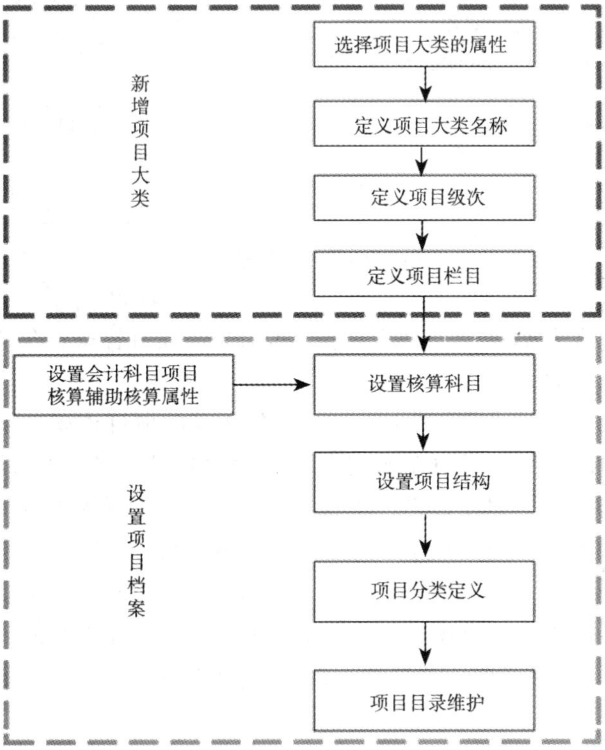

图1-34　建立项目档案的操作流程

选择【基础设置—基础档案—财务】下的【项目档案】，显示如图1-35所示的界面。注意：“项目档案”主界面的〖增加〗〖修改〗〖删除〗按钮是针对项目大类的操作。

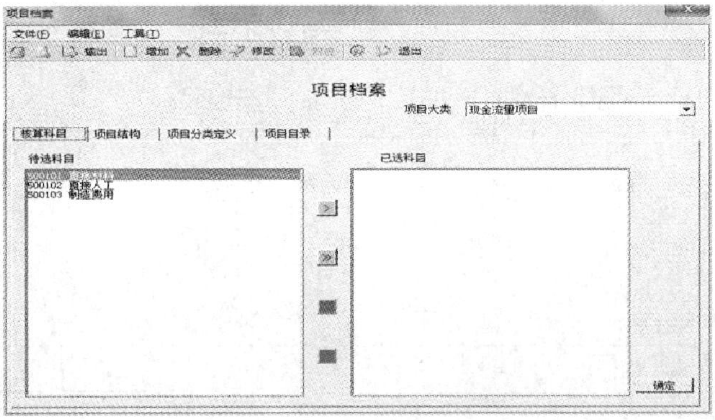

图1-35　“项目档案”主界面

1.新增项目大类

单击〖增加〗按钮，显示如图1-36所示界面。

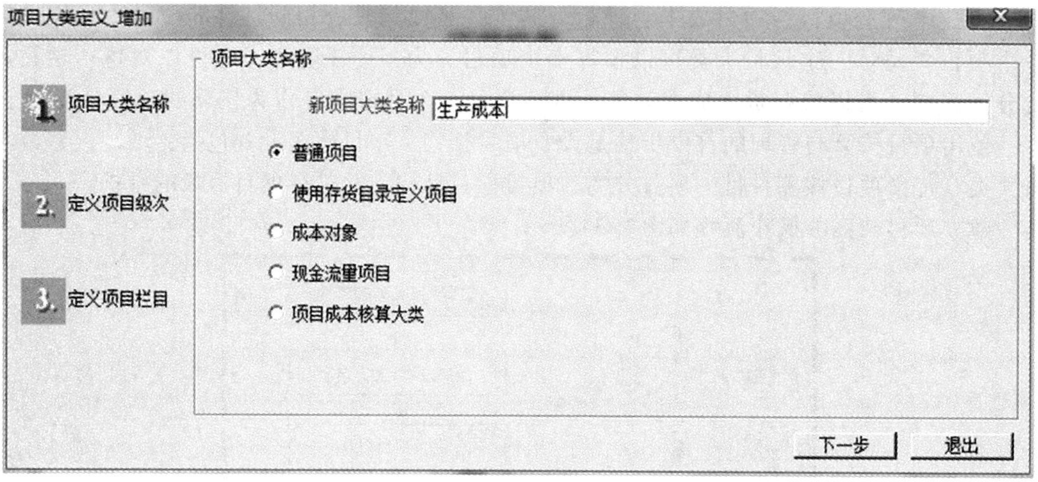

图1-36 新增项目大类

操作步骤：

（1）选择项目大类的属性：普通项目、成本对象、项目管理、存货核算、现金流量项目，根据新增向导即可新增一个项目大类。

（2）定义“项目大类名称”。如果是针对单位所需的项目核算，可选择“普通项目”；如果使用了本公司的存货核算系统，则选择“使用存货目录定义项目”，将存货系统中已定义好的存货目录作为项目目录，系统可自动将存货分类设置为项目分类，并将存货目录设置为项目目录；如果需要进行成本核算，可将“成本对象”定义为项目大类名称。

（3）定义项目级次：项目级次可以分为一～八级，可以在每级中手工输入编码的长度（或通过向上、向下按钮调整长度数字），每一级长度不能超过9位，总长度不能超过22位（如图1-37所示）。在项目分类定义中设置项目分类时，根据这里定义的编码原则和级次定义项目分类。

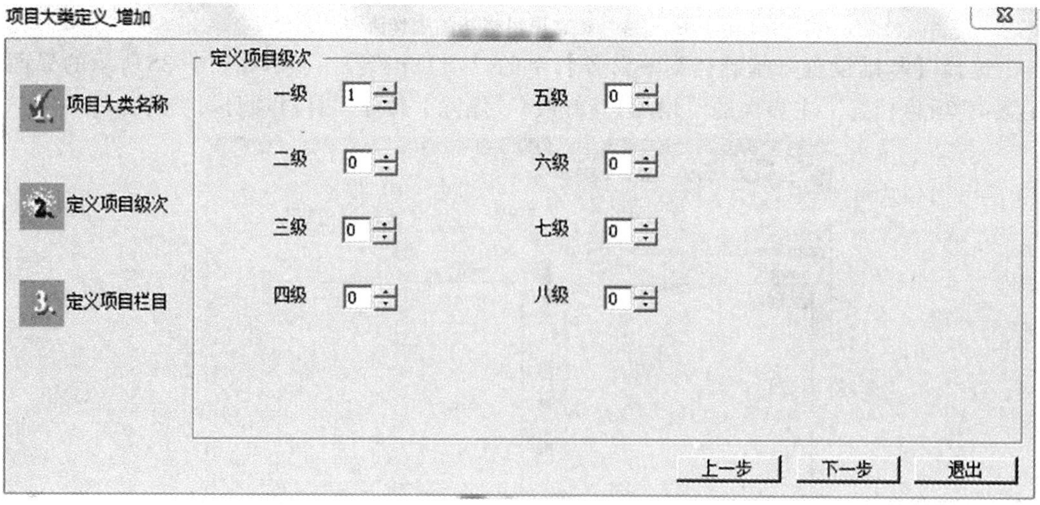

图1-37 定义项目级次

（4）定义项目栏目：一个项目除了项目名称外，有时还应加一些其他的备注说明，比如课题核算除了课题名以外，还有课题性质、课题承担单位、课题负责人等备注说明，这些备注说明均可以设置为项目栏目。

2.设置项目档案

新增项目大类后，就可以开始设置项目档案。

操作步骤：

（1）设置核算科目：核算和管理项目的第一步就是设置项目大类的核算科目。设置前提是：只有在会计科目设置中设置了项目辅助核算属性的科目才能作为项目大类核算科目，例如对产成品、生产成本、商品采购、库存商品、在建工程等科目设置项目辅助核算，这些核算科目将作为项目大类以后的数据输入、计算汇总的依据（如图1-38所示）。

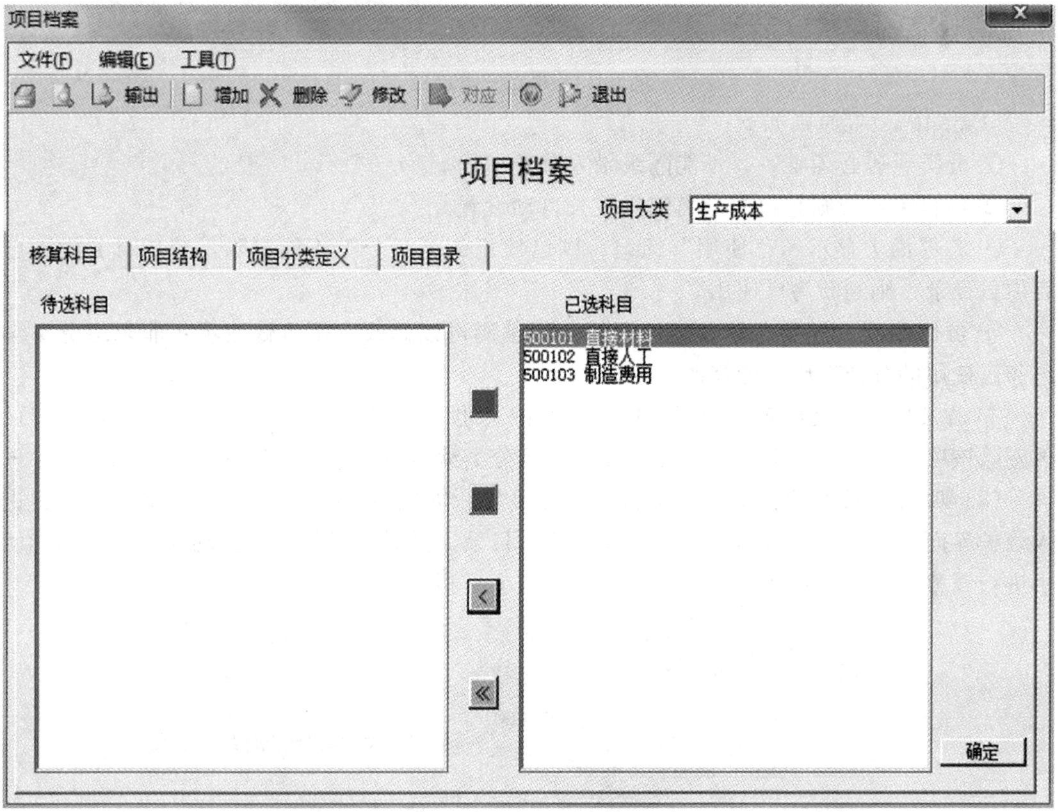

图1-38　设置核算科目

选择核算科目：从“项目大类”下拉框中选择要设置核算科目的项目名称，如生产成本，点击“核算科目”页签，从“待选科目”中选择该项目需要的核算科目至“已选科目”，点击〖确定〗按钮保存设置。

（2）设置项目结构：本实训里无须修改项目结构，采用系统默认。

（3）项目分类定义：点击“项目分类定义”页签，显示如图1-39所示的界面。根据项目级次和编码规则可以输入22个字符的分类编码和20个字符的分类名称。

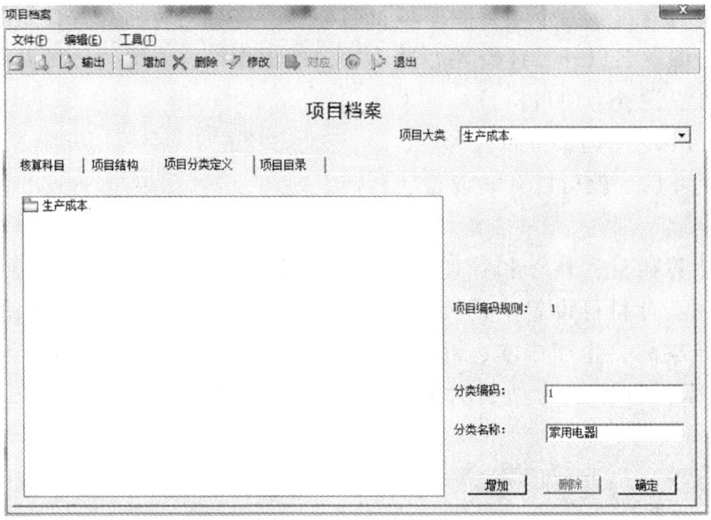

图1-39 项目分类定义

分类编码设置原则如下：

① 分类编码必须唯一，不能隔级录入分类编码。

② 项目编码规则是根据分类编码级长自动设置。

③ 若界面上显示“已使用”标记，则已使用的项目分类不能删除。若项目分类下已有项目目录，则判断为已使用。

④ 可修改项：分类名称和未使用的分类编码可以修改。不可修改项：非末级分类编码和已使用的分类编码不能修改。

⑤ 若某项目分类已定义项目，则不能删除，也不能定义下级分类，必须先删除项目，再删除该项目分类或定义下级分类，即非末级分类编码不能修改和删除。

（4）项目目录维护：单击“项目目录”页签，如图1-40所示。点击〖维护〗按钮进入维护界面，可查看、增加、删除或修改项目目录，平时项目目录有变动应及时在本功能中进行调整。在每年年初应将已结算或不用的项目删除。

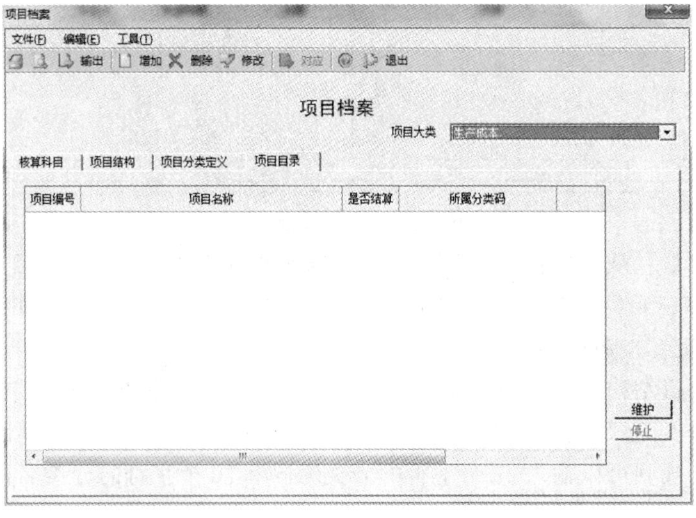

图1-40 项目目录维护

操作步骤：

①单击〖维护〗按钮，进入“项目目录维护”窗口，如图1-41所示，显示所有项目列表，单击〖增加〗按钮可增加新的项目目录。

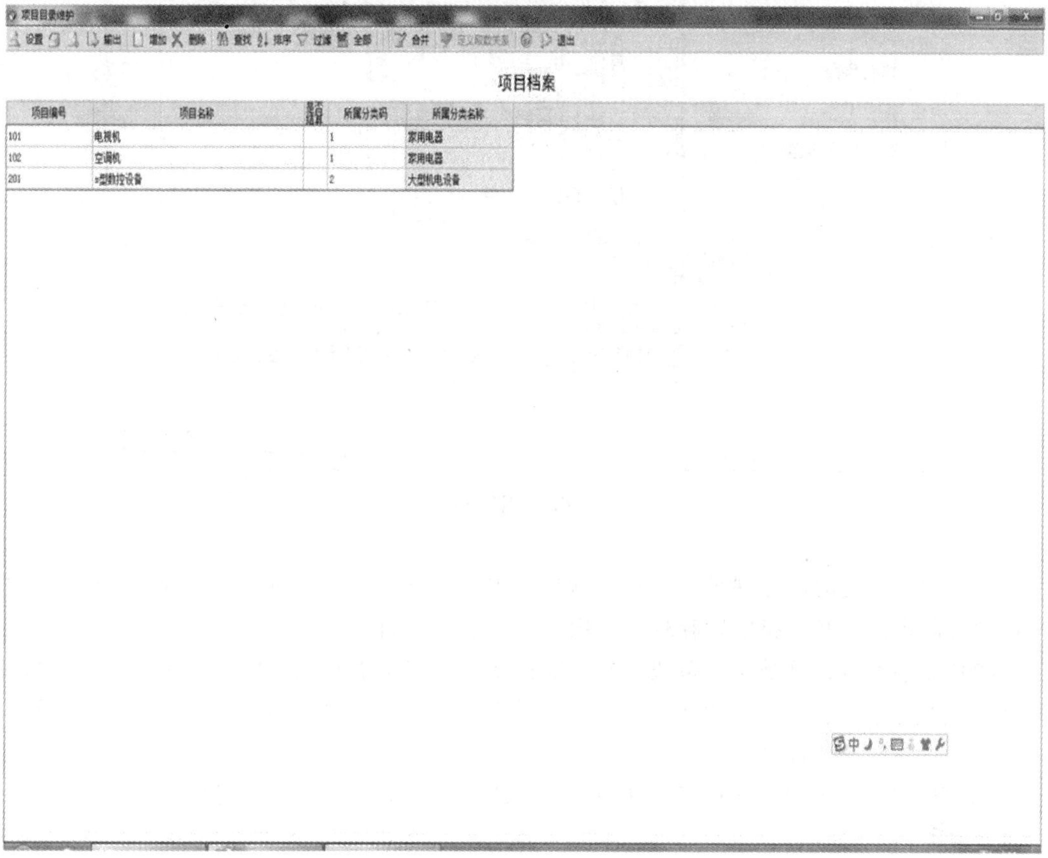

图1-41　增加项目目录

②输入项目编号，项目编号由用户自由输入，根据项目结构中设置的输入类型和长度录入合法的项目编号。由于项目编号是以后录入和核算项目数据信息的依据，所以项目编号必须唯一，不能重复。

③输入项目名称，可以根据项目结构中设置的输入类型和长度录入项目名称，项目名称可以重复。

④若项目已经结算，可双击“是否结算”栏，设置已结算标志。系统提示：请用户在给项目打上结算标志后，注意检查项目是否还有未分配的公共成本。

⑤选择项目所属分类码，即该项目属于哪一个项目大类。不同的项目可使用相同的所属分类码。

（九）指定出纳专管科目

操作步骤：

在会计科目界面，单击【编辑】菜单下的【指定科目】，显示“指定科目”窗口，如图1-42所示。在此用全选、全删、单删、单选按钮选择库存现金、银行存款的总账科目，选择完毕后，用鼠标单击〖确认〗按钮即可。

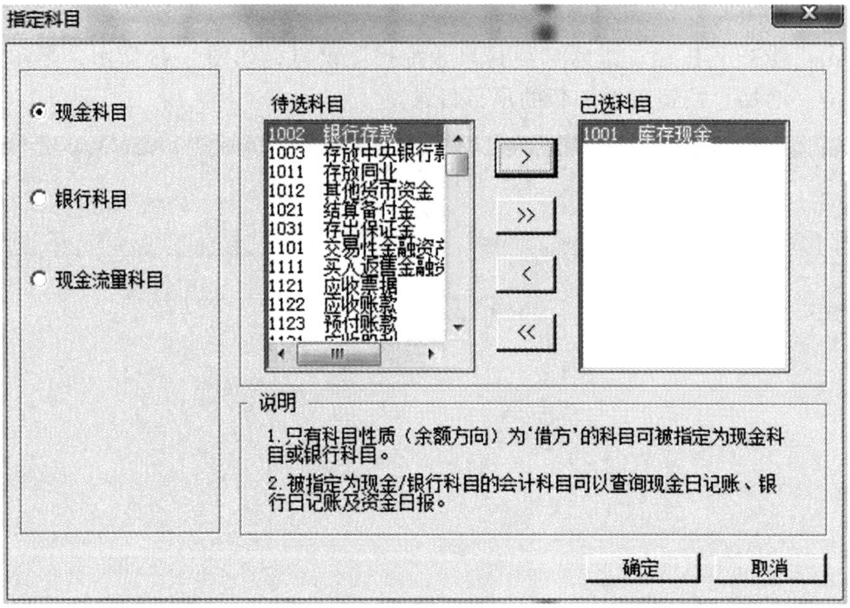

图1-42 指定科目

操作说明：

（1）此处指定的库存现金、银行存款科目供出纳管理使用，所以在查询库存现金、银行存款日记账前，必须指定库存现金、银行存款总账科目。

（2）如果本科目已被制过单或已录入期初余额，则不能删除、修改该科目。如要修改该科目必须先删除有该科目的凭证，并将该科目及其下级科目余额清零，再行修改，修改完毕后要将余额及凭证补上。

（3）已使用末级的会计科目不能再增加下级科目。非末级科目及已使用的末级科目不能再修改科目编码。

（十）数据备份

退出企业门户，在系统管理中用实训项目第一章第一节中所描述的方法将账套输出保存，留待下次实训继续使用。

第二章

总账系统

第一节　总账系统初始设置及日常业务处理

一、实训目的

通过完成本实训，学生应掌握总账系统初始设置的内容及操作方法，掌握总账系统日常业务处理的流程及操作方法。

二、实训内容

1. 总账系统参数设置；
2. 期初余额录入；
3. 数据权限设置；
4. 总账系统日常业务处理；
5. 备份账套数据。

三、实训准备

引入实训项目第一章第二节的备份数据。

四、实训案例

（一）总账控制参数

总账控制参数见表2-1。

（二）录入期初余额

资产账户的期初余额见表2-2。

负债及其他账户的期初余额见表2-3。

辅助账期初余额录入见表2-4至表2-12。

（三）日常业务处理

注意：账套主管不进行填制记账凭证操作，除有括号说明外，下列业务根据财务分工由总账会计赵伟进行制单操作。

1.1月1日，从银行提取现金1 000元备用，结算方式：现金支票，支票号：0425，单据张数：1张，凭证号：记字0001号，领用部门：销售一部，领用人姓名：周力。

借：其他应收款——备用金　　1 000

　贷：银行存款——人民币户　　1 000

表2-1 **总账控制参数**

选项卡	参数设置
凭证	制单序时控制 支票控制 制单权限控制到科目 不允许修改、作废他人填制的凭证 可以使用应收受控科目 可以使用应付受控科目 凭证由系统编号 打印凭证页脚姓名 出纳凭证必须经由出纳签字 凭证必须经由主管会计签字 现金流量科目不必录入现金流量项目 外币核算采用固定汇率 其他采用系统默认设置
账簿	账簿打印位数、每页打印行数按软件的标准设置 明细账打印按年排页 明细账查询权限控制到科目 其他采用系统默认设置
会计日历	会计日历为1月1日—12月31日
其他	数量小数位和单价小数位为2位 部门、个人、项目按编码方式排序 其他采用系统默认设置

表2-2 **资产账户的期初余额**

科目名称	方向	币别/计量	期初余额
库存现金（1001）	借		7 000.00
人民币户（100101）	借		6 200.00
美元户（100102）	借		800.00
	借	美元	116.00
银行存款（1002）	借		540 000.00
人民币户（100201）	借		500 000.00
美元户（100202）	借		40 000.00
	借	美元	5 797.00
交易性金融资产（1101）	借		100 000.00

续表

科目名称	方向	币别/计量	期初余额
应收票据（1121）	借		1 000 000.00
银行承兑汇票（112101）	借		400 000.00
商业承兑汇票（112102）	借		600 000.00
应收账款（1122）	借		900 000.00
其他应收款（1221）	借		6 000.00
备用金（122101）	借		1 000.00
应收个人款（122102）	借		5 000.00
坏账准备（1231）	贷		3 000.00
原材料（1403）	借		200 000.00
生产用原材料（140301）	借		180 000.00
钢材（14030101）	借		130 000.00
	借	吨	130.00
塑料制材（14030102）	借		50 000.00
	借	吨	100.00
其他原材料（140302）	借		20 000.00
材料成本差异（1404）	借		20 000.00
库存商品（1405）	借		900 000.00
电视机（140501）	借		500 000.00
	借	台	250.00
空调机（140502）	借		400 000.00
	借	台	200.00
长期股权投资（1511）	借		2 300 000.00
固定资产（1601）	借		80 000 000.00
累计折旧（1602）	贷		4 000 000.00
在建工程（1604）	借		1 345 000.00
无形资产（1701）	借		150 000.00
长期待摊费用（1801）	借		20 000.00

表2-3 负债及其他账户的期初余额

科目名称	方向	币别/计量	期初余额
短期借款（2001）	贷		600 000.00
应付票据（2201）	贷		400 000.00
商业承兑汇票（220101）	贷		250 000.00
银行承兑汇票（220102）	贷		150 000.00
应付账款（2202）	贷		580 000.00
应付职工薪酬（2211）	贷		100 000.00
应交税费（2221）	贷		327 000.00
应交所得税（222102）	贷		300 000.00
应交个人所得税（222103）	贷		27 000.00
其他应付款（2241）	贷		68 000.00
工会经费（224101）	贷		28 000.00
教育经费（224102）	贷		40 000.00
长期借款（2501）	贷		1 500 000.00
实收资本（4001）	贷		70 000 000.00
资本公积（4002）	贷		1 110 000.00
盈余公积（4101）	贷		1 870 000.00
利润分配（4104）	贷		9 000 000.00
生产成本（5001）	借		2 070 000.00
直接材料（500101）	借		1 600 000.00
直接人工（500102）	借		350 000.00
制造费用（500103）	借		120 000.00

表2-4 银行承兑汇票（112101，余额：借400 000元）

日期	凭证号	客户	摘要	方向	金额
2022-11-25	记50	武汉二中	欠货款	借	400 000

表2-5 商业承兑汇票（112102，余额：借600 000元）

日期	凭证号	客户	摘要	方向	金额
2022-09-25	记70	南京商贸	欠货款	借	150 000
2022-10-10	记40	建银汉分	欠货款	借	450 000

表2-6　　**应收账款（1122，余额：借900 000元）**

日期	凭证号	客户	摘要	方向	金额
2022-10-20	记60	湖南华信	欠货款	借	900 000

表2-7　　**备用金（122101，余额：借1 000元）**

部门	方向	金额
采购部	借	1 000

表2-8　　**应收个人款（122102，余额：借5 000元）**

日期	凭证号	部门	个人	摘要	方向	金额
2022-10-18	记56	销售一部	周力	出差借款	借	5 000

表2-9　　**商业承兑汇票（220101，余额：贷250 000元）**

日期	凭证号	供应商	摘要	方向	金额
2022-12-05	记17	福建德成	购材料款	贷	250 000

表2-10　　**银行承兑汇票（220102，余额：贷150 000元）**

日期	凭证号	供应商	摘要	方向	金额
2022-12-05	记20	上海万利	购材料款	贷	150 000

表2-11　　**应付账款（2202，余额：贷580 000元）**

日期	凭证号	供应商	摘要	方向	金额
2022-06-15	记41	正大机电	购设备款	贷	580 000

表2-12　　**生产成本（5001，余额：借2 070 000元）**

科目名称	项目	方向	金额
直接材料500101	电视机	借	900 000
	空调机	借	700 000
直接人工500102	电视机	借	200 000
	空调机	借	150 000
制造费用500103	电视机	借	50 000
	空调机	借	70 000
合计			2 070 000

2.1月3日，收到武汉二中转账支票一张，用以偿付前欠货款400 000元，支票号：0359，凭证号：记字0002号，单据张数：1张，业务员：吴勇。（提示：操作员应为李云海）

借：银行存款——人民币户　　　　400 000

　贷：应收票据——银行承兑汇票　　　　400 000

3.1月5日，采购部对外采购钢材20吨，单价1 100元/吨，增值税专用发票注明：价款22 000元，进项税额2 860元，用转账支票支付，增值税税率13%。材料尚未验收入库，支票号：0445，领用部门：采购部，领用人姓名：钱进，凭证号：记字0003号，单据张数：2张。

借：材料采购——生产用材料采购——钢材　　22 000

　　应交税费——应交增值税（进项税额）　　2 860

　贷：银行存款——人民币户　　24 860

4.1月7日，销售一部周力报销差旅费4 500元，交回多余现金500元，凭证号：记字0004号，单据张数：1张。

借：管理费用——差旅费　　4 500

　　库存现金——人民币户　　500

　贷：其他应收款——应收个人款　　5 000

5.1月15日，前述采购钢材全部验收入库，钢材计划单价每吨1 000元，凭证号：记字0005号，单据张数：1张。

借：原材料——生产用原材料——钢材　　20 000

　　材料成本差异　　2 000

　贷：材料采购——生产用材料采购——钢材　　22 000

6.1月15日，生产电视机领用钢材40吨（计划单价每吨1 000元）、塑料制材30吨（计划单价每吨500元）；生产空调机领用钢材70吨、塑料制材40吨，凭证号：记字0006号；单据张数：2张。（提示：按计划价结转，月末按综合全月一次加权平均法分摊材料成本差异）

借：生产成本——直接材料（电视机）　　55 000

　　　　　　——直接材料（空调机）　　90 000

　贷：原材料——生产用原材料——钢材　　110 000

　　　　　　——塑料制材　　35 000

7.1月20日，接受外币投资100万美元，合同无约定汇率，当日汇率为1∶6.9，结算方式：转账支票，支票号：0275，凭证号：记字0007号，单据张数：2张。（提示：应按汇率1∶7.1进行折算，不确认汇兑损益）

借：银行存款——美元户　　6 900 000

　贷：实收资本　　6 900 000

8.1月25日，销售给湖南华信电视机50台，销售单价4 000元/台；空调机50台，销售单价3 500元/台。增值税税率13%，收到转账支票一张，支票号：0367，凭证号：记字0008号，单据张数：2张。

借：银行存款——人民币户　　423 750

　贷：主营业务收入——电视机　　200 000

　　　　　　　　　——空调机　　175 000

　　应交税费——应交增值税（销项税额）　　48 750

9.1月25日，偿还前欠正大机电580 000元货款的50%，用转账支票支付，支票号：0446，领用部门：采购部，领用人姓名：钱进，凭证号：记字0009号，单据张数：2张。（提示：操作员应为王小芳）

借：应付账款　　290 000

　贷：银行存款——人民币户　　290 000

10.1月25日，预提本月短期借款利息1 000元，凭证号：记字0010号，单据张数：1张。

借：财务费用——利息费用　　1 000

　贷：应付利息　　1 000

11.1月25日，计算并分摊本月材料成本差异，凭证号：记字0011号，单据张数：1张。（提示：材料成本差异率为10%）

借：生产成本——直接材料（电视机）　　4 000

　　　　——直接材料（空调机）　　7 000

　贷：材料成本差异　　11 000

（四）日常业务后续流程处理

上述1月份的业务生成的相关凭证由操作员张玲进行出纳签字，账套主管学生本人进行审核、主管签字及记账操作。

五、实训指导

操作顺序是在【开始—所有程序—用友U8V10.1—企业应用平台—业务工作—财务会计—总账】中完成接下来的设置工作。

（一）总账控制参数设置

系统在建立新账套后，由于具体情况需要，可以通过总账参数设置进行调整和查看。单击总账系统主菜单【设置】下的【选项】，屏幕显示如图2-1所示界面。点击“凭证”“账簿”“会计日历”“其他”页签，即可进行账簿选项的修改。

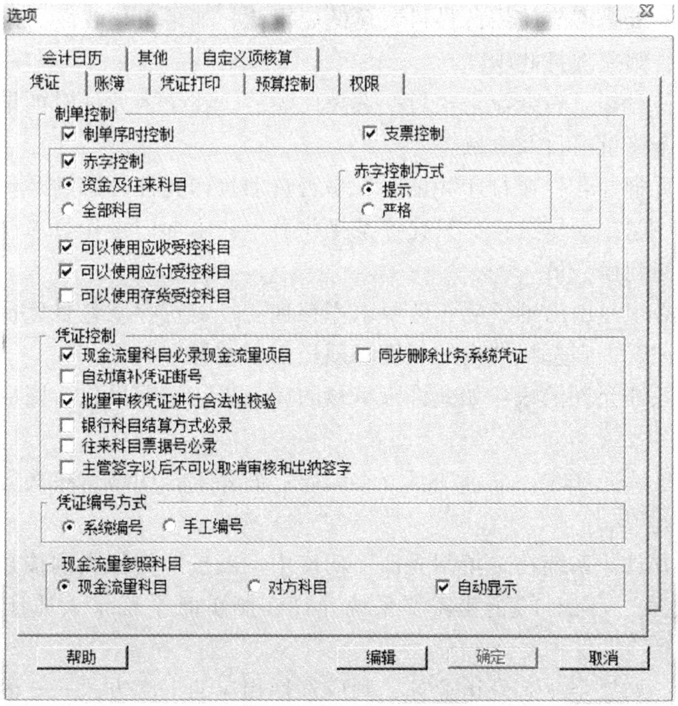

图2-1　账簿选项设置

1.凭证页签

选择“凭证”页签，显示如图2-1所示界面。

选项说明：

—制单序时控制：若选择了此项+“系统编号”，制单时凭证编号必须按日期顺序排列。如1月5日编至25号凭证，1月6日只能开始编制26号凭证，即制单序时。如有特殊需要，可将其改为不按序时制单。

—支票控制：若选择了此项，在制单时使用银行科目编制凭证时，系统针对票据管理的结算方式进行登记，如果录入的支票号在支票登记簿中已存，系统提供登记支票报销的功能；否则，系统提供登记支票登记簿的功能。

—赤字控制：若选择了此项，在制单时，当“资金及往来科目”或“全部科目”的最新余额出现负数时，系统将予以提示。

—允许修改、作废他人填制的凭证：若选择了此项，在制单时可修改或作废别人填制的凭证；否则不能修改。

—允许查看他人填制的凭证：如允许操作员查询他人填制的凭证，则选择“允许查看他人填制的凭证”。

—制单权限控制到科目：要在系统管理的“功能权限”设置中设置科目权限，再选择此项，权限设置才有效。若选择了此项，在制单时，操作员只能使用具有相应制单权限的科目制单。

—可以使用其他系统受控科目：若科目为应收款管理系统的受控科目，为了防止重复制单，只允许应收款管理系统使用此科目进行制单，总账系统是不能使用此科目制单的；若科目为存货核算系统的受控科目，为了防止重复制单，只允许存货核算系统使用此科目进行制单，总账系统是不能使用此科目制单的。因此，如果希望在总账系统中也能使用这些科目填制凭证，则应选择此项。

—现金流量科目必录现金流量项目：选择此项后，在录入凭证时如果使用现金流量科目则必须输入现金流量项目及金额。

—打印凭证页脚姓名：在打印凭证时，是否自动打印凭证页脚姓名。

—凭证审核控制到操作员：如只允许某操作员审核本部门操作员填制的凭证，则应选择“凭证审核控制到操作员”。

—出纳凭证必须经由出纳签字：若要求库存现金、银行存款科目凭证必须由出纳人员核对签字后才能记账，则选择“出纳凭证必须经由出纳签字”。

—未审核的凭证允许记账：如允许未审核的凭证进行记账操作，则应选择“未审核的凭证允许记账”。

—打印项目核算凭证时，显示项目分类编码：如要求打印项目核算凭证时显示项目分类编码，则选择此项。

—凭证编号方式：系统在“填制凭证”功能中一般按照凭证类别按月自动编制凭证编号，即“系统编号”，但有的企业需要系统允许在制单时手工录入凭证编号，即“手工编号”。

—外币核算：如果企业有外币业务，则应选择相应的汇率方式——固定汇率、浮动汇率。“固定汇率”是在制单时一个月只按一个固定的汇率折算本位币金额。“浮动汇率”是在制单时按当日汇率折算本位币金额。

—预算控制：该选项从财务分析系统取数，若选择该项，在制单时，当某一科目下的实际发生数导致多个科目及辅助项的发生数及余额总数超过预算数与报警数的差额，则报警。

—新增凭证时，自动带入的凭证日期：此选项用以确定自动带入的凭证日期是系统登录日期还是最后一次录入的凭证日期。

—合并凭证显示、打印：若选择了此项，在科目明细账显示或打印时，凭证按照“按科目、摘要相同方式合并”或“按科目相同方式合并”显示，并在明细账显示界面提供是否“合并显示”的选项。

2.账簿页签

选择“账簿”页签，显示如图2-2所示的界面。

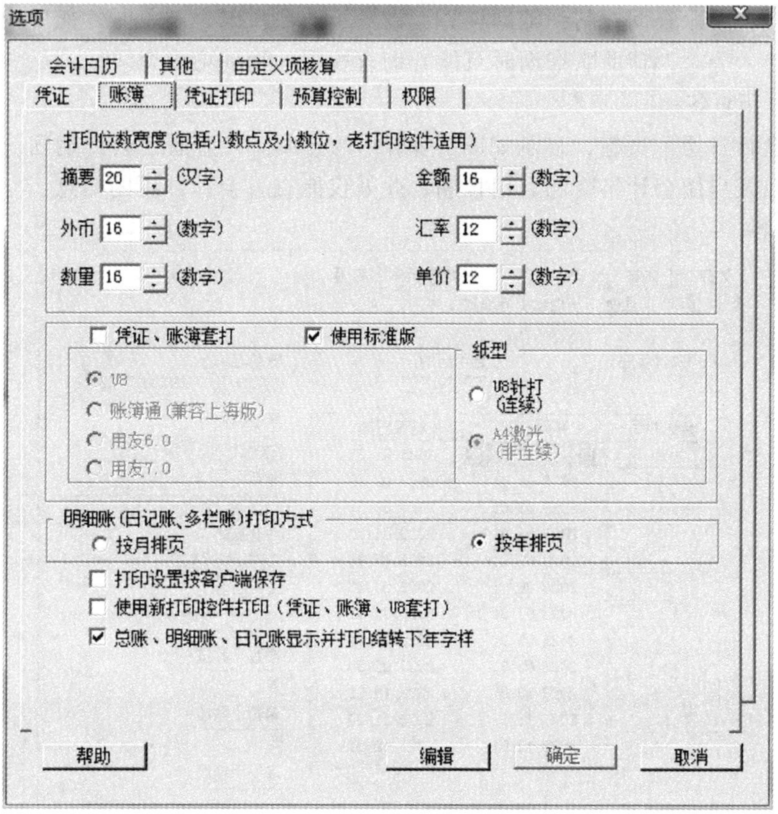

图2-2　“账簿”页签

选项说明：

—打印位数宽度（包括小数点及小数位，老打印控件适用）：定义正式账簿打印时各栏目的宽度，包括摘要、金额、外币、数量、汇率、单价。

—明细账（日记账、多栏账）打印方式：打印正式明细账、日记账或多栏账时，按年排页还是按月排页。

—按月排页：即打印时从所选月份范围的起始月份开始将明细账顺序排页，再从第一页开始将其打印输出，打印起始页号为“1页”。这样，若所选月份范围不是第一个月，则打印结果的页号必然从“1页”开始排。

—按年排页：即打印时从本会计年度的第一个会计月开始将明细账顺序排页，再将打印月份范围所在的页打印输出，打印起始页号为所打月份在全年总排页中的页号。这样，若所选月份范围不是第一个月，则打印结果的页号有可能不是从“1页”开始排。

—凭证、账簿套打：凭证、账簿套打是用友公司专门为用友软件用户设计的，适合于用各种打印机输出管理用表单与账簿。

—凭证、正式账每页打印行数：“凭证打印行数”可对凭证每页的行数进行设置，“正式账每页打印行数”可对明细账、日记账、多栏账的每页打印行数进行设置，双击表格或按空格对行数直接进行修改即可。

—明细账查询权限控制到科目：这是权限控制的开关，若要在系统管理中设置明细账查询权限，则必须在总账系统选项中打开此功能，才能起到控制作用。

—制单、辅助账查询控制到辅助核算：设置了此项权限，制单时才能使用有辅助核算属性的科目录入分录，辅助账查询时只能查询有权限的辅助项内容。

3.会计日历页签

选择“会计日历”页签，显示如图2-3所示的界面。可查看各会计期间的开始日期与结束日期，以及启用会计年度和启用日期。此处仅能查看会计日历的信息。

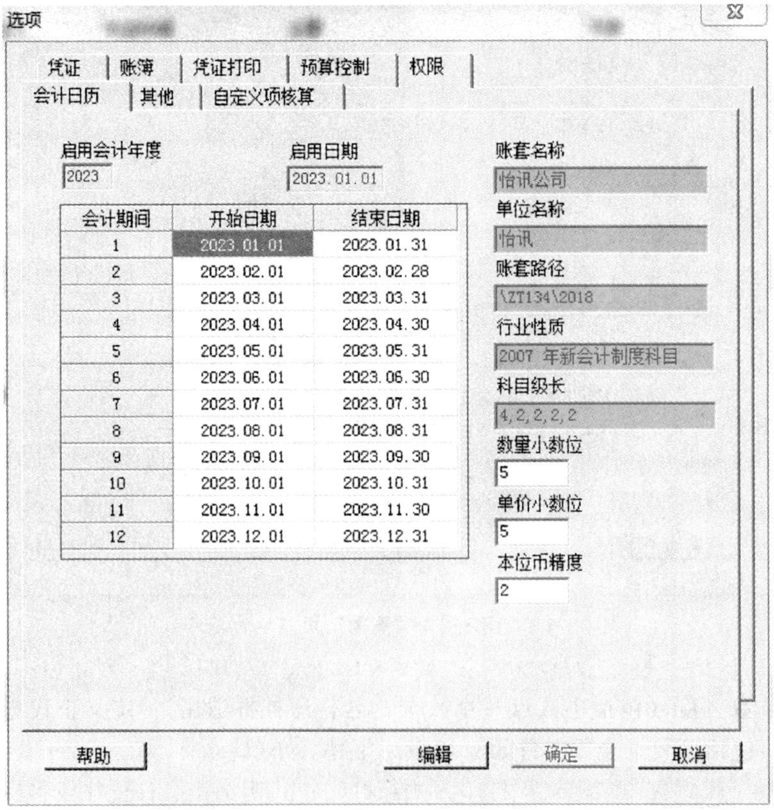

图2-3 “会计日历”页签

4.其他页签

选择“其他”页签，显示如图2-4所示的界面。

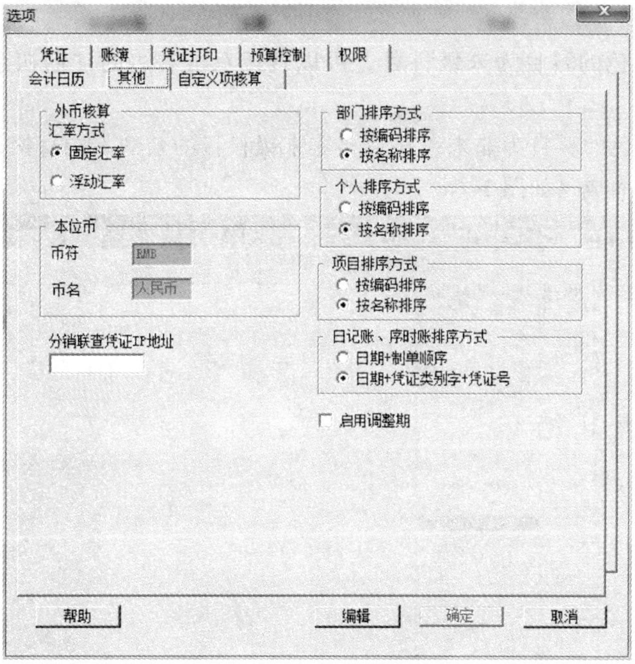

图2-4 “其他”页签

选项说明：

—部门（个人、项目）排序方式：在查询部门（个人、项目）账或参照部门（个人、项目）目录时，可选择是按部门（个人、项目）编码排序还是按部门（个人、项目）名称排序。

（二）期初余额的录入

为了保持企业业务数据的连贯性，在初次使用系统时，可以通过期初余额设置将企业的历史数据输入系统，单击总账系统主菜单【设置】下的【期初余额】进行期初余额的录入与修改，屏幕显示如图2-5所示。双击需要修改的科目的“期初余额”栏，即可进行期初余额的修改。

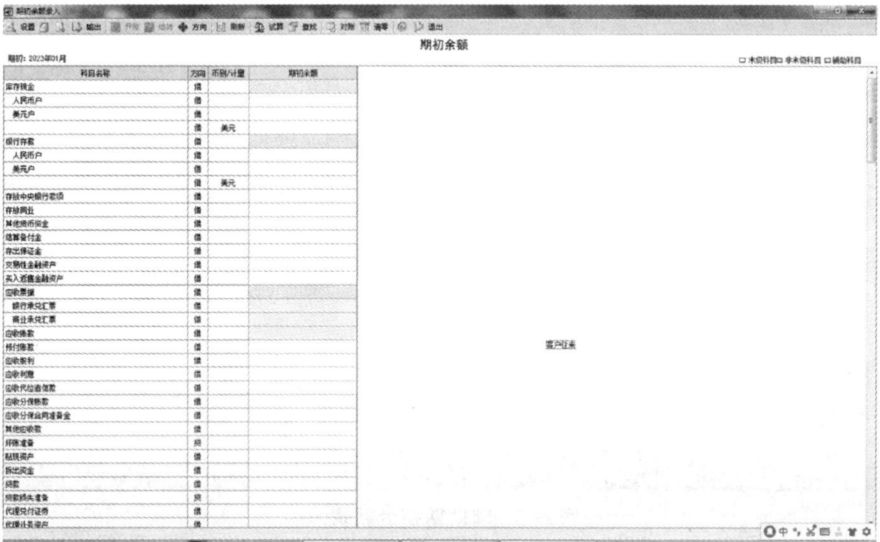

图2-5 期初余额设置

操作步骤：

（1）底色为白色的科目为末级科目，可以直接双击右边的“期初余额”栏进行录入（如图2-5所示）。

（2）底色为灰色的科目为非末级科目，非末级科目的余额不能直接录入，它由下级科目的余额自动汇总而成（如图2-6所示）。①

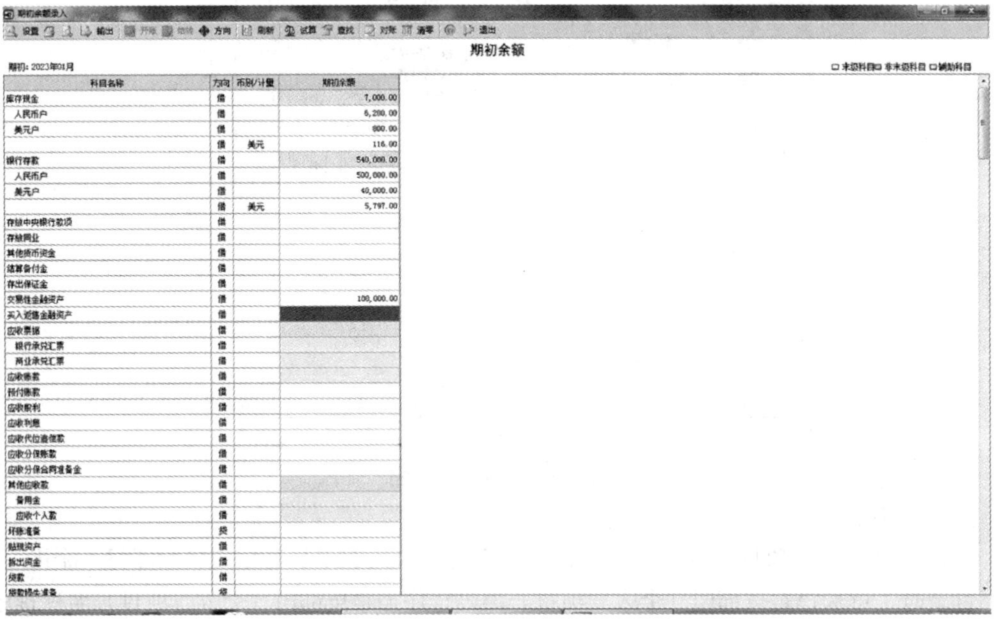

图2-6　期初余额的录入

（3）底色为黄色的科目为辅助核算科目，辅助核算科目的余额也不能直接在“期初余额”栏里录入，应该双击该行，弹出“辅助期初余额”窗口（如图2-7所示）。

图2-7　辅助期初余额录入

① 具体颜色区分请参照用友U8V10.1软件显示界面，全书同。

在弹出的“辅助期初余额”窗口点击【往来明细】录入详细的辅助账期初余额（如图2-8所示），然后点击【汇总】，该栏目的余额由辅助账期初表汇总而成（如图2-9所示）。

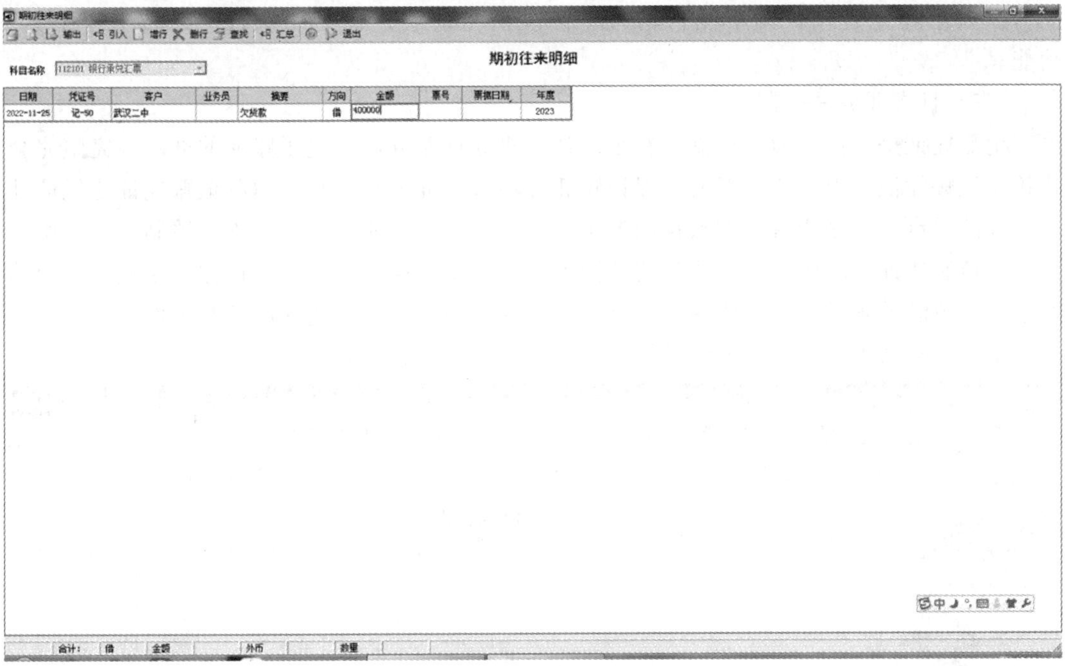

图2-8　辅助账期初往来明细录入

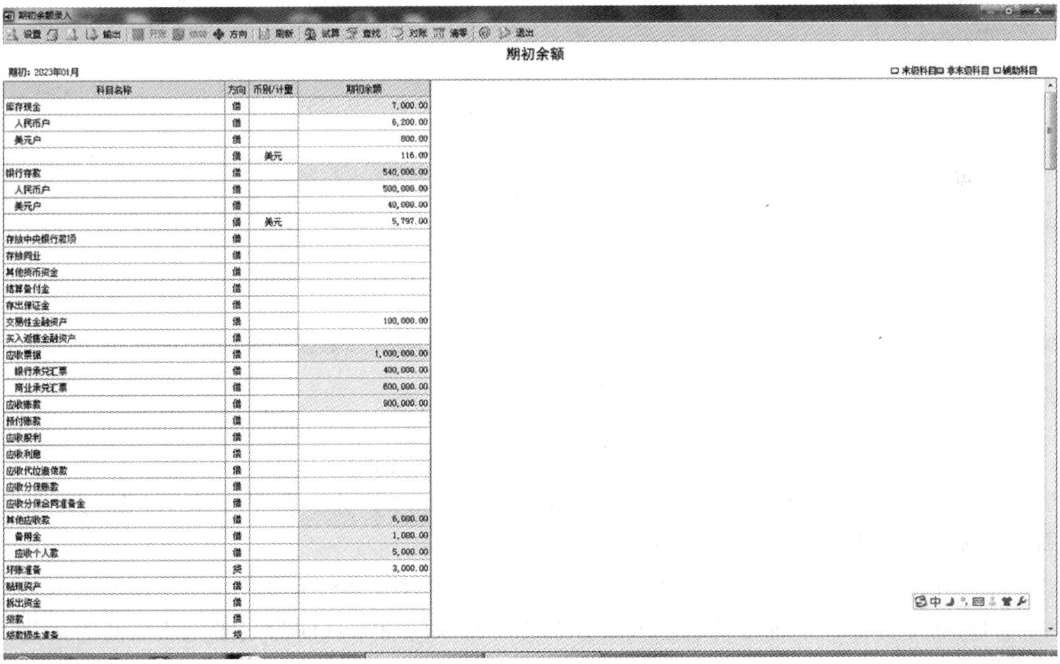

图2-9　辅助账期初余额汇总

操作说明：

—期初余额只能在最末级明细科目中输入，上级科目的期初余额将自动计算并填列。

—当不想输入某项内容而系统又提示必须输入时，可按［ESC］键取消输入，此操作在用友软件的很多地方适用。

—期初余额试算不平衡，将不能记账，但可以填制凭证。

—如已经记过账，则不能再输入、修改期初余额，也不能执行“结转上年余额”功能。

（三）日常业务——制单

记账凭证是登记账簿的依据，在采用计算机处理账务后，电子账簿的准确与完整完全依赖于记账凭证，因而使用者要确保记账凭证输入的准确和完整。填制记账凭证是凭证处理流程的起点，也是所有查询数据的最主要的来源。日常业务处理首先从填制凭证开始。

在填制凭证的时候，因为业务的范围不同，需要切换不同的操作员注册企业门户的总账系统来填制某张凭证，需要注意的是，账套主管一般不参与凭证的填制工作。

单击总账菜单【凭证】下的【填制凭证】，界面如图 2-10 所示。

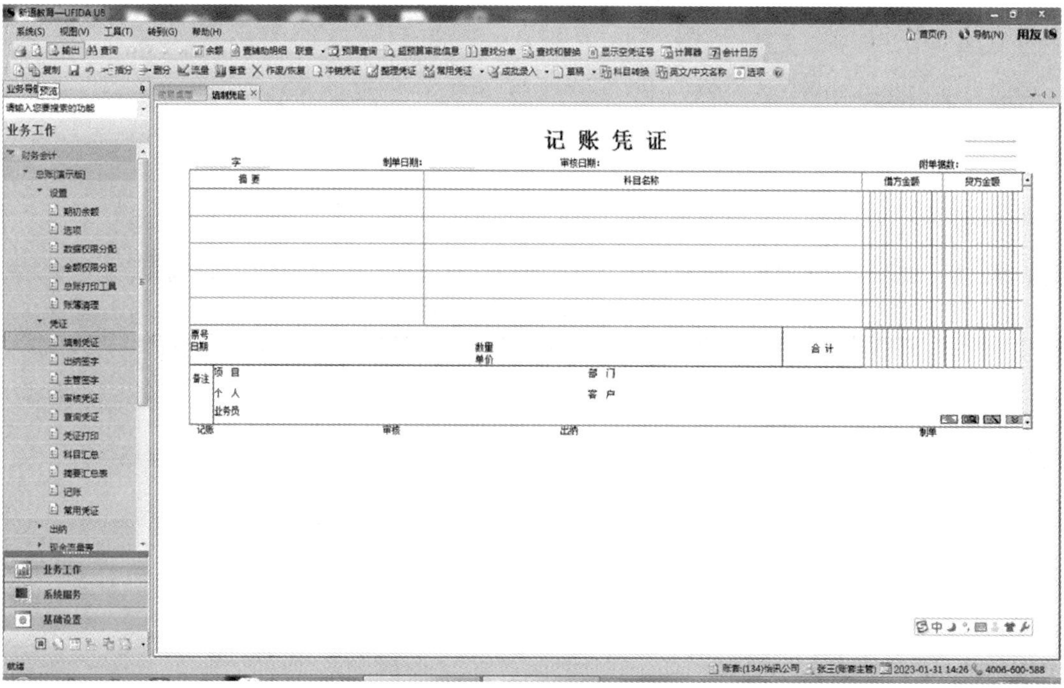

图2-10 填制凭证

操作步骤：

（1）单击〖增加〗按钮或按［F5］键，增加一张新凭证。

（2）输入凭证类别字，也可以单击下拉键或按［F2］键，参照选择一个凭证类别，确定后按［Enter］键，系统将自动生成凭证编号。

（3）在【选项】中选择“自动编号”，则由系统按时间自动编号；否则，请手工编号。

（4）制单日期：系统自动取进入账务系统时输入的业务日期为记账凭证填制的日期，可修改或单击参照输入。

（5）输入本张凭证的每一笔分录。每笔分录由摘要、科目名称、发生金额组成。

（6）辅助信息：当输入的科目为辅助核算时，系统根据科目属性要求输入相应的辅助信息。如部门、个人、项目、客户、供应商、数量、自定义项等，如图 2-11 所示。

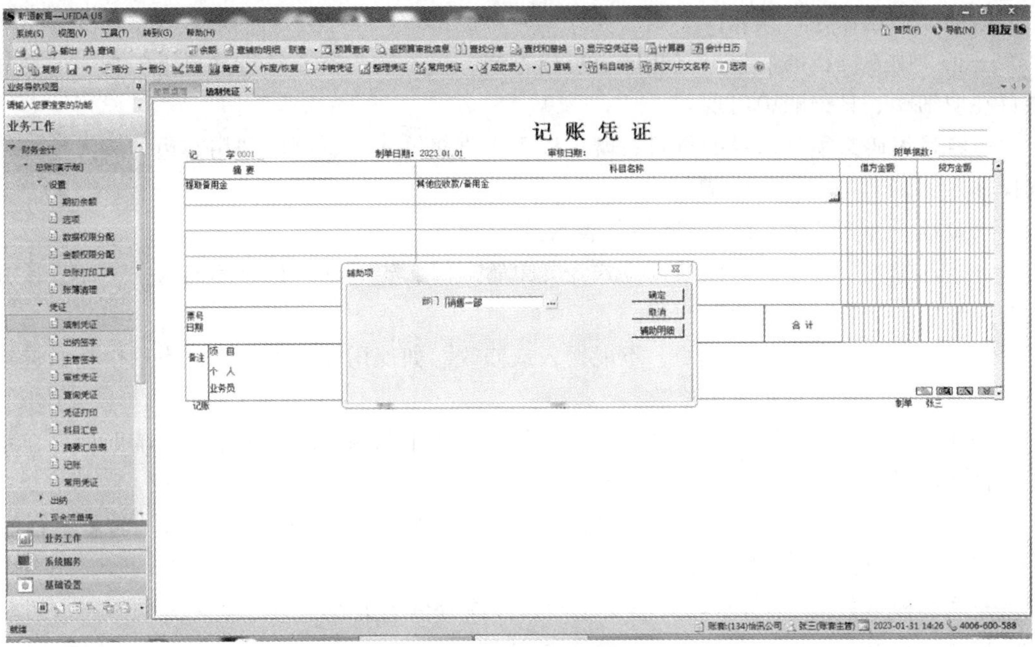

图2-11　辅助信息录入

在弹出的辅助信息输入窗口中输入的辅助信息将在凭证下方的备注中显示，如图2-12所示。

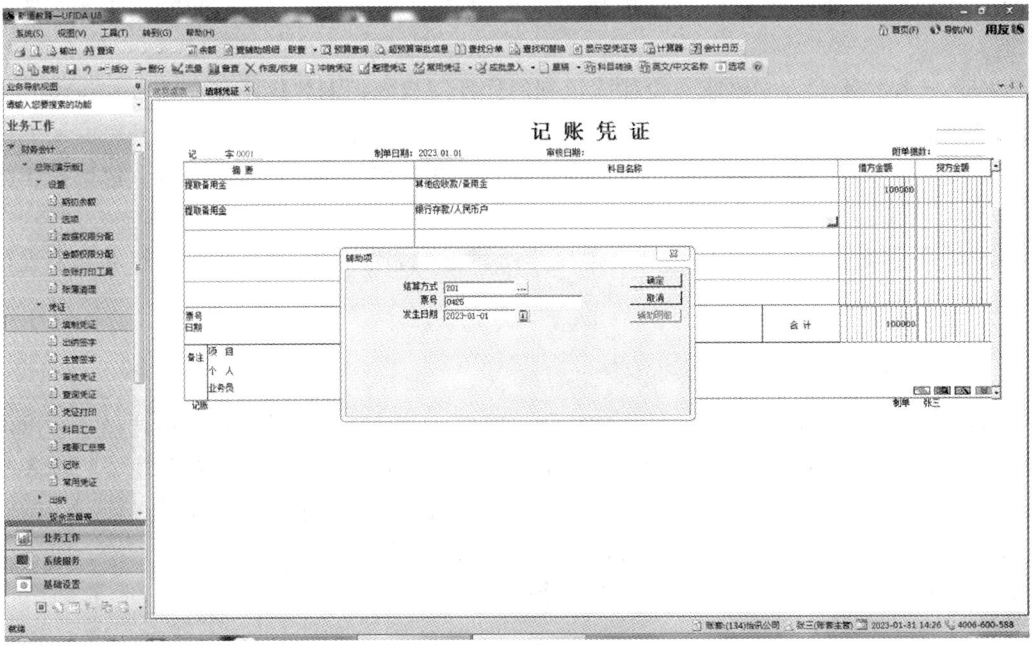

图2-12　辅助信息输入窗口

当需要对所录入的辅助项进行修改时，双击所要修改的项，系统显示辅助信息录入窗口，可进行修改。

操作说明：

—采用序时控制时，凭证日期应大于等于启用日期，不能超过业务日期。

—凭证一旦保存，其凭证类别、凭证编号不能修改。

—正文中不同行的摘要可以相同也可以不同，但不能为空，每行摘要将随相应的会计科目在明细账、日记账中出现。

—科目编码必须是末级的科目，既可以手工直接输入，也可以利用右边的放大镜按钮选择输入。

—金额不能为“0”；红字以“-”表示。

—当选择支票控制，即该结算方式为支票管理时，银行辅助信息不能为空，而且该方式的票号应在支票登记簿中有记录。

—汇率栏中的内容是固定的，不能输入或修改。如使用变动汇率，汇率栏中显示最近一次汇率，可以直接在汇率中修改。

—如果往来的是不属于已定义的往来单位，则要正确输入新往来单位的辅助信息，系统会自动追加到往来单位目录中。

—在输入个人信息时，若不输“部门名称”只输“个人名称”时，系统将根据所输“个人名称”自动输入其所属的部门。

—系统根据数量×单价自动计算出金额，并将金额先放在借方，如果方向不符，可将光标移动到贷方后，按空格键即可调整金额方向。

—未经审核的错误凭证可通过“填制凭证”功能直接修改；已审核的凭证应先取消审核后，再进行修改。

—若已采用制单序时控制，则修改后的制单日期不能在上一张凭证的制单日期之前。

—若选择“不允许修改或作废他人填制的凭证”权限控制，则不能修改或作废他人填制的凭证。

—如果涉及银行科目的分录已录入支票信息，并对该支票做过报销处理，修改操作将不影响“支票登记簿”中的内容。

—外部系统传过来的凭证不能在总账中进行修改，只能在生成该凭证的系统中进行修改。

（四）凭证处理流程

1.出纳签字

会计制单工作完成之后，如果该凭证是出纳凭证，且在系统【选项】中选择了“出纳凭证必须经由出纳签字”，则应该由出纳核对签字。由于出纳凭证涉及企业现金的收入与支出，所以应加强对出纳凭证的管理。出纳人员可通过出纳签字功能对制单员填制的带有现金、银行科目的凭证进行检查核对，主要核对出纳凭证的科目和金额是否正确，审查认为错误或有异议的凭证，应交给填制人员修改后再核对。

操作步骤：

（1）由002号操作员（出纳）登录，在总账系统中选择【凭证】下的【出纳签字】，进入【出纳签字】功能。

（2）显示选择条件窗口如图2-13所示。输入查询凭证的日期、凭证号、操作员、凭证的来源、自定义项和辅助条件等条件，缩小查询范围，在存在大量凭证情况下可减少查询等待时间。

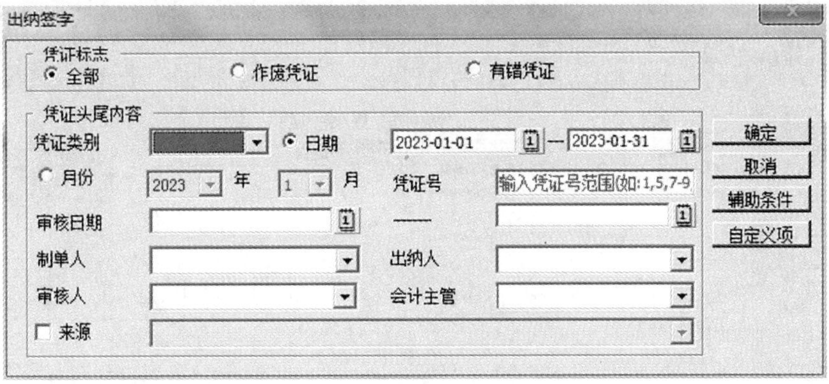

图2-13　出纳签字

（3）输入出纳签字的条件后，屏幕显示凭证一览表，如图2-14所示。

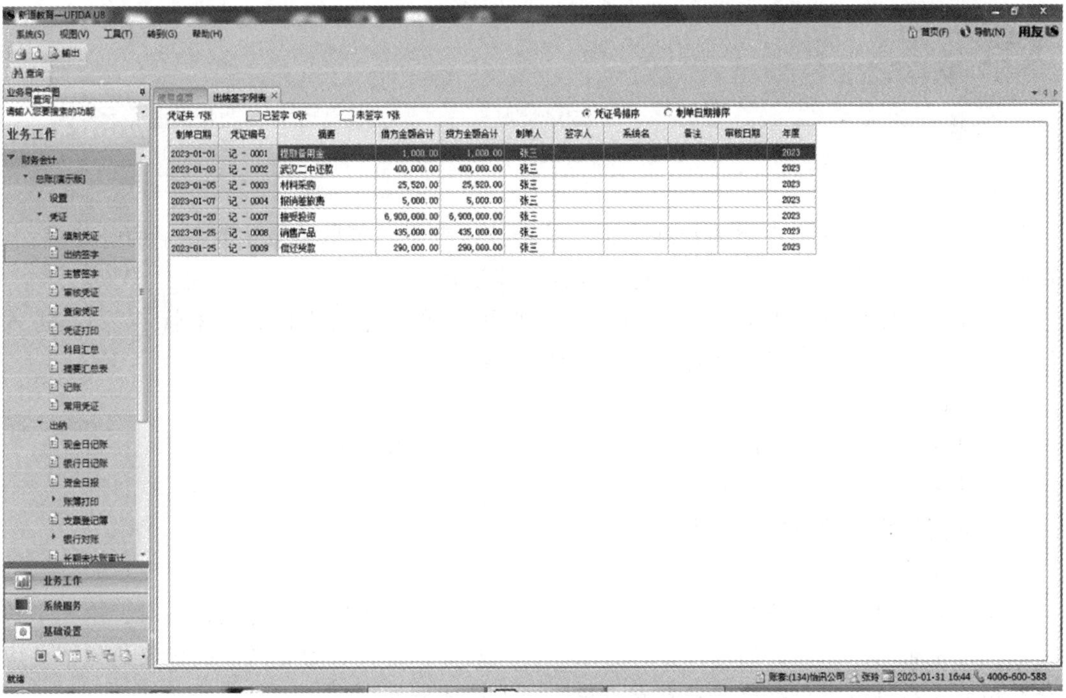

图2-14　显示出纳凭证

（4）双击任意一张凭证，选择菜单上的〖签字〗按钮，即可对该张凭证进行出纳签字。当需要批处理时，选择【批处理】菜单下的【成批出纳签字】功能，即可进行出纳签字的成批处理，如图2-15所示。

（5）若想对已签字的凭证取消出纳签字，可单击〖取消〗按钮进行取消。

操作说明：

—企业根据实际需要在【选项】设置中选择或取消“出纳凭证必须经由出纳签字”的设置。

—凭证一经签字，就不能被修改、删除，只有被取消签字后才可以进行修改或删除。

—取消签字只能由出纳人员自己进行。

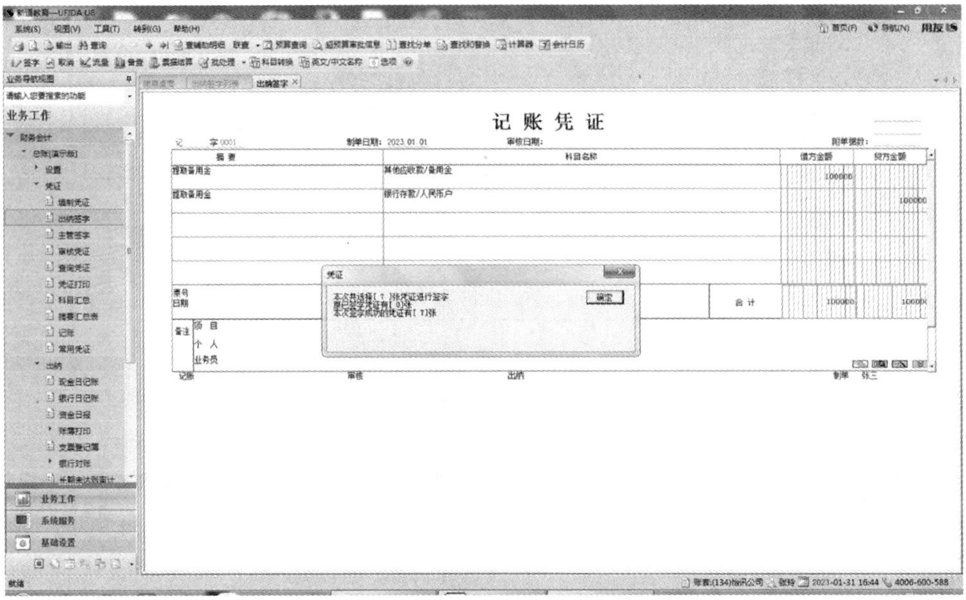

图2-15 出纳签字的成批处理

2.主管签字

为了加强企业的集中财务管理，企业的会计核算中心可以采取主管签字的管理模式。在此模式中，经主管会计签字后，这些凭证才能记账。

由001号操作员（账套主管）登录，在总账下单击【凭证】的【主管签字】，进入【主管签字】功能。主管签字的操作流程同出纳签字。

操作说明：

—已签字的凭证在凭证上显示为当前操作员姓名加红色框。

—签字人不能与制单人相同。

—取消签字必须由签字人本人取消。

3.审核凭证

审核凭证是审核员按照财会制度，对制单员填制的记账凭证进行检查核对，主要审核记账凭证是否与原始凭证相符、会计分录是否正确等，审查认为有错误或异议的凭证，应交与填制人员修改后再审核，只有有审核权的人员才能使用本功能。

操作步骤：

（1）单击【凭证】下的【审核凭证】，进入【审核凭证】功能，显示凭证审核条件窗，如图2-16所示。

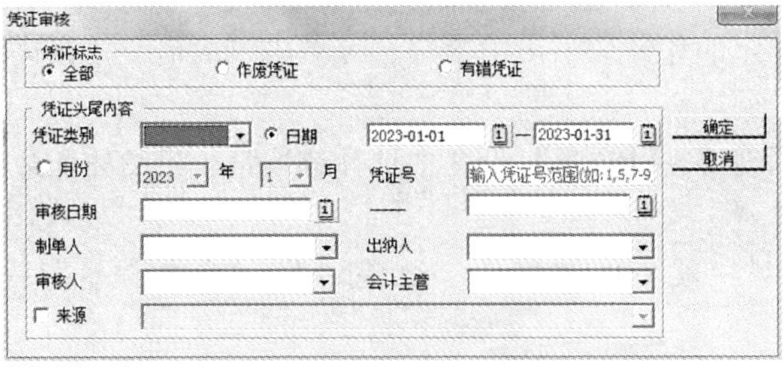

图2-16 凭证审核

（2）输入凭证审核的条件，确认后屏幕显示凭证一览表。

（3）双击任意一行显示该张凭证，选择菜单上的〖审核〗按钮，即可对该张凭证进行审核签字，当需要批处理时，选择【批处理】菜单下的【成批审核凭证】功能，即可进行凭证审核的成批处理，如图2-17所示。

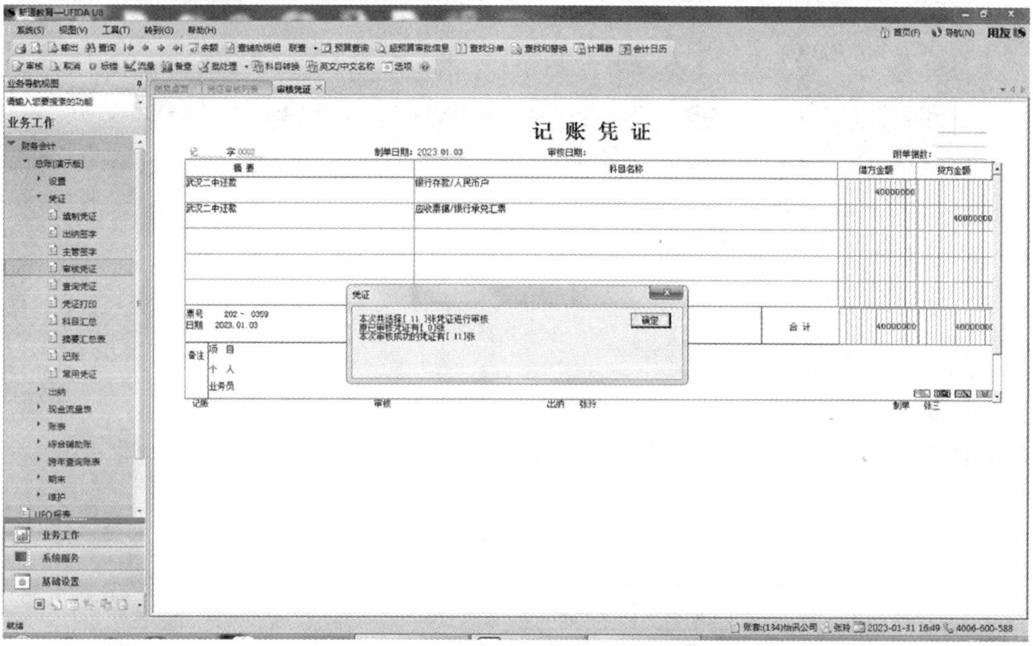

图2-17　审核凭证的成批处理

（4）若想对已审核的凭证取消审核，可单击〖取消〗按钮取消审核签字。

操作说明：

—审核人必须具有对凭证制单人所制凭证的审核权，这在系统管理的【权限】中设置。

—审核人和制单人不能是同一个人。

—凭证一经审核，就不能被修改、删除，只有被取消审核签字后才可以进行修改或删除。

—取消审核签字只能由审核人自己进行。

—作废凭证不能被审核，也不能被标错。

—已标错的凭证不能被审核，若想审核，需先按〖取消〗按钮取消标错后才能审核。

4.记账

记账凭证经审核签字后，即可用来登记总账、明细账、日记账、部门账、往来账、项目账及备查账等。系统记账采用向导方式，使记账过程更加清晰。

操作步骤：

（1）由账套主管登录，在总账系统中单击【凭证】下的【记账】，进入记账向导（如图2-18所示）。

（2）屏幕上列出各期间的未记账凭证范围清单，并同时列出其中的空号与已审核凭证范围，若编号不连续，则用逗号分隔，若显示宽度不够，可拖动表头调整列宽查看。

（3）只有已审核的凭证才能记账，在记账范围栏中输入凭证编号或点击〖全选〗按钮选择本次记账范围，点击〖记账〗按钮。

（4）进行试算平衡，只有试算平衡了才能记账（如图2-19所示）。

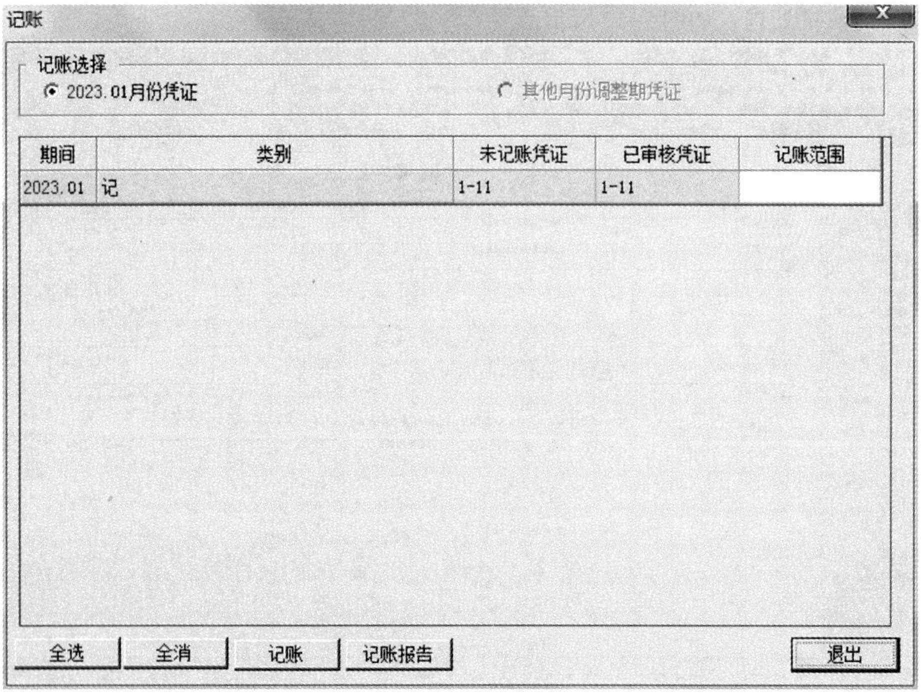

图2-18 记账

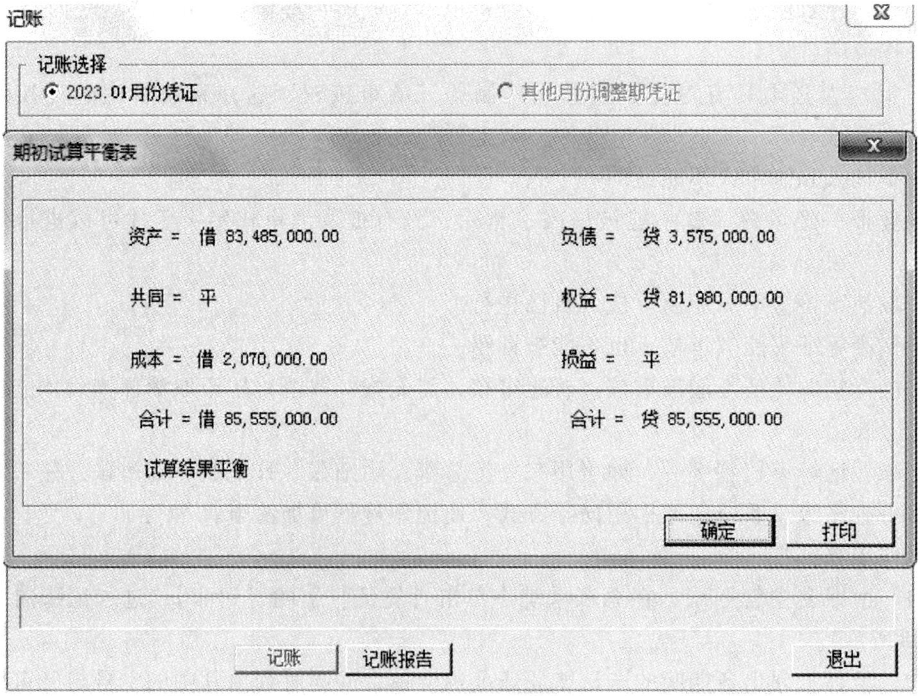

图2-19 试算平衡

（5）点击〖确定〗按钮，进入记账界面，显示如图2-20所示的界面。

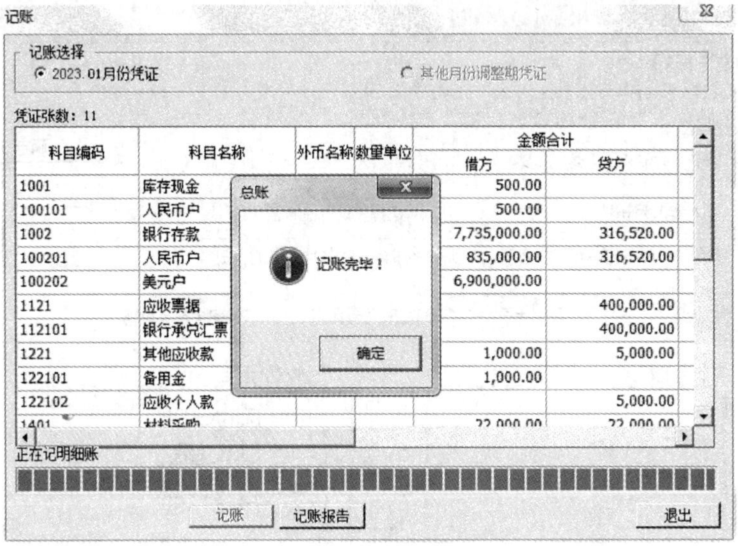

图2-20　记账界面

（6）当以上工作都确认无误后，点击〖记账〗按钮，系统开始登录有关的总账和明细账。

（7）恢复记账前状态：当系统在记账时，万一发生记账被中断的情况，系统将自动执行本功能恢复记账前状态，然后用户重新记账。另外，如果事后发现本月记账有错误，利用本功能可将本月已记账的凭证全部重新变成未记账凭证，再进行记账。进入系统时，本功能并没有显示，如果要使用该功能，必须在【期末—对账】功能界面按下快捷键［Ctrl+H］激活【恢复记账前状态】功能，退出【对账】功能，在系统主菜单【凭证】下显示该功能。

在【期末—对账】界面，按下［Ctrl+H］键，激活【凭证】菜单中的【恢复记账前状态】功能，再次按下［Ctrl+H］键隐藏此功能（如图2-21所示）。

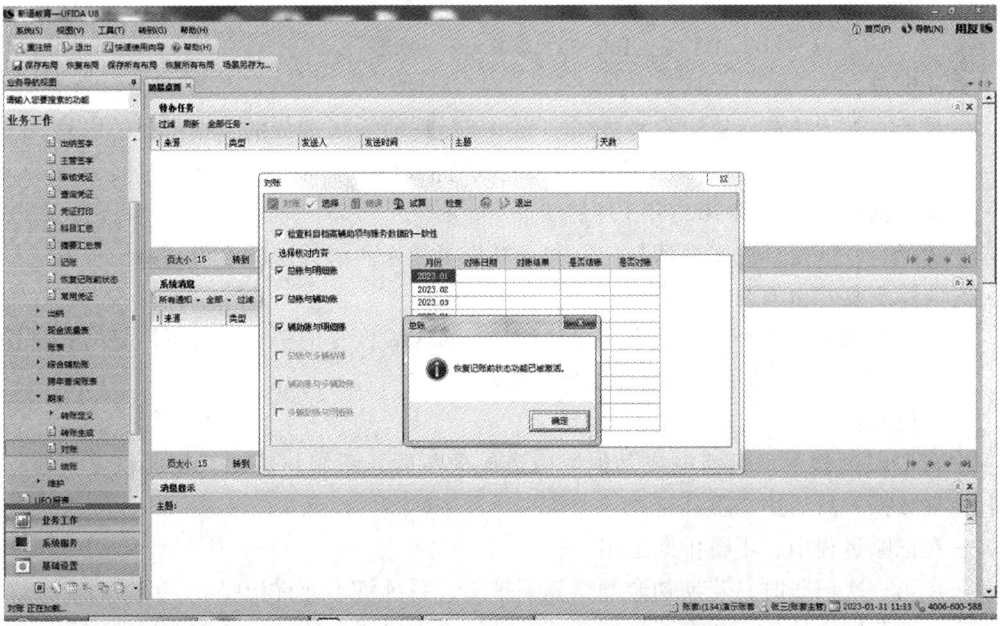

图2-21　激活【恢复记账前状态】功能

单击【恢复记账前状态】，屏幕显示恢复记账前状态窗口，如图2-22所示。

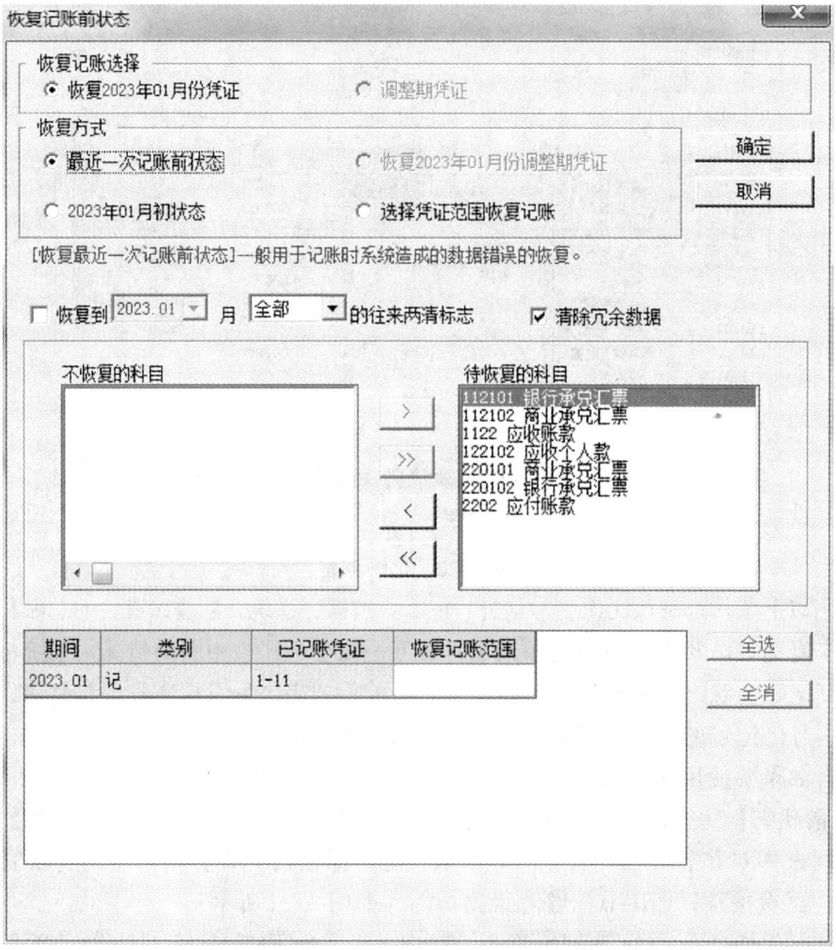

图2-22　恢复记账前状态

选择恢复方式：

—最近一次记账前状态：这种方式一般用于记账时系统造成的数据错误的恢复。

—上个月初状态：恢复到上个月初未记账时的状态，例如如果登录时间为2023年1月，则系统提示可恢复到2023年1月初状态。

—选择是否恢复“往来两清标志”和选择恢复往来两清标志的月份，系统根据选择在恢复时清除恢复月份的两清标志。

—可以根据需要不必恢复所有的会计科目，将需要恢复的科目从【不恢复的科目】选入“待恢复的科目”，即可只恢复需要恢复的科目。

操作说明：

—在记账过程中一旦断电或其他原因造成中断后，系统将自动调用【恢复记账前状态】恢复数据，然后用户重新记账。

—在记账过程中，不得中断退出。

—在第一次记账时，若期初余额试算不平衡，系统将不允许记账。

—所选范围内的凭证如有不平衡凭证，系统将列出错误凭证，并重选记账范围。

—已结账的月份，不能恢复记账前状态。

—上月未记账，本月不能记账。

—作废凭证不需审核，可直接记账。

—只有账套主管才能恢复到月初的记账前状态。

（五）会计凭证的错误处理

在会计制单即填制凭证功能中，还有一些会计日常业务处理，例如作废凭证、整理作废凭证、制作红字冲销凭证、查询凭证等。

1.作废凭证

进入填制凭证界面后，通过点击〖首页〗〖上页〗〖下页〗〖末页〗按钮翻页查找或点击〖查询〗按钮输入条件查找要作废的凭证。

单击菜单【制单】下的【作废/恢复】，凭证左上角显示“作废”字样，表示已将该凭证作废（如图 2-23所示）。

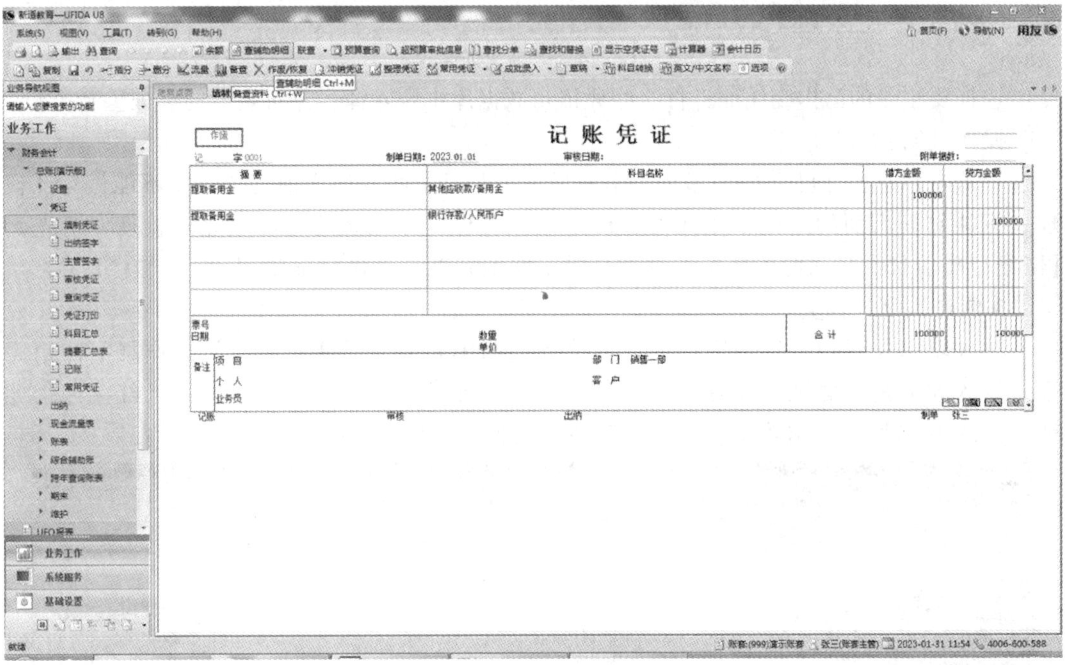

图2-23　凭证作废

操作说明：

—作废凭证仍保留凭证内容及凭证编号，只在凭证左上角显示“作废”字样。

—作废凭证不能修改，不能审核，也不能被标错。

—若当前凭证已作废，单击菜单【制单】下的【作废/恢复】，可取消作废标志，并将当前凭证恢复为有效凭证。

—外部凭证不能在总账系统中作废。

—在记账时，已作废的凭证应参与记账，否则月末无法结账，但不对作废凭证做数据处理，相当于一张空白凭证。在账簿查询时，也查不到作废凭证的数据。

2.整理作废凭证

有些作废凭证若不想保留，可以通过凭证整理功能将这些凭证彻底删除，并利用留下的空号对未记账凭证重新编号。

进入填制凭证界面后，单击菜单【制单】下的【整理凭证】。选择要整理的月份，按〖确定〗按钮后，屏幕显示作废凭证整理选择窗口，如图2-24所示。

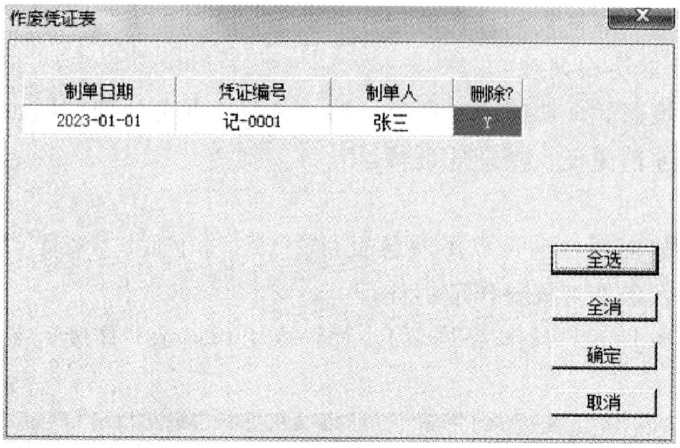

图2-24 作废凭证整理

选择要删除的已作废凭证，将这些凭证从数据库中删除掉，并对剩下的凭证重新排号。

操作说明：

—若本月有凭证已记账，那么，本月最后一张已记账凭证之前的凭证将不能做凭证整理，只能对其后面的未记账凭证做凭证整理。若想对已记账的凭证做凭证整理，请先到【恢复记账前状态】功能中恢复本月月初的记账前状态，再做凭证整理。

3.制作红字冲销凭证

进入填制凭证功能后，用户可通过菜单【制单】下的【冲销凭证】制作红字冲销凭证。输入要冲销的凭证所在月份、凭证类别和凭证号，系统会自动制作一张红字冲销凭证，如图2-25所示。本功能仅用于自动冲销某张已记账的凭证。

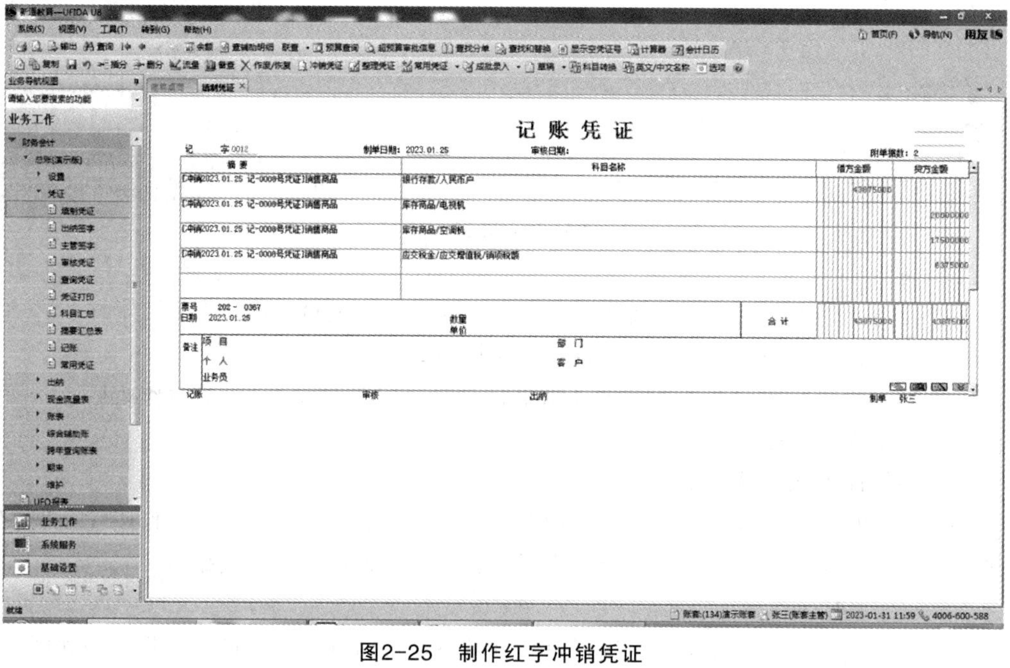

图2-25 制作红字冲销凭证

操作说明：

—通过红字冲销法增加的凭证，应视同正常凭证进行保存和管理。

—制作红字冲销凭证将错误凭证冲销后，需要再编制正确的蓝字凭证进行补充。

—审核人和制单人不能是同一个人。

4.查询凭证

单击系统主菜单【凭证】下的【查询凭证】，进入【查询凭证】功能。如要按科目、摘要、金额等条件进行查询，可按〖辅助条件〗按钮输入辅助查询条件；如要按科目自定义项查询，可按〖自定义项〗按钮输入自定义项查询条件。

输入查询凭证的条件后，屏幕显示凭证一览表，如图2-26所示。

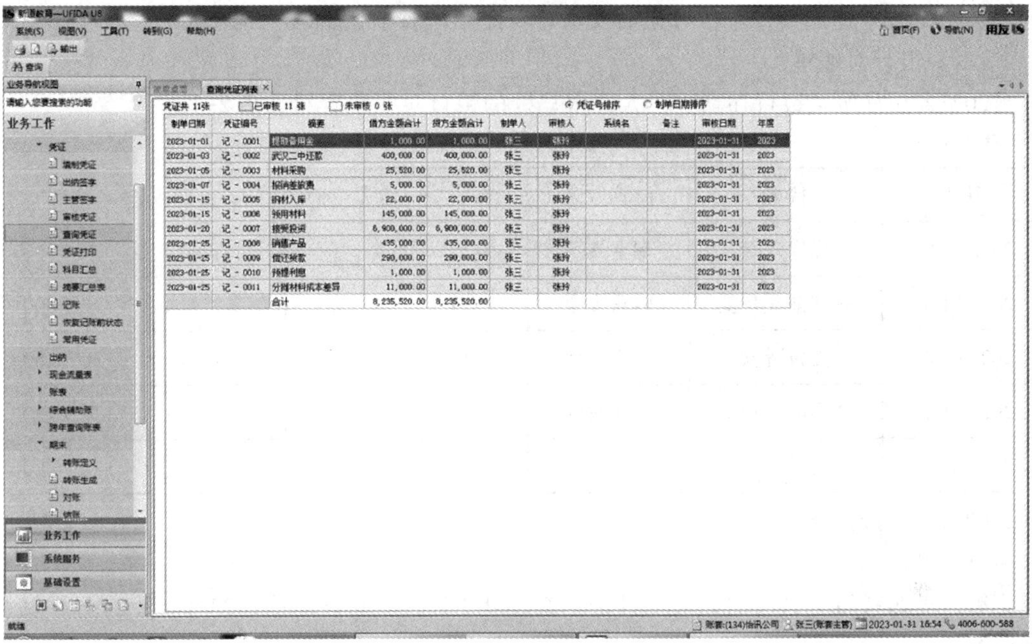

图2-26 查询凭证

在凭证一览表中双击某张凭证，则屏幕显示此张凭证。

（六）数据备份

退出企业门户，在系统管理中用实训项目第一章第一节中所描述方法将账套输出保存，留待下次实训继续使用。

第二节 出纳管理

一、实训目的

通过完成本实训，学生应掌握出纳日常管理的操作方法。

二、实训内容

1.银行对账期初录入；

2.录入银行对账单；

3.银行对账；

4.生成银行存款余额调节表；

5.备份账套数据。

三、实训准备

引入实训项目第二章第一节的备份数据。

四、实训案例

提示：本实训操作员均为张玲。

（一）银行对账科目

银行对账科目：100201　银行存款——人民币户。

（二）银行对账期初

期初没有未达账项，单位日记账及银行对账单调整前余额均为500 000元。

（三）银行对账单

2023年1月份“银行存款——人民币户”的银行对账单资料见表2-13。

表2-13　**银行对账单资料**　单位：元

日期	摘要	结算方式	票号	借方金额	贷方金额	余额
2023.01.01	提取现金	现金支票	0425		1 000	499 000
2023.01.03	收到前欠货款	转账支票	0359	400 000		899 000
2023.01.05	支付货款	转账支票	0445		25 520	873 480
2023.01.23	收到前欠货款	委托收款		900 000		1 773 480
2023.01.24	支付货款	托收承付			150 000	1 623 480

（四）银行对账

对账条件如下：

银行对账科目：100201；对账月份：2023年1月；截止日期：2023年1月31日；其他采用系统默认设置。

（五）余额调节表

查看“银行存款——人民币户”的余额调节表。

五、实训指导

出纳模块是专为出纳人员提供的一个集成功能，以使出纳人员更为方便地完成出纳工作。功能包括：查询及打印现金日记账、银行日记账、资金日报表，在支票登记簿中登记支票，录入银行对账单，进行银行对账，查询余额调节表，数据备份等。

（一）日记账的查询

出纳管理的各类账簿查询包括现金日记账和银行日记账的查询，以及资金日报表的查询工作。

查询现金及银行日记账之前，现金科目必须在“会计科目”功能下的“指定科目”中预先指定。如要打印正式存档用的现金日记账，则要调用“打印现金日记账”功能。

1.查询现金日记账

选择【总账】—【出纳】—【现金日记账】，显示现金日记账查询条件窗口，如图2-27所示。在条件窗口中选择科目范围、查询会计月份或查询会计日，屏幕显示现金日记账查询结果，如图2-28所示。

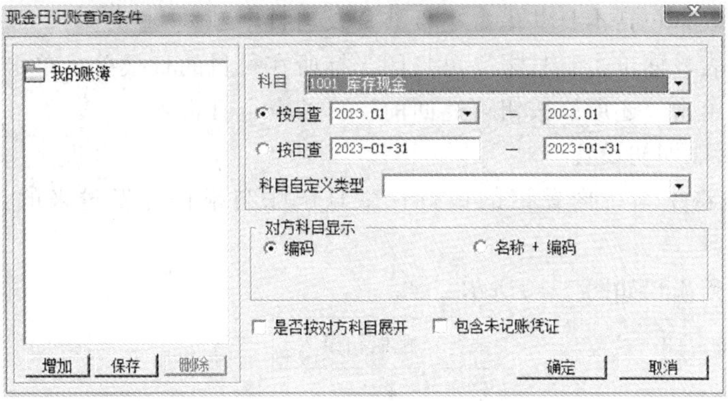

图2-27　查询现金日记账

金额式

现金日记账

科目 1001 库存现金　　　　月份：2023.01-2023.01

2023年 月	日	凭证号数	摘要	对方科目	借方	贷方	方向	余额
			上年结转				借	7,000.00
01	07	记-0004	报销差旅费	122102	500.00		借	7,500.00
01	07		本日合计		500.00		借	7,500.00
01			当前合计		500.00		借	7,500.00
01			当前累计		500.00		借	7,500.00

图2-28　现金日记账

在图2-28界面，双击某行或点击命令栏中的〖凭证〗按钮，可查看相应的凭证。点击命令栏中的〖总账〗按钮可查看“库存现金”科目的三栏式总账。

操作说明：

—系统提供四种账页格式：金额式、外币金额式、数量金额式、数量外币式。在外币金额式显示格式中如为末级科目则显示外币名称，非末级科目则不显示。

—显示外币金额式账簿的同时，可以按不同的币种提供月初余额、合计、累计。

2.查询银行日记账

选择【总账】—【出纳】—【银行日记账】，银行日记账的查询方式参见现金日记账的查询方式。

3.查询资金日报表

资金日报表是反映现金、银行存款每日发生额及余额情况的报表，在企业财务管理中占据重要位置。采用资金日报表功能可以查询和输出“库存现金”“银行存款”科目某日的发生额及余额情况。

单击【资金日报表】，屏幕显示资金日报表查询条件窗口，如图2-29所示。

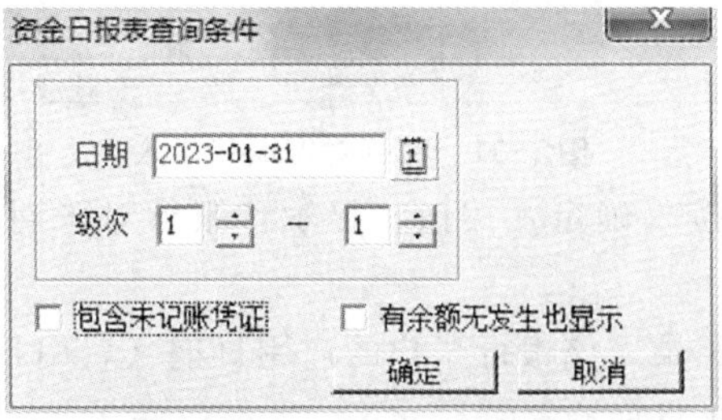

图2-29　资金日报表查询

在日期处输入需要查询日报表的日期，并选择科目显示级次，单击〖确定〗按钮，屏幕显示资金日报表，包括本日共借、本日共贷及当日余额。

在资金日报表界面单击〖日报〗可打印光标所在科目的日报单，单击〖昨日〗按钮可查看昨日余额，单击〖还原〗按钮可返回前一日的资金日报表。

（二）银行对账期初设置

银行对账是将本系统内登记的银行存款日记账与银行方发过来的银行对账单进行核对。

银行对账业务流程如图2-30所示。

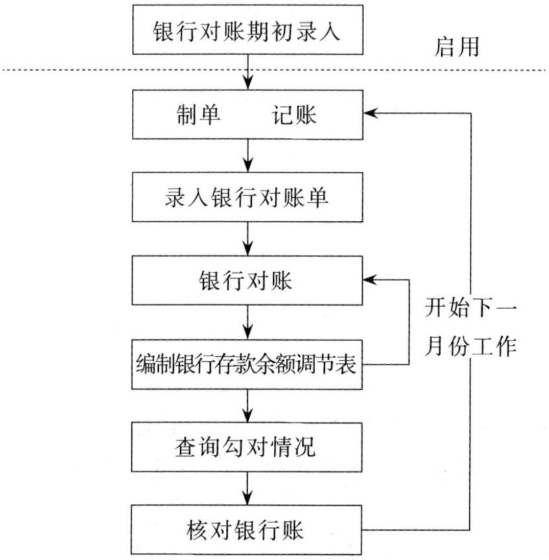

图2-30　银行对账业务流程

操作步骤：

（1）单击【银行对账期初录入】，界面如图2-31所示。

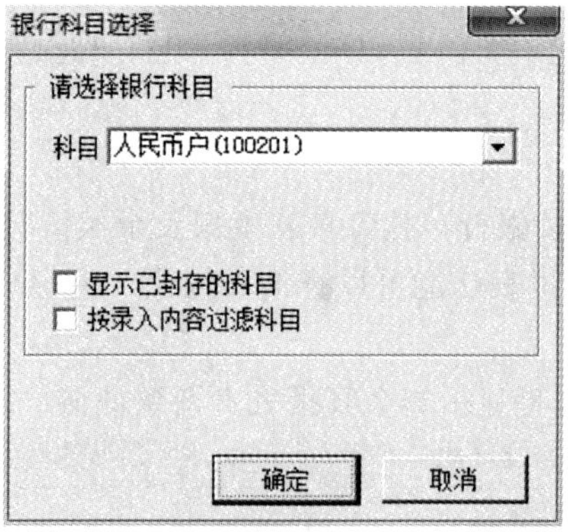

图2-31　银行对账期初录入

（2）选择银行科目后按〖确定〗按钮，显示“银行对账期初”录入窗口，如图2-32所示。

（3）在启用日期处参照录入该银行账户的启用日期（启用日期应为使用银行对账功能前最近一次手工对账的截止日期）。

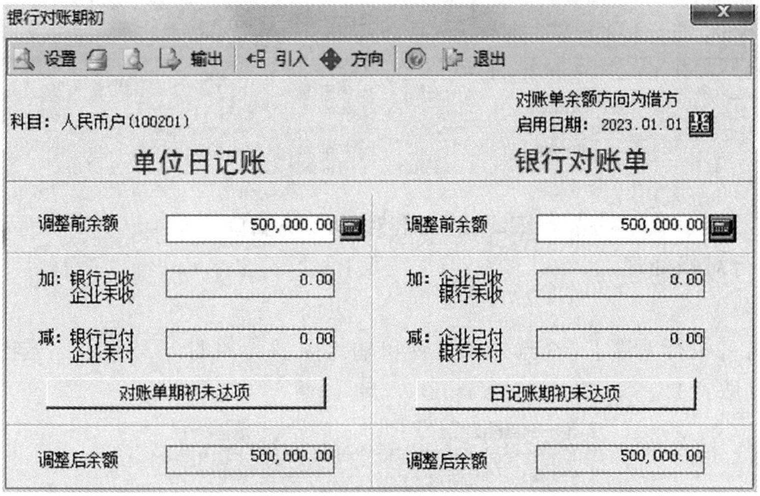

图2-32　银行对账期初录入窗口

（4）录入单位日记账及银行对账单的调整前余额。

（5）单击〖对账单期初未达项〗和〖日记账期初未达项〗按钮录入银行对账单及单位日记账期初未达项，系统将根据调整前余额及期初未达项自动计算出单位日记账与银行对账单的调整后余额。

操作说明：

—在第一次使用银行对账功能前，系统要求录入日记账及对账单未达账项，在开始使用银行对账之后不再录入。

—按现实业务的流程时序，银行对账期初录入应在总账系统初始化时进行，而本实训为了集中练习银行对账模块，特将此功能放在出纳管理——银行对账功能中实现。

—在录入完单位日记账、银行对账单期初未达账项后，不要随意调整启用日期，尤其是向前调，否则，可能会造成启用日期后的期初数不能再参与对账。

（三）银行对账单的录入

银行对账单由出纳根据开户行送来的对账单录入。单击【银行对账单】，屏幕显示查询条件窗口，如图2-33所示。

图2-33　对账单录入

输入查询条件后，屏幕显示银行对账单录入窗口，如图2-34所示。点击命令栏中的〖增加〗按钮，可录入新增内容。

科目：人民币户(100201)　　　　银行对账单　　　　对账单账面余额:1,623,480.00

日期	结算方式	票号	借方金额	贷方金额	余额
2023.01.01	201	0425		1,000.00	499,000.00
2023.01.03	202	0359	400,000.00		899,000.00
2023.01.05	202	0445		25,520.00	873,480.00
2023.01.23	4		900,000.00		1,773,480.00
2023.01.24	3			150,000.00	1,623,480.00

图2-34　银行对账单录入窗口

（四）银行对账处理

操作步骤：

（1）单击【银行对账】，在选择条件窗口输入条件，如图2-35所示，选择要进行对账的银行科目（账户）。

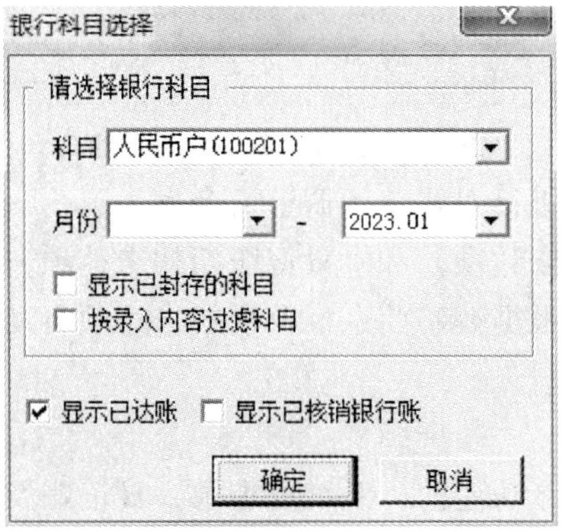

图2-35　选择银行对账科目

（2）若选择“显示已达账”选项，则显示已两清勾对的单位日记账和银行对账单。

（3）对账界面如图2-36所示，左边为单位日记账，右边为银行对账单。

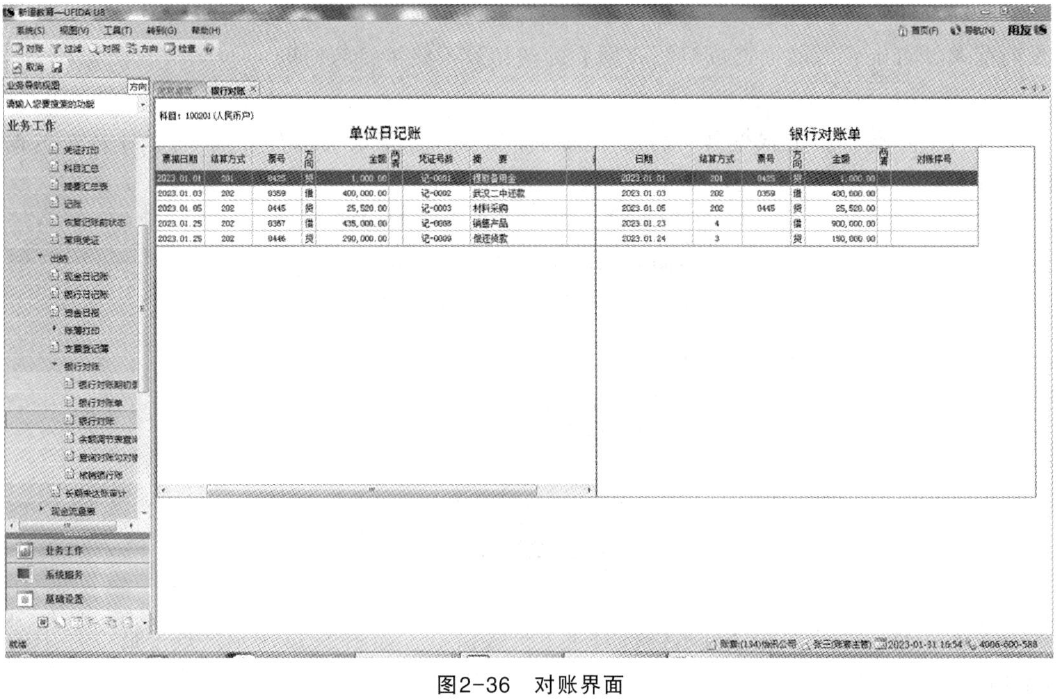

图2-36　对账界面

（4）单击〖对账〗按钮，选择对账截止日期2023-01-31，进行自动对账，如图2-37所示。如果已进行过自动对账，可直接进行手工调整。

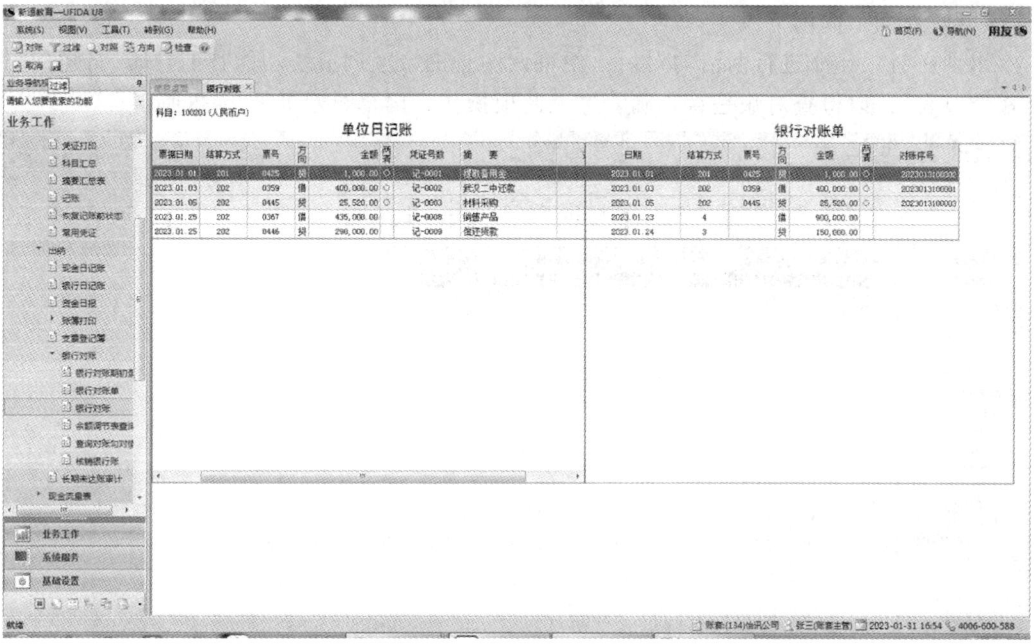

图2-37　自动银行对账

自动对账：在截止日期处直接或参照输入对账截止日期，系统则将至截止日期前的日记账和对账单进行勾对。如不输入对账截止日期，则将所有日期的账进行核对。输入对账条件后，按〖确定〗按钮，系统开始按照用户设定的对账条件对账，自动对账两清的记录标记“○”，已两清的记录背景色为黄色。可以分别选择对账条件按不同次序对账，如：对账先按票号＋方向＋金额相同进行（可多对多），然后按方向＋金额相同进行；选择对账条件为日期相差12天之内，则先勾对日期相差12天的已达账。对账条件中的方向、金额相同是必选条件，对账截止日期可输入，也可不输入。

手工调整：单击〖对照〗按钮后，系统将在银行对账单区显示票号或金额和方向同单位日记账中当前记录相似的银行对账单，出纳可参照进行勾对，再次单击〖对照〗按钮则为取消对照。如果银行对账单中有记录同当前单位日记账相对应却未勾对上，则在当前单位日记账的〖两清〗区双击鼠标左键，将当前单位日记账标上两清标记——“√”，同样地，双击银行对账单中对应的对账单两清区，标上两清标记。如果在银行对账单中有两笔以上记录同单位日记账对应，则所有对应的银行对账单都应标上两清标记。将当前光标移到单位日记账中下一笔未两清日记账上，重复进行上述两个步骤，直到找出所有的已达账项为止。

（5）单击〖检查〗按钮检查对账是否有错，如果有错误，应进行调整。

操作说明：

—取消对账标志：系统提供两种取消对账标志的方式，即自动及手动取消某一笔的对账标志和自动取消指定时间内的所有对账标志。

—手动取消钩对：双击要取消对账标志业务的〖两清〗区即可。

—自动取消钩对：单击〖取消〗按钮，选择要进行反对账的期间，系统将自动对此期间已两清的银行账取消两清标志。

（五）查询余额调节表

出纳在对银行账进行两清勾对后，便可调用查询余额调节表功能查询打印“银行存款余额调节表”，以检查对账是否正确。进入此项操作，屏幕显示如图2-38所示。

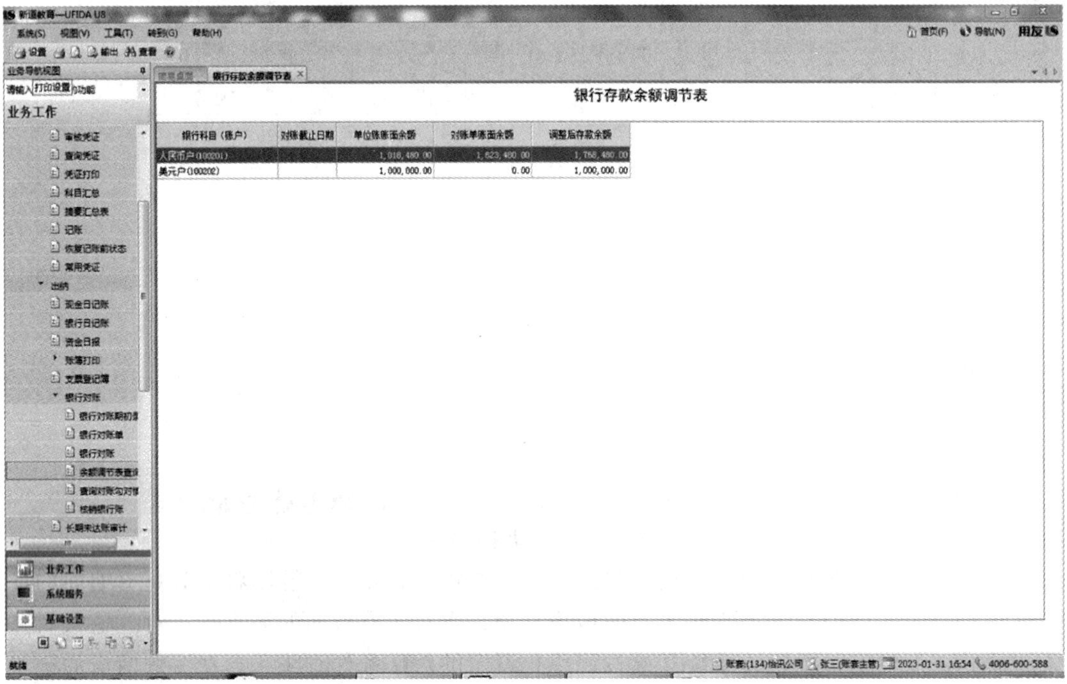

图2-38　查询余额调节表功能

如要查看银行账户100201的余额调节表，单击放大镜按钮或双击该行，则可查看该银行账户的银行存款余额调节表，如图2-39所示。

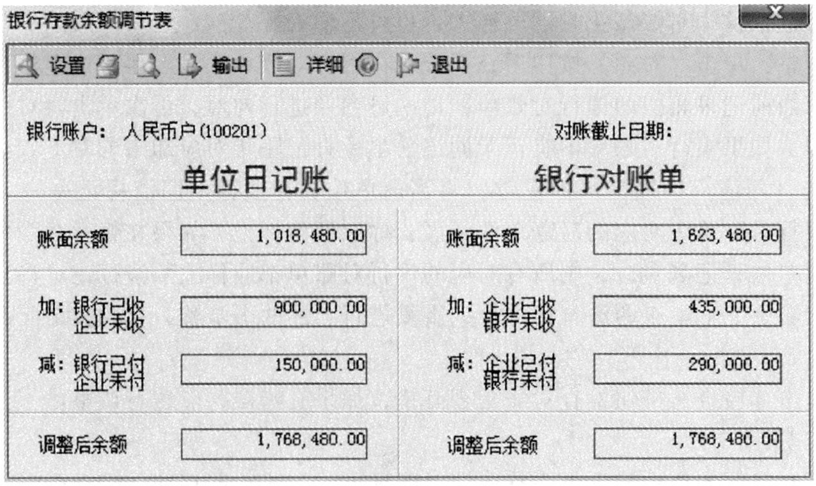

图2-39　银行存款余额调节表

操作说明：

如果银行存款余额调节表显示账面余额不平，检查以下几处：

—【银行期初录入】中的“调整后余额”是否平衡？如不平衡，则需查看“调整前余额”、“日记账期初未达项”及“对账单期初未达项”是否录入正确。如不正确，则进行正确的调整。

—银行对账单录入是否正确？如不正确，则进行正确的调整。

—【银行对账】中勾对是否正确、对账是否平衡？如不正确，则进行正确的调整。

（六）银行对账的其他管理

出纳对银行账的日常管理还包括以下几个方面：查询对账勾对情况、核销已达账、长期未达账审计等。

1.查询对账勾对情况

查询对账勾对情况是查询单位日记账及银行对账单的对账结果。

进入【查询对账勾对情况】功能，显示如图2-40所示的界面。

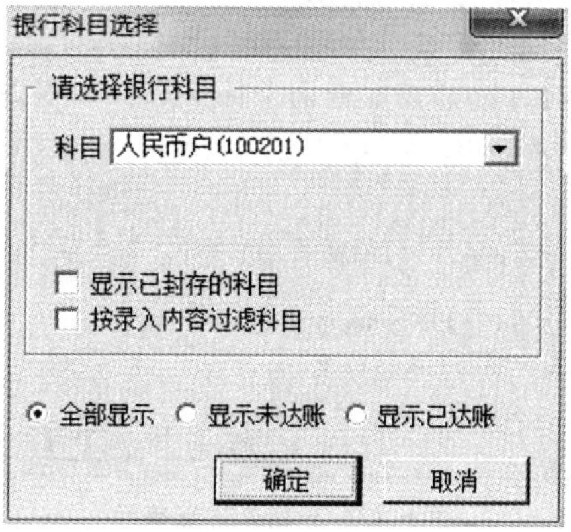

图2-40　银行科目选择

输入查询条件后，显示查询结果如图2-41所示。

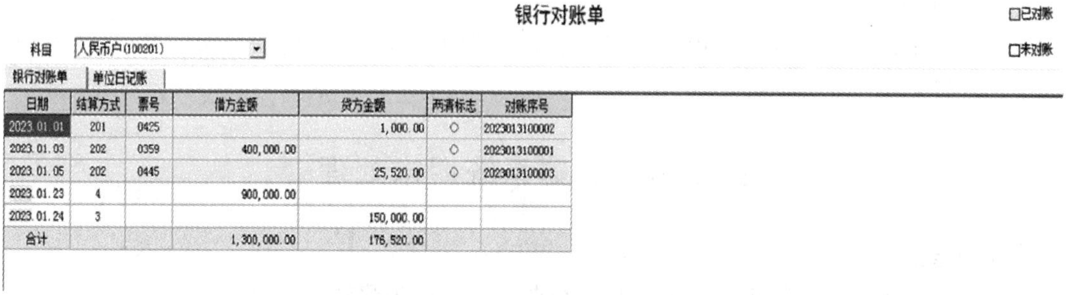

银行对账单

科目 人民币户(100201)　　□已对账　□未对账

银行对账单 | 单位日记账

日期	结算方式	票号	借方金额	贷方金额	两清标志	对账序号
2023.01.01	201	0425		1,000.00	○	2023013100002
2023.01.03	202	0359	400,000.00		○	2023013100001
2023.01.05	202	0445		25,520.00	○	2023013100003
2023.01.23	4		900,000.00			
2023.01.24	3			150,000.00		
合计			1,300,000.00	176,520.00		

图2-41　查询对账结果

可以通过单击“银行对账单”“单位日记账”页签切换显示对账情况。

2.核销已达账

核销已达账是将核对正确并确认无误的已达账删除，一般来说，在银行对账正确后，如果想将已达账删除并只保留未达账时，可使用本功能。如果银行对账不平衡时，就不要使用本功能，否则将造成以后对账错误。

进入【核销银行账】功能，屏幕显示如图2-42所示的界面，选择要核销的银行科目，按〖确定〗按钮后，即可核销已达银行账。

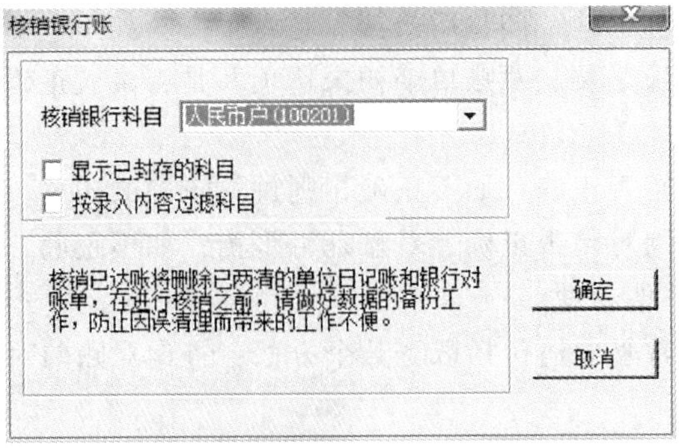

图2-42 核销银行账

3.长期未达账审计

长期未达账审计用于查询至截止日期为止未达天数超过一定天数的银行未达账项，以便企业分析长期未达原因，避免资金损失。

选择【长期未达账审计】，屏幕显示查询条件窗口，如图2-43所示。

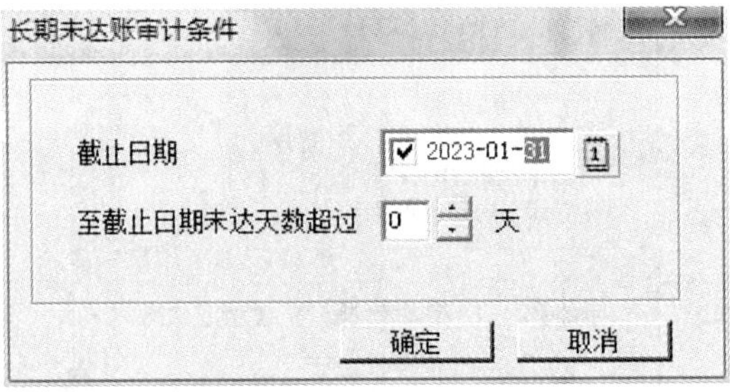

图2-43 长期未达账审计

在此录入查询的截止日期及至截止日期未达天数超过天数，完成后屏幕显示查询结果。

（七）数据备份

退出登录，在系统管理中用实训第一章第一节中所描述方法将账套输出保存，留待下次实训继续使用。

第三节 总账系统期末处理

一、实训目的

通过完成本实训，学生应掌握总账系统期末处理的步骤及操作方法。

二、实训内容

1.转账定义；

2.转账生成；

3.对账；

4.结账；

5.备份账套数据。

三、实训准备

引入实训项目第二章第二节的备份数据。

四、实训案例

（一）转账定义

1. 自定义转账定义

转账序号：0001；转账说明：长期待摊费用转管理费用。分录为：

借：管理费用/其他（660206）

　贷：长期待摊费用（1801）

2. 销售成本结转定义

库存商品科目：1405；

商品销售收入科目：6001；

商品销售成本科目：6401；

按商品销售（贷方）数量结转。

3. 汇兑损益结转定义

汇兑损益入账科目：660302　财务费用——汇兑损益。

现金美元户和银行存款美元户都计算汇兑损益。

4. 期间损益结转定义

本年利润科目：4103　本年利润。

（二）转账生成

1. 自定义转账生成。

2. 销售成本结转生成。

3. 汇兑损益结转生成。

4. 期间损益结转生成（提示：应先将前三项转账生成的凭证进行记账）。

（三）对账

（四）结账

五、实训指导

期末处理是在将本月所发生的经济业务全部登记入账后所要做的工作，主要包括计提、分摊、结转、对账和结账。

第一次使用系统的期末处理功能时，应先执行【转账定义】功能，定义完转账凭证后，以后的各月只需调用【转账凭证生成】即可。但当某转账凭证的转账公式有变化时，需先在【转账定义】中修改转账凭证内容，然后转账。

（一）转账定义

转账定义功能一共包括六种：自定义转账设置、对应结转设置、销售成本结转设置、汇兑损益结转设置、期间损益结转设置、售价（计划价）销售成本结转。本实训案例中只涉及其中四种，参考实训资料，根据下述指导完成操作。

1. 自定义转账设置

可以通过自定义转账设置完成的转账业务主要有："费用分配"的结转，如工资分配等；"费用分摊"的结转，如制造费用等；"税金计算"的结转，如增值税等；"提取各项费用"的结转，如提取福利费等；"部门核算"的结转；"项目核算"的结转；"个人核算"的结转；"客户核算"的结转；"供应商核算"的结转。

操作步骤：

（1）单击总账—期末菜单【转账定义】下的【自定义转账】，显示自定义转账设置界面。

（2）单击〖增加〗按钮，可定义一张转账凭证，屏幕弹出凭证主要信息录入窗口，如图2-44所示。

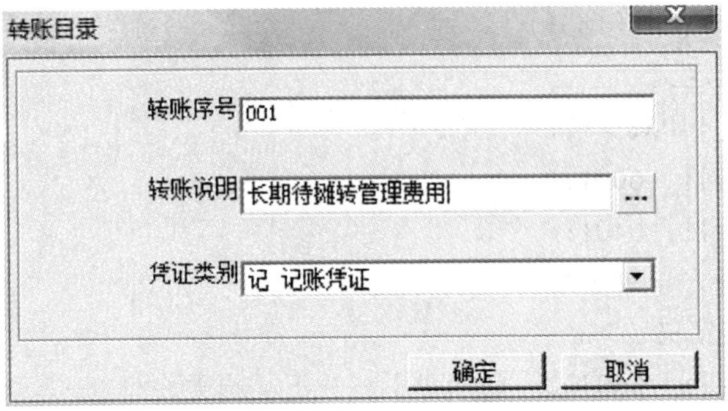

图2-44 自定义转账

（3）输入转账序号、转账说明和凭证类别，点击〖确定〗按钮开始定义转账凭证分录信息，如图2-45所示。

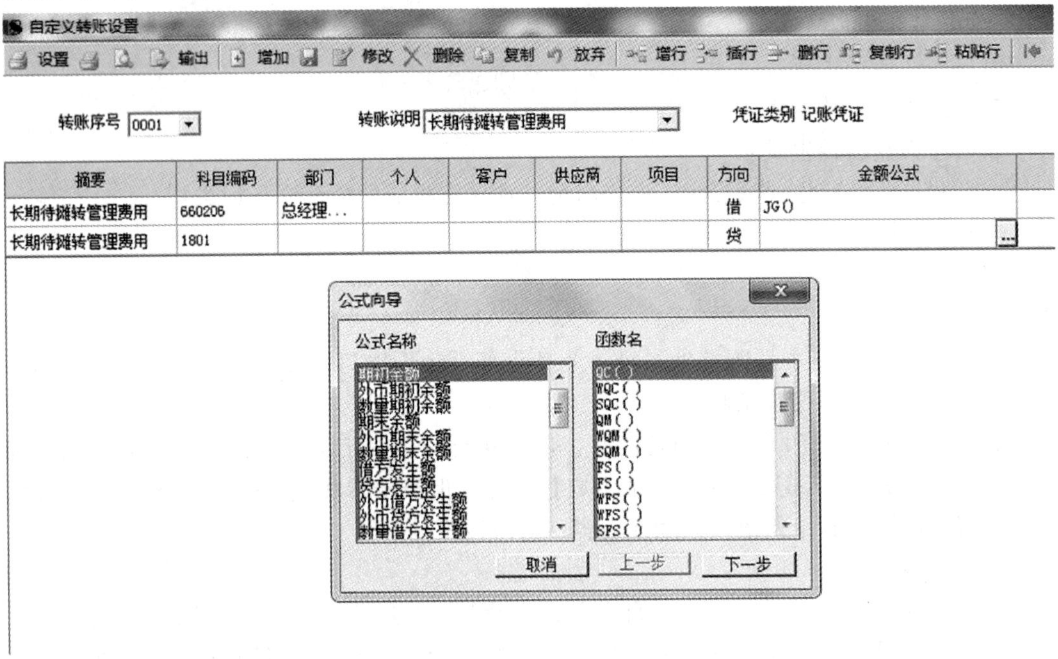

图2-45 定义转账凭证分录信息

（4）定义录入每笔转账凭证分录的摘要、科目。

（5）当录入的科目是部门、项目、个人、客户和供应商核算科目时，可参照输入信息；对于非上述类型的科目，此处可以不输。

（6）方向：输入转账数据发生的借贷方向。

（7）金额公式：单击放大镜按钮可参照录入计算公式（注：建议通过参照录入公式，对于熟练的操作员，若已熟练掌握转账公式，也可直接输入转账函数公式）。

2.对应结转设置

对应结转不仅可进行两个科目的一对一结转，还提供科目的一对多结转功能，对应结转的科目可为上级科目，但其下级科目的科目结构必须一致（相同明细科目），如有辅助核算，则两个科目的辅助账类也必须一一对应。对应结转功能只结转期末余额。在本实训案例中不涉及对应结转设置。

操作步骤：

（1）单击【对应结转】，显示“对应结转设置”界面，如图2-46所示。

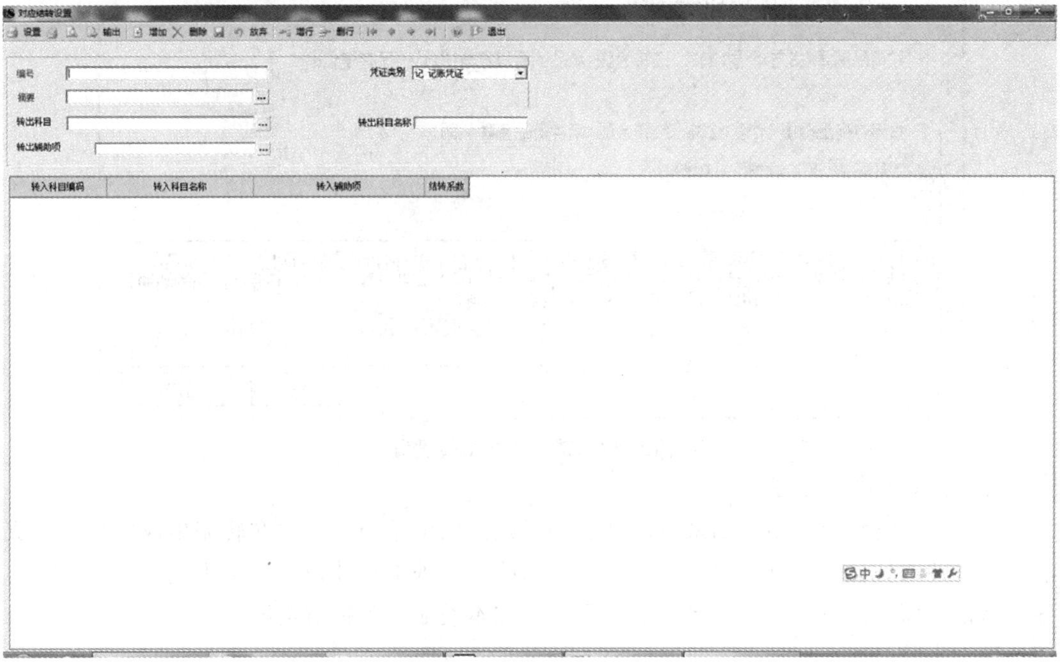

图2-46　对应结转设置

（2）输入编号（指该张转账凭证的代号）、凭证类别、转出科目。

（3）输入转入科目编码、名称、转入辅助项和结转系数。

（4）结转系数：转入科目取数=转出科目取值×结转系数，若未输入，则系统默认为1。

（5）本功能只结转期末余额。如果要结转发生额，则需到自定义结转中设置。

3.销售成本结转设置

销售成本结转是将月末商品（或产成品）销售数量乘以库存商品（或产成品）的平均单价计算各类商品销售成本并进行结转。

操作步骤：

（1）单击【销售成本结转】，屏幕显示如图2-47所示界面。

（2）输入总账科目或明细科目，要求库存商品科目、商品销售收入科目和商品销售成本科目具有相同结构的明细科目，即要求这三个科目下的所有明细科目必须都有数量核算，且这三个科目的下级必须一一对应，输入完成后，系统自动计算出所有商品的销售成本。其中：数量=商品销售收入科目下某商品的贷方数量；单价=库存商品科目下某商品的月末金额÷月末数量；金额=数量×单价。

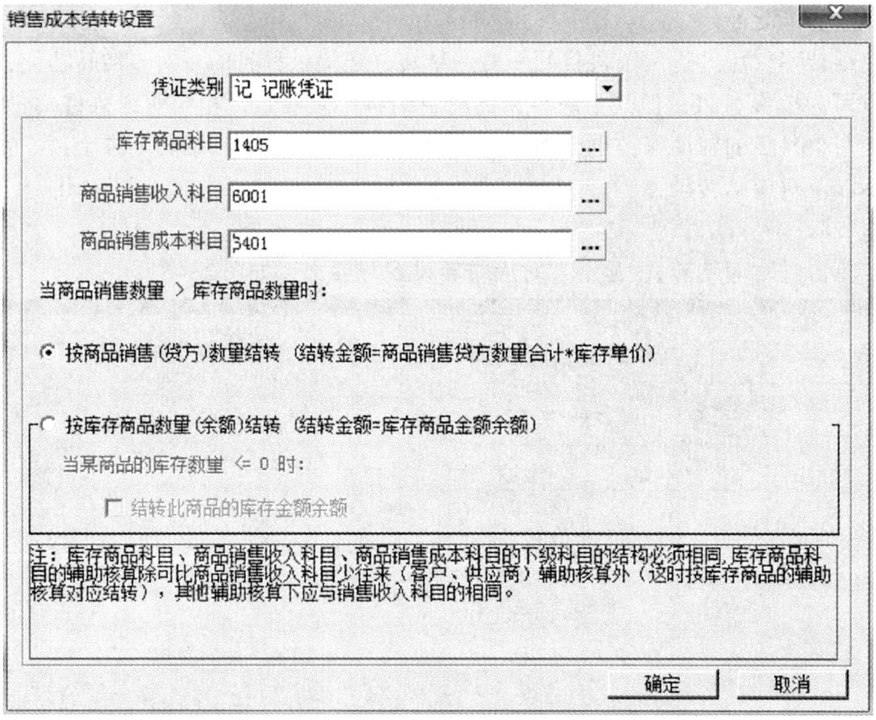

图2-47 销售成本结转设置

4.汇兑损益结转设置

汇兑损益结转设置用于期末自动计算外币账户的汇总损益，并在转账生成中自动生成汇总损益转账凭证，汇兑损益只处理以下外币账户：外汇存款户；外币现金；外币结算的各项债权、债务，不包括所有者权益类账户、成本类账户和损益类账户。

操作步骤：

（1）单击【汇兑损益】，屏幕显示如图2-48所示的界面。

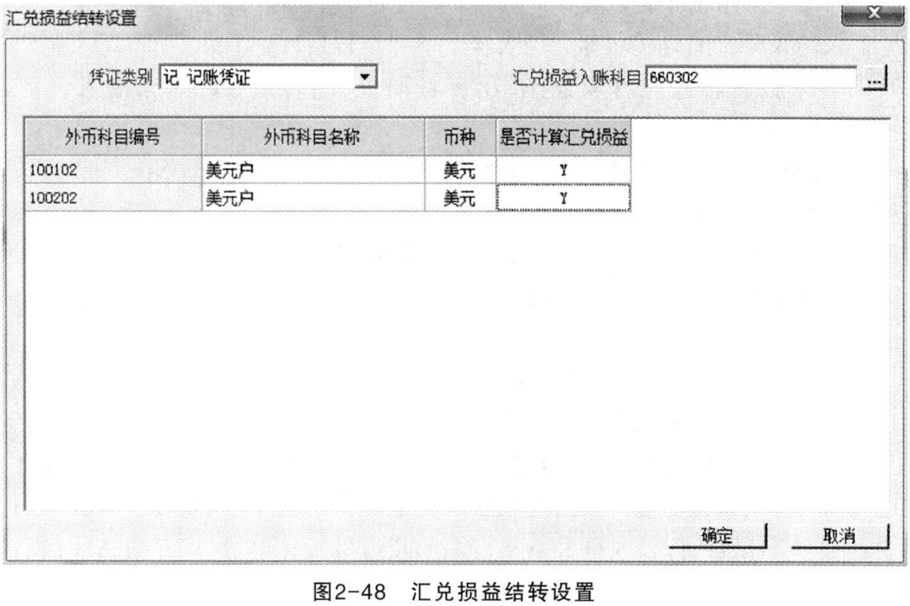

图2-48 汇兑损益结转设置

（2）输入凭证类别和该账套中汇兑损益入账科目的科目编码。

（3）选择需要计算汇兑损益的科目，即进行汇兑损益结转。

操作说明：

—为了保证汇兑损益计算正确，填制某月的汇兑损益凭证时必须将本月的所有未记账凭证先记账。

—汇兑损益入账科目不能是辅助账科目，没有数量，不核算外币。

—若“选项”中的“往来控制方式”为“客户往来业务由应收系统核算”或“供应商往来业务由应付系统核算”，则计算汇兑损益的外币科目不能是带客户或供应商的科目，可到应收、应付系统中对这些科目进行汇兑损益的结转。

5.期间损益结转设置

期间损益结转设置用于在一个会计期间终了将损益科目的余额结转到本年利润科目中，从而及时反映企业利润的盈亏情况，主要是对管理费用、销售费用、财务费用、销售收入、营业外收支等科目的结转。

操作步骤：

（1）单击【期间损益】，显示期间损益结转设置界面，如图2-49所示。

图2-49 期间损益结转设置

（2）表格上方的本年利润科目是本年利润的入账科目，可参照录入。如果您的本年利润科目又分为多个下级科目，则可在下面表格中录入，并与相应的损益科目对应。

（3）在下面的对应结转表中录入明细级的本年利润科目。

操作说明：

—损益科目结转表中将列出所有的损益科目。如果您希望某损益科目参与期间损益的结转，则应填写相应的本年利润科目。

—损益科目结转表的每一行中的损益科目的期末余额将转到该行的本年利润科目中。

—损益科目结转表中的本年利润科目必须为末级科目，且为本年利润入账科目的下级科目。

6.售价（计划价）销售成本结转

售价（计划价）销售成本结转设置是按售价（计划价）结转销售成本或调整月末成本。本实训案例中不涉及此项。

单击【售价（计划价）销售成本结转】，显示销售成本设置界面，如图2-50所示。

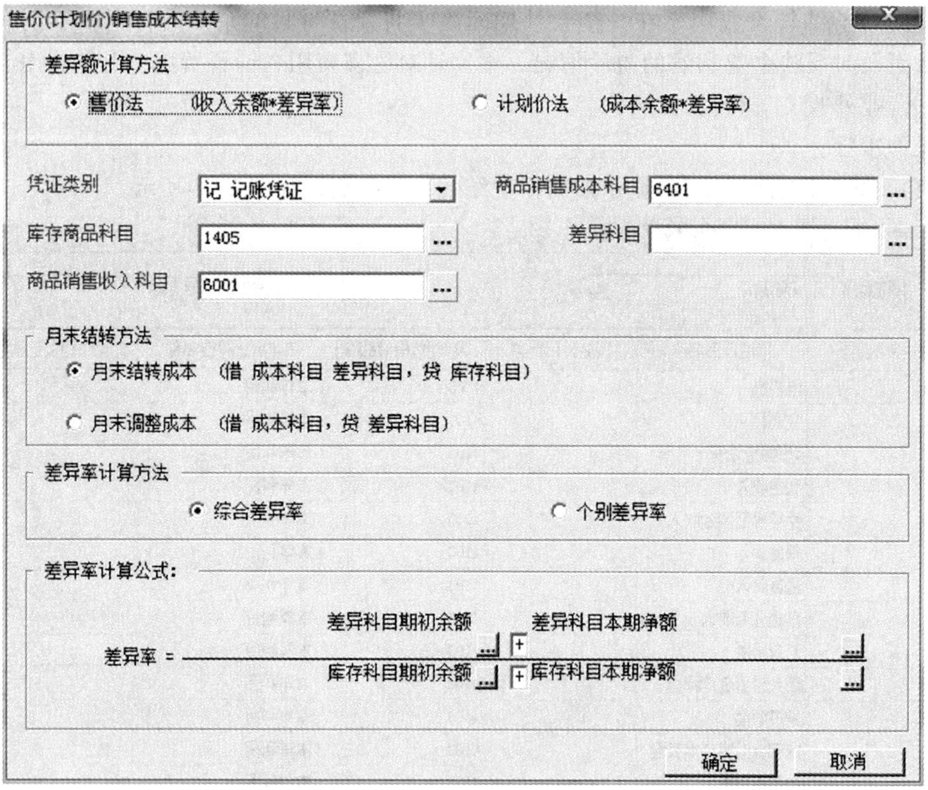

图2-50 售价（计划价）销售成本结转

输入科目，再选取差异结转及确定计算方法即可。

（二）转账生成

在定义完转账凭证后，每月月末只需执行本功能即可快速生成转账凭证，在此生成的转账凭证将自动追加到未记账凭证中去。

操作步骤：

1.由005号操作员登录，在总账下单击期末——【转账生成】，显示如图2-51所示的转账生成界面，选择要进行的转账工作（如自定义转账、对应结转、销售成本结转等），选择要进行结转的月份，双击要结转的凭证（背景显示为绿色，“是否结转”栏显示“Y”），点击〖确定〗按钮即可结转。

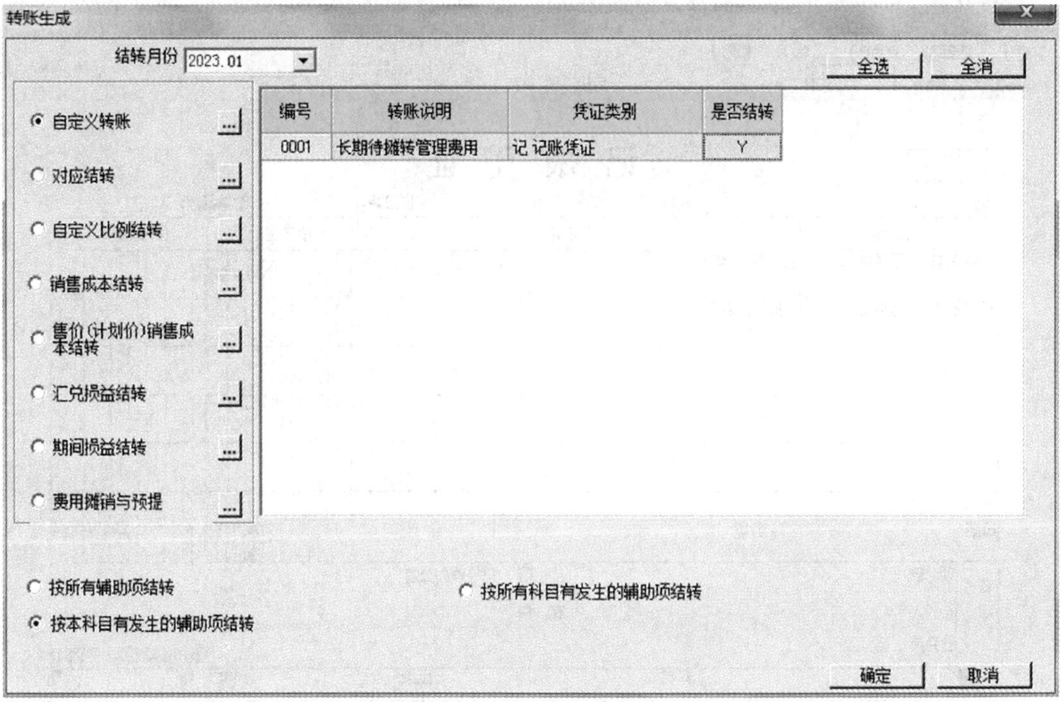

图2-51　转账生成

2.选择完毕后，点击〖确定〗按钮，屏幕显示将要生成的转账凭证，如图 2-52 所示。

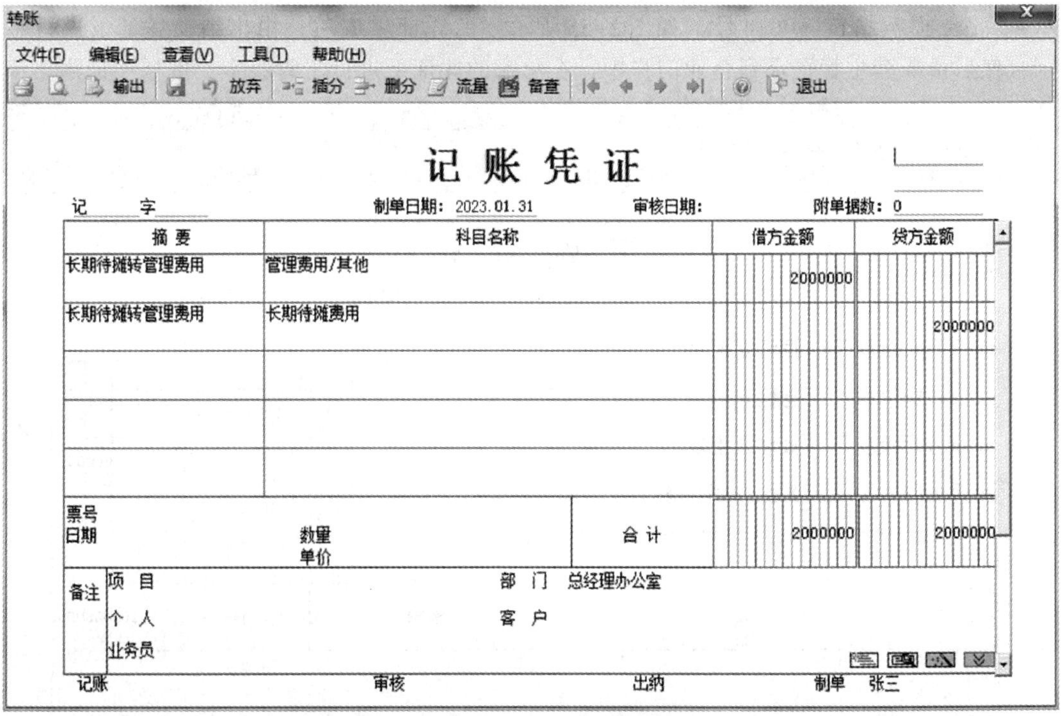

图2-52　将生成的转账凭证

3.当确定系统显示的凭证是正确的转账凭证时，选择好正确的凭证类别，按〖保存〗按钮将当前凭证追加到未记账凭证中，如图 2-53 所示。

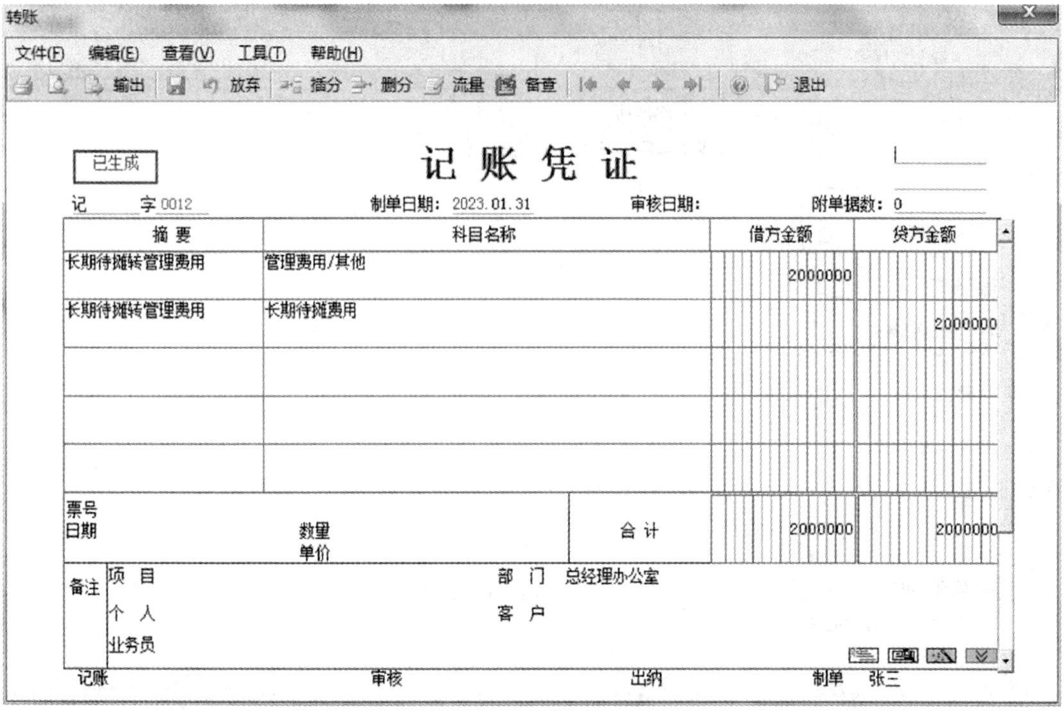
转账

文件(F) 编辑(E) 查看(V) 工具(T) 帮助(H)

输出 放弃 插分 删分 流量 备查 退出

已生成

记账凭证

记 字 0012 制单日期：2023.01.31 审核日期： 附单据数：0

摘要	科目名称	借方金额	贷方金额
长期待摊转管理费用	管理费用/其他	2000000	
长期待摊转管理费用	长期待摊费用		2000000
票号 日期 数量 单价	合计	2000000	2000000

备注 项目 部门 总经理办公室

个人 客户

业务员

记账 审核 出纳 制单 张三

图2-53 已生成的转账凭证

4.凭证处理的顺序是：自定义凭证（0012号）、销售成本结转（0013号，如图2-54所示）、汇兑损益结转（0014号，如图2-55所示）的凭证生成后，由出纳在凭证下进行签字，然后由账套主管登录到企业门户中，在总账的凭证下进行主管签字、审核和记账。

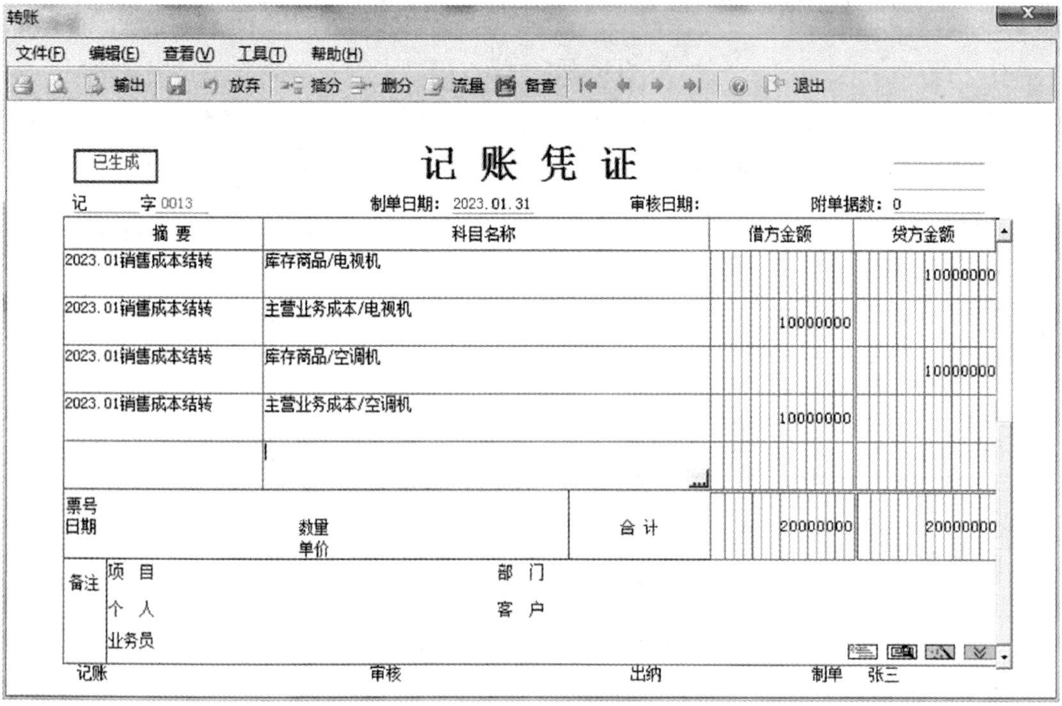
转账

文件(F) 编辑(E) 查看(V) 工具(T) 帮助(H)

输出 放弃 插分 删分 流量 备查 退出

已生成

记账凭证

记 字 0013 制单日期：2023.01.31 审核日期： 附单据数：0

摘要	科目名称	借方金额	贷方金额
2023.01销售成本结转	库存商品/电视机		10000000
2023.01销售成本结转	主营业务成本/电视机	10000000	
2023.01销售成本结转	库存商品/空调机		10000000
2023.01销售成本结转	主营业务成本/空调机	10000000	
票号 日期 数量 单价	合计	20000000	20000000

备注 项目 部门

个人 客户

业务员

记账 审核 出纳 制单 张三

图2-54 销售成本结转凭证

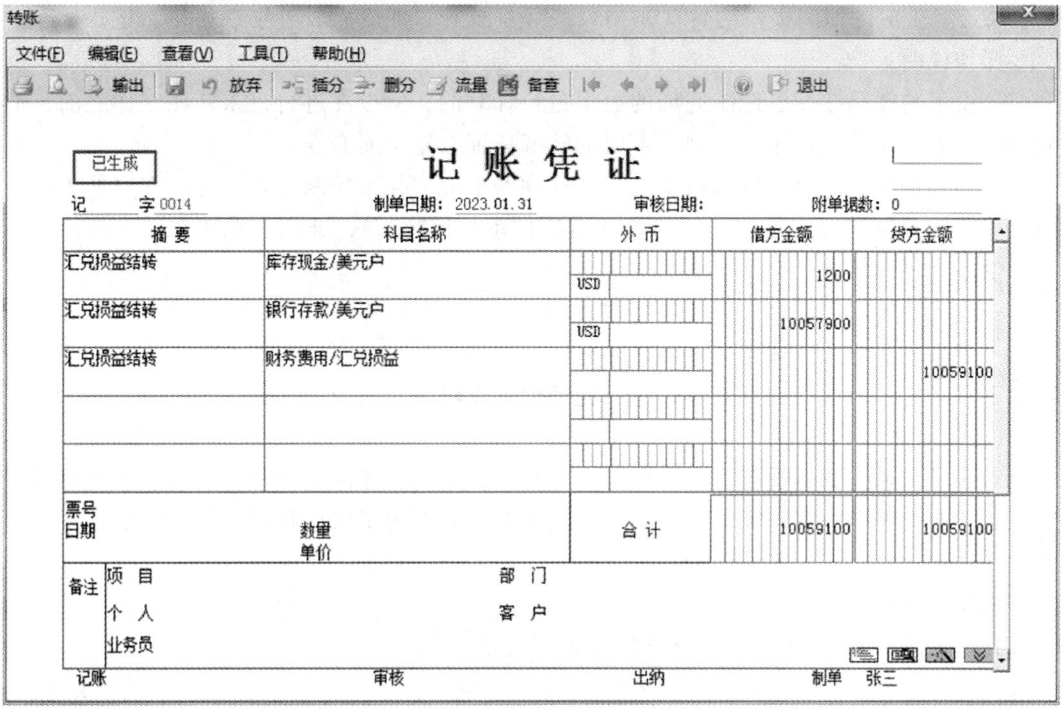

图2-55　汇兑损益结转凭证

5.上述三张凭证记账完成后，转账的结果才体现在总账科目余额中，然后才能由005号操作员在期末处理中进行最后一张期间损益结转（0015号）凭证的生成，如图2-56所示。

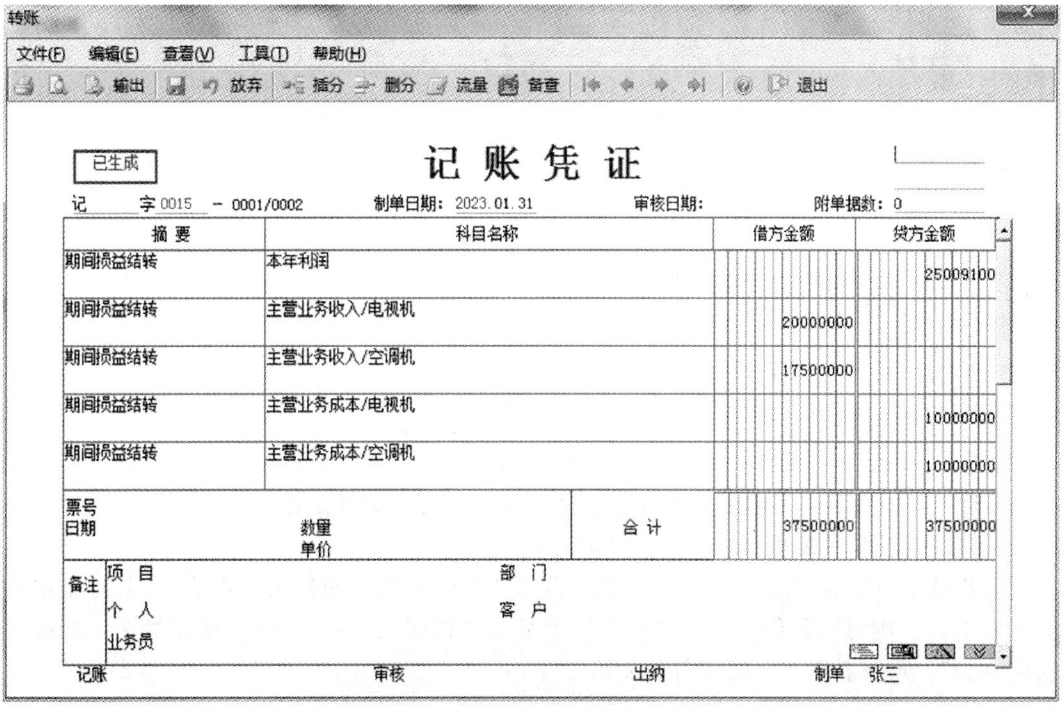

图2-56　期间损益结转凭证

6.最后生成的期间损益结转（0015号）凭证要经过账套主管签字、审核、记账。

操作说明：

—由于转账是按照已记账凭证的数据进行计算的，所以在进行月末转账工作之前，请先将所有未记账凭证记账，否则，生成的转账凭证数据可能有误。

—如果使用了应收、应付系统（即“选项”中的“往来控制方式”为“客户往来业务由应收系统核算”或“供应商往来业务由应付系统核算”），那么，总账系统中不能按客户、供应商进行结转。

—生成的转账凭证，需审核才能记账。

—如果一次生成了多张转账凭证，在保存时保存好当前页后，需按〖下一页〗按钮跳转到下一张凭证再保存，直至所有生成凭证保存完毕为止。

（三）对账

对账是对账簿数据进行核对，以检查记账是否正确及账簿是否平衡。它主要是通过核对总账与明细账、总账与辅助账数据来完成账账核对。为了保证账证相符、账账相符，应经常使用本功能进行对账，至少一个月一次，一般可在月末结账前进行。

操作步骤：

1.单击【对账】，屏幕显示如图2-57所示界面。

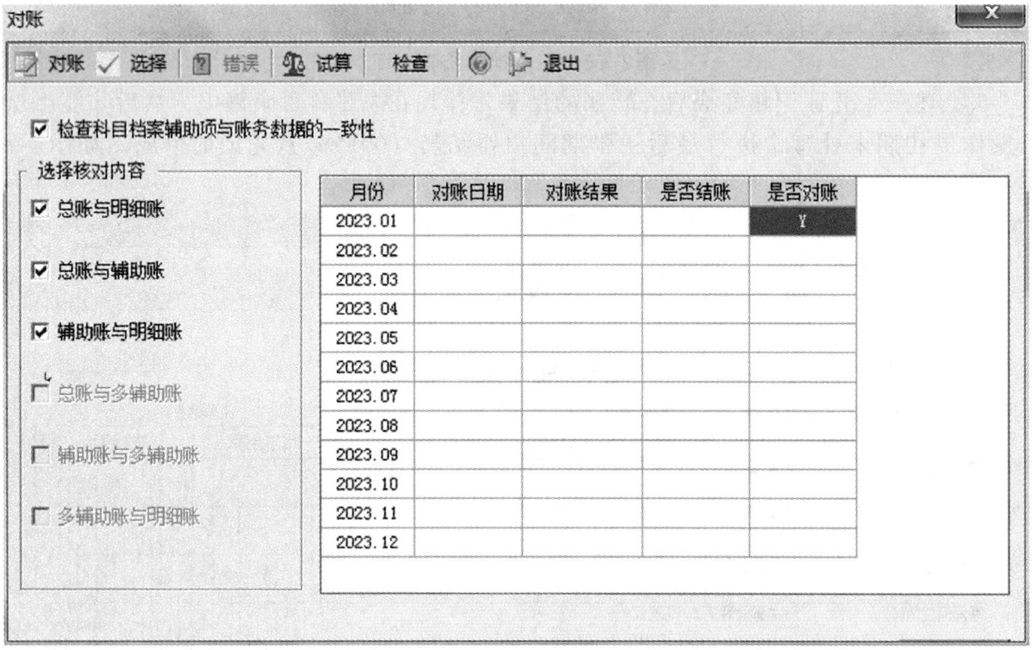

图2-57　对账

2.选择核对内容：总账与明细账、总账与辅助账等，选择要进行对账的月份。

3.单击〖对账〗按钮，系统开始自动对账。

4.若对账结果为账账相符，则对账月份的“对账结果”处显示“正确”；若对账结果为账账不符，则对账月份的“对账结果”处显示“错误”，按〖错误〗按钮显示“对账错误信息表”，可查看引起账账不符的原因。

5.按〖试算〗按钮，可以对各科目类别余额进行试算平衡，如图2-58所示。

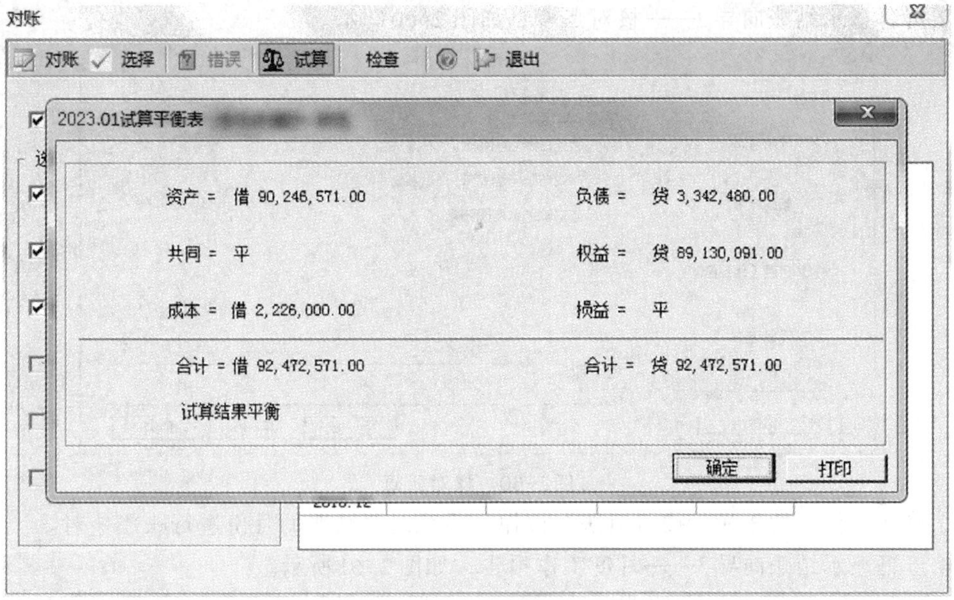

图2-58　试算平衡

操作说明：

—如果使用了应收、应付系统（即“选项”中的“往来控制方式”为“客户往来业务由应收系统核算”或“供应商往来业务由应付系统核算”），那么，总账系统中不能对客户往来账、供应商往来账进行核对，但可到应收、应付系统中进行核对。

（四）结账

每月月底都需要进行结账处理，在电算化状态下结账就是一种成批数据处理的过程，每月只结账一次，主要是对当月日常处理的限制和对下月账簿的初始化。

操作步骤：

1.单击【结账】进入此功能，屏幕显示结账向导1开始结账，如图2-59所示，选择结账月份。

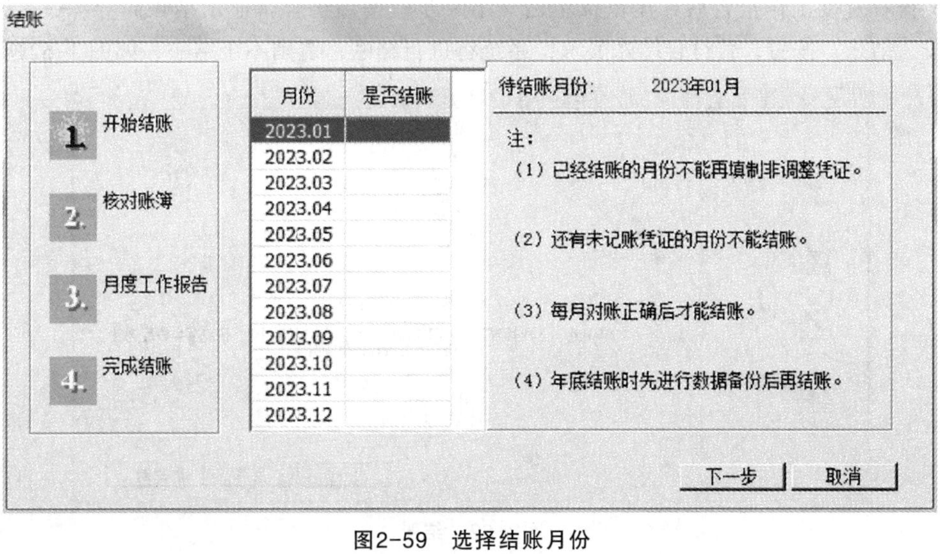

图2-59　选择结账月份

2.屏幕显示结账向导2——核对账簿，如图2-60所示。

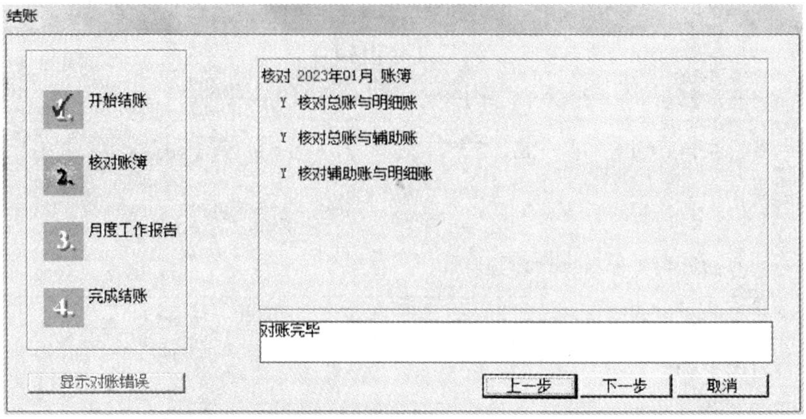

图2-60 核对账簿

3.确认要核对的账簿，按〖对账〗按钮，系统对要结账的月份进行账账核对。

4.屏幕显示结账向导3——月度工作报告，如图2-61所示。

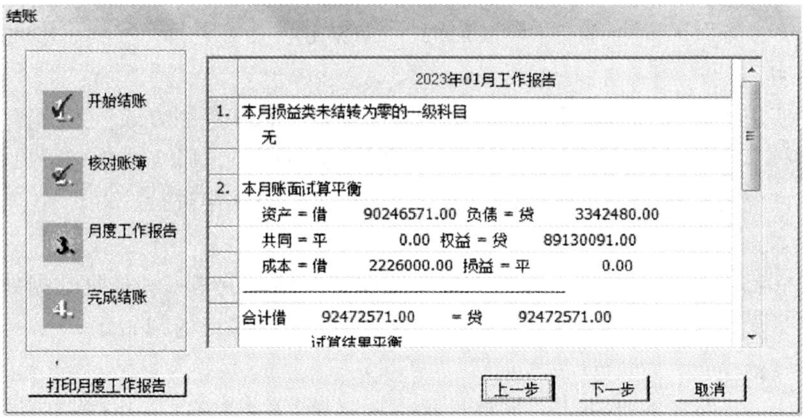

图2-61 月度工作报告

5.查看月度工作报告后，用鼠标单击〖下一步〗按钮，屏幕显示结账向导4——完成结账。按〖结账〗按钮，若符合结账要求，系统将进行结账，否则不予结账，如图2-62所示。

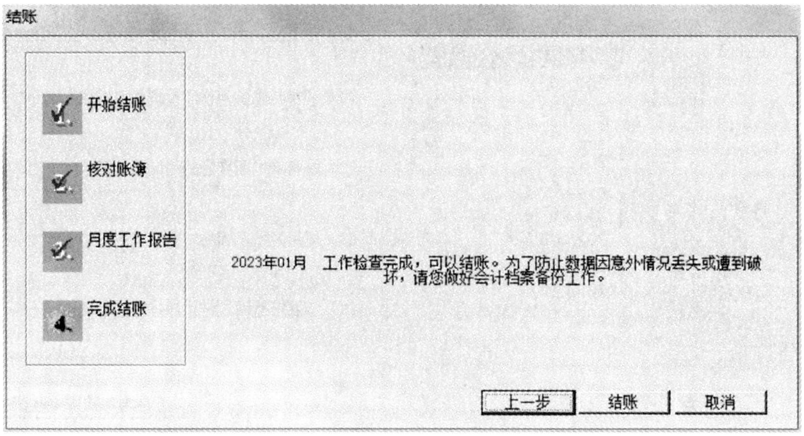

图2-62 结账

操作说明：

—如何取消某月的结账状态：在结账向导1中，用鼠标选择要取消结账的月份，按［Ctrl+Shift+F6］键即可。

—应当严格控制取消结账的权限，结账只能由有结账权限的人进行。结转前，系统要进行数据备份。

—结账必须按月连续进行，如果上月未结账，则本月不能记账，但可以填制、复核凭证。

—本月还有未记账凭证时，则本月不能结账。

—已结账月份不能再填制凭证。

—若总账与明细账对账不符，则不能结账。

—如果与其他系统联合使用，其他子系统未全部结账，则本月不能结账。

（五）数据备份

退出企业门户，在系统管理中用实训项目第一章第一节中所描述的方法将账套输出保存，留待下次实训继续使用。

第三章

报表系统

第一节　套用模板报表制作

一、实训目的

通过完成本实训，学生应掌握财务报表系统中资产负债表格式定义、公式定义及数据计算生成的操作技能。

二、实训内容

1.新建报表；

2.掌握如何利用报表模板生成一张报表；

3.增加表页；

4.报表数据生成；

5.保存报表。

三、实训准备

引入实训项目第二章第三节的备份数据。

四、实训案例

资产负债表格式见表3-1。

五、实训指导

（一）格式/数据状态和单元

财务报表系统将含有数据的报表分为两大部分来处理，即报表格式设计工作与报表数据处理工作。报表格式设计工作和报表数据处理工作是在不同的状态下进行的，实现状态切换的是一个特别重要的按钮——“格式/数据”按钮，它位于屏幕左下角，以红色字体标识。点击这个按钮可以在格式状态和数据状态之间切换，如图3-1所示。

1.格式状态

在格式状态下设计报表的格式，如表尺寸、行高列宽、单元属性、组合单元、关键字、可变区等。报表的三类公式——单元公式（计算公式）、审核公式、舍位平衡公式也在格式状态下定义。

表3-1 **资产负债表**[①] 会企01表

编制单位： 年 月 日 单位：元

资产	行次	期末余额	年初余额	负债和所有者权益（或股东权益）	行次	期末余额	年初余额
流动资产：				流动负债：			
货币资金	1			短期借款	32		
交易性金融资产	2			交易性金融负债	33		
应收票据	3			应付票据	34		
应收账款	4			应付账款	35		
预付款项	5			预收款项	36		
应收利息	6			应付职工薪酬	37		
应收股利	7			应交税费	38		
其他应收款	8			应付利息	39		
存贷	9			应付股利	40		
一年内到期的非流动资产	10			其他应付款	41		
其他流动资产	11			一年内到期的非流动负债	42		
流动资产合计	12			其他流动负债	43		
非流动资产：				流动负债合计	44		
可供现售金融资产	13			非流动负债：			
持有至到期投资	14			长期借款	45		
长期应收款	15			应付债券	46		
长期股权投资	16			长期应付款	47		
投资性房地产	17			专项应付款	48		
固定资产	18			预计负债	49		
在建工程	19			递延所得税负债	50		
工程物资	20			其他非流动负债	51		
固定资产清理	21			非流动负债合计	52		
生产性生物资产	22			负债合计	53		
油气资产	23			所有者权益(或股东权益)：			
无形资产	24			实收资本(或股本)	54		
开发支出	25			资本公积	55		
商誉	26			减:库存股	56		
长期待摊费用	27			盈余公积	57		
递延所得税资产	28			未分配利润	58		
其他非流动资产	29			所有者权益(或股东权益)合计	59		
非流动资产合计	30						
资产总计	31			负债和所有者权益(或股东权益)总计	60		

① 这是软件报表格式，与《关于修订印发2019年度一般企业财务报表格式的通知》中的新报表格式有差异。

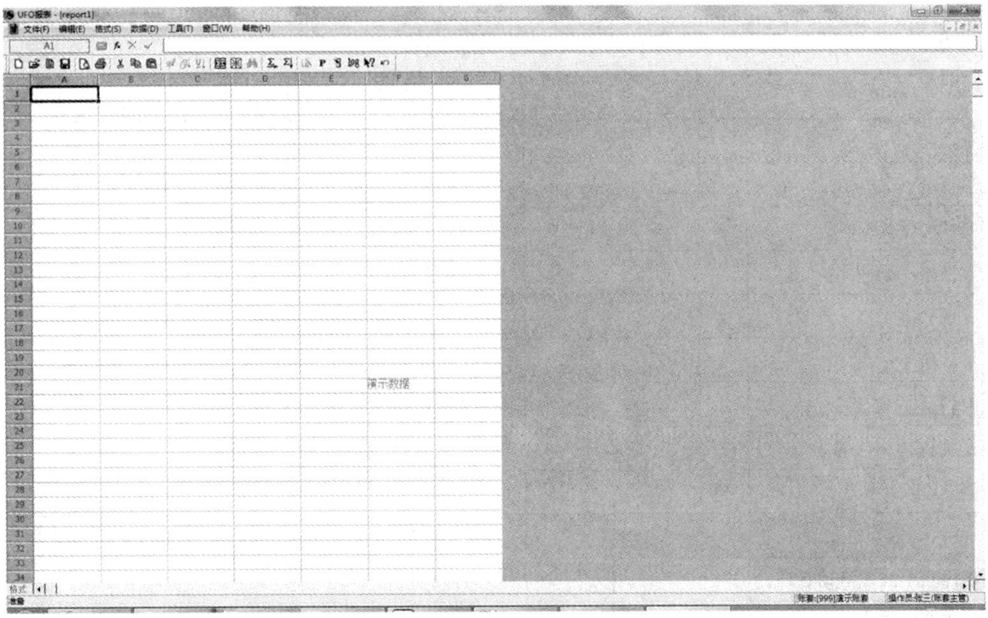

图3-1 格式/数据状态切换

在格式状态下所做的操作对本报表所有的表页都发生作用，在格式状态下不能进行数据的录入、计算等操作。

在格式状态下看到的是报表的格式，报表的数据全部都隐藏了。

2.数据状态

在数据状态下管理报表的数据，如输入数据、增加或删除表页、审核、舍位平衡、做图形汇总、合并报表等。在数据状态下不能修改报表的格式。

在数据状态下时看到的是报表的全部内容，包括格式和数据，如图3-2所示。

图3-2 数据状态

3.单元

单元是组成报表的最小单位，单元名称由所在行、列标识。

行号用数字1～9999表示，列标用字母A～IU表示。

例如：C15表示第3列第15行的那个单元。

4.关键字

一个财务报表的各个表页代表着不同的经济含义，例如主管单位把其30个下属单位的利润表组成一个报表文件，每个单位的利润表占一张表页。为了在这30张表页中迅速找到特定单位，有必要为每张表页设置一个标记，例如把单位名称设为标记，这个标记就是关键字。

关键字是游离于单元之外的特殊数据单元，可以唯一标识一个表页，用于在大量表页中快速选择表页。

报表系统共提供了以下六种关键字，关键字的显示位置在格式状态下设置，关键字的值则在数据状态下录入，每个报表可以定义多个关键字：

单位名称：字符型（最大28个字符），为该报表表页编制单位的名称。

单位编号：字符型（最大10个字符），为该报表表页编制单位的编号。

年：数字型（1980～2099），为该报表表页反映的年度。

季：数字型（1～4），为该报表表页反映的季度。

月：数字型（1～12），为该报表表页反映的月份。

日：数字型（1～31），为该报表表页反映的日期。

（二）新建报表并设定格式

注册进入企业门户后选择业务页签，点击左侧菜单中的【财务报表】后可以启动报表。

1.创建报表

启动报表后，首先要创建一个报表。

点击【文件】菜单中的【新建】命令，将自动创建一个空的报表文件，文件名显示在标题栏中，为“report1”，如图3-3所示，这时可以在这张报表上开始设计报表格式，在保存文件时用自己的文件名给这张报表命名。

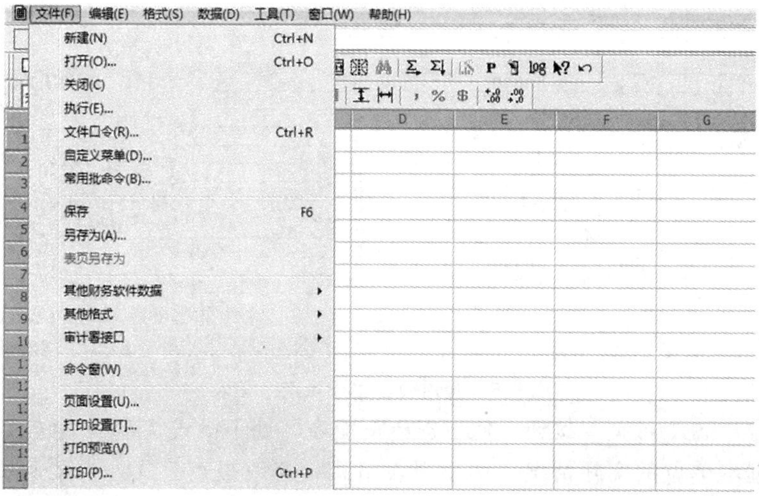

图3-3　新建报表

2.套用模板

设计一个报表，既可以从头开始按部就班地操作，也可以利用报表系统提供的模板直接生成报表，省时省力。

报表系统提供了11种报表格式和21个行业报表模板，包括70多张标准财务报表（包括现金流量表），也包含自定义的模板，可以根据所在行业挑选相应的报表套用其格式及计算公式，利用报表系统提供的财务报表模板自动生成标准财务报表。

（1）在格式状态下，点击【格式】菜单，在下拉菜单中点击【报表模板】，将弹出“报表模板”对话框，如图3-4所示，在其中选取行业和财务报表名。确认后，生成一张空的标准财务报表。

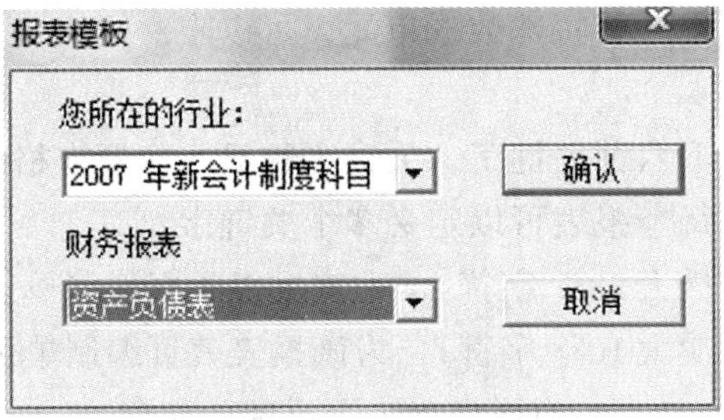

图3-4 套用模板

（2）单击〖确认〗按钮，弹出“模板格式将覆盖本表格式！是否继续?”提示对话框。

（3）单击〖确定〗按钮，即可打开指定的模板，如图3-5所示。

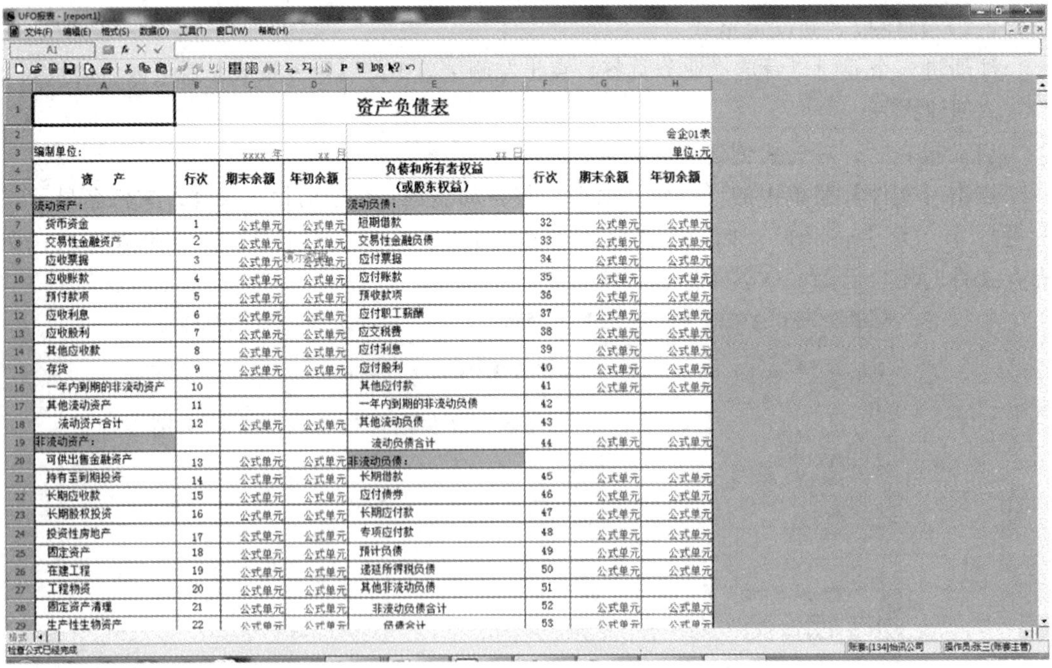

资产负债表

会企01表

编制单位: xxxx 年 xx 月 xx 日 单位:元

资产	行次	期末余额	年初余额	负债和所有者权益（或股东权益）	行次	期末余额	年初余额
流动资产:				流动负债:			
货币资金	1	公式单元	公式单元	短期借款	32	公式单元	公式单元
交易性金融资产	2	公式单元	公式单元	交易性金融负债	33	公式单元	公式单元
应收票据	3	公式单元	公式单元	应付票据	34	公式单元	公式单元
应收账款	4	公式单元	公式单元	应付账款	35	公式单元	公式单元
预付款项	5	公式单元	公式单元	预收款项	36	公式单元	公式单元
应收利息	6	公式单元	公式单元	应付职工薪酬	37	公式单元	公式单元
应收股利	7	公式单元	公式单元	应交税费	38	公式单元	公式单元
其他应收款	8	公式单元	公式单元	应付利息	39	公式单元	公式单元
存货	9	公式单元	公式单元	应付股利	40	公式单元	公式单元
一年内到期的非流动资产	10			其他应付款	41	公式单元	公式单元
其他流动资产	11			一年内到期的非流动负债	42		
流动资产合计	12	公式单元	公式单元	其他流动负债	43		
非流动资产:				流动负债合计	44	公式单元	公式单元
可供出售金融资产	13	公式单元	公式单元	非流动负债:			
持有至到期投资	14	公式单元	公式单元	长期借款	45	公式单元	公式单元
长期应收款	15	公式单元	公式单元	应付债券	46	公式单元	公式单元
长期股权投资	16	公式单元	公式单元	长期应付款	47	公式单元	公式单元
投资性房地产	17	公式单元	公式单元	专项应付款	48	公式单元	公式单元
固定资产	18	公式单元	公式单元	预计负债	49	公式单元	公式单元
在建工程	19	公式单元	公式单元	递延所得税负债	50	公式单元	公式单元
工程物资	20	公式单元	公式单元	其他非流动负债	51		
固定资产清理	21	公式单元	公式单元	非流动负债合计	52	公式单元	公式单元
生产性生物资产	22	公式单元	公式单元	负债合计	53	公式单元	公式单元

图3-5 套用模板生成资产负债表

（4）单击“格式/数据”按钮，使“资产负债表”处于格式状态。

（5）根据本单位的实际情况，调整报表格式，修改报表公式。本案例中在“编制单位”后输入“怡讯公司”，如图3-6所示。

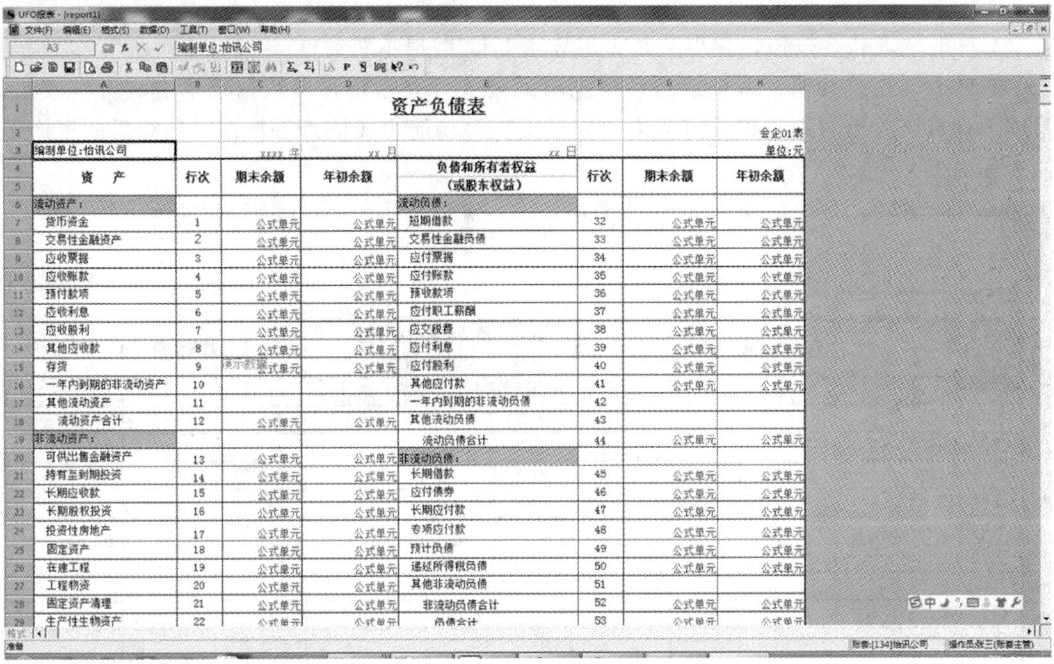

图3-6　修改编制单位

（6）保存调整后的报表模板。

（三）报表数据生成

1.在数据状态下，执行【数据—关键字—录入】命令，打开“录入关键字”对话框，如图3-7所示。

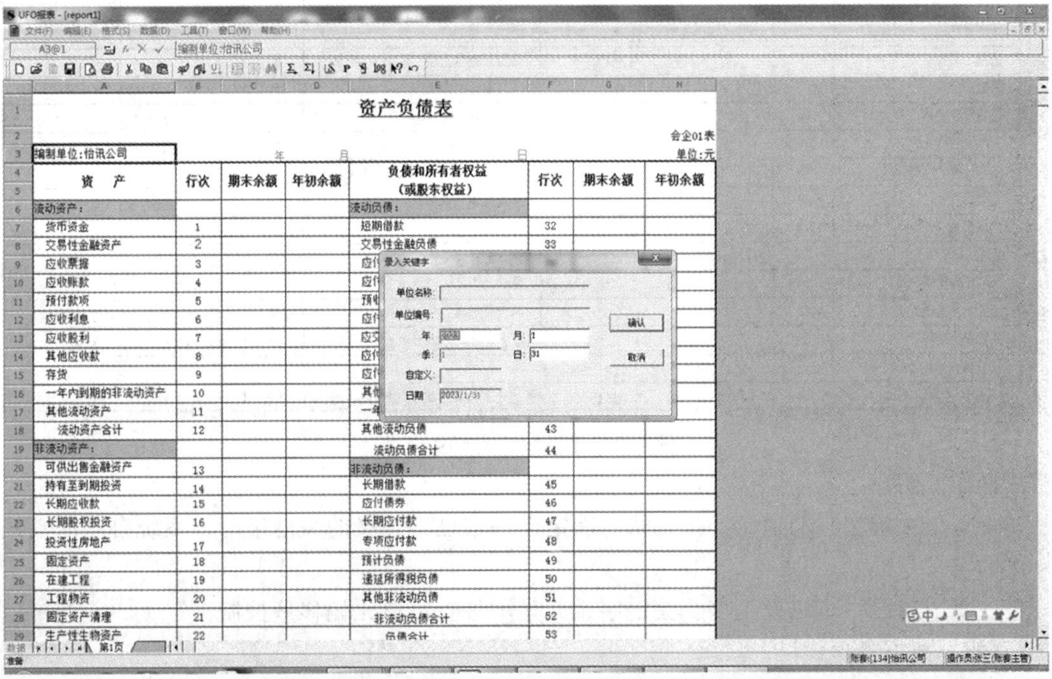

图3-7　录入关键字

2.输入关键字：单位名称、年、月、日等。

3.单击〖确认〗按钮，弹出“是否重算第1页？”提示对话框。

4.单击〖是〗按钮，系统会自动根据单元公式计算指定月份数据；单击〖否〗按钮，系统不计算该月份数据，以后可利用“表页重算”功能生成该月份数据。计算后的资产负债表如图3-8所示。

	A	B	C	D	E	F	G	H
1					资产负债表			
2								会企01表
3	编制单位:怡讯公司		2023 年	1 月	31 日			单位:元
4–5	资　产	行次	期末余额	年初余额	负债和所有者权益（或股东权益）	行次	期末余额	年初余额
6	流动资产:				流动负债:			
7	货币资金	1	8,066,571.00	547,000.00	短期借款	32	600,000.00	600,000.00
8	交易性金融资产	2	100,000.00	100,000.00	交易性金融负债	33		
9	应收票据	3	600,000.00	1,000,000.00	应付票据	34	400,000.00	400,000.00
10	应收账款	4	897,000.00	897,000.00	应付账款	35	290,000.00	580,000.00
11	预付款项	5			预收款项	36		
12	应收利息	6			应付职工薪酬	37	100,000.00	100,000.00
13	应收股利	7			应交税费	38	383,480.00	327,000.00
14	其他应收款	8	2,000.00	6,000.00	应付利息	39	1,000.00	
15	存货	9	3,012,000.00	3,190,000.00	应付股利	40		
16	一年内到期的非流动资产	10			其他应付款	41	68,000.00	68,000.00
17	其他流动资产	11			一年内到期的非流动负债	42		
18	流动资产合计	12	12,677,571.00	5,740,000.00	其他流动负债	43		
19	非流动资产:				流动负债合计	44	1,842,480.00	2,075,000.00
20	可供出售金融资产	13			非流动负债:			
21	持有至到期投资	14			长期借款	45	1500000.00	1500000.00
22	长期应收款	15			应付债券	46		
23	长期股权投资	16	2,300,000.00	2,300,000.00	长期应付款	47		
24	投资性房地产	17			专项应付款	48		
25	固定资产	18	76,000,000.00	76,000,000.00	预计负债	49		
26	在建工程	19	1,345,000.00	1,345,000.00	递延所得税负债	50		
27	工程物资	20			其他非流动负债	51		
28	固定资产清理	21			非流动负债合计	52	1500000.00	1500000.00
29	生产性生物资产	22			负债合计	53	3342480.00	3575000.00
30	油气资产	23			所有者权益（或股东权益）:			
31	无形资产	24	150,000.00	150,000.00	实收资本（或股本）	54	76,900,000.00	70,000,000.00
32	开发支出	25			资本公积	55	1,110,000.00	1,110,000.00
33	商誉	26			减：库存股	56		
34	长期待摊费用	27		20,000.00	盈余公积	57	1,870,000.00	1,870,000.00
35	递延所得税资产	28			未分配利润	58	9,250,091.00	9,000,000.00
36	其他非流动资产	29			所有者权益（或股东权益)合计	59	89,130,091.00	81,980,000.00
37	非流动资产合计	30	79795000.00	79815000.00				
38	资产总计	31	92472571.00	85555000.00	负债和所有者权益(或股东权益)总计	60	92,472,571.00	85,555,000.00

图3-8　计算后的资产负债表

操作说明：

—每个关键字只能定义一次，第二次定义一个已经定义的关键字时，系统自动取消第一次的定义。

—每个单元中可以设置多个关键字，其显示位置由单元偏移量控制。

（四）数据备份

将生成的带有数据的报表以正确的文件名如“资产负债表”保存。

第二节　自定义报表制作

一、实训目的

通过完成本实训，学生应掌握财务报表系统中货币资金表格式定义、公式定义及数据计算生成的操作技能。

二、实训内容

1.掌握报表编制的原理及流程。

2.掌握报表格式定义、公式定义的操作方法。

3.掌握报表单元公式的用法。

4.掌握报表数据处理、表页管理及图表功能等操作。

三、实训准备

引入实训项目第二章第三节的备份数据。

四、实训案例

设计一张如表3-2所示格式的货币资金表，并添加相应图表。

表3-2　　货币资金表

编制单位：　　年　月　日　　单位：元

项目	行次	期初数	期末数
库存现金	1		
银行存款	2		
合计	3		

制表人：

五、实训指导

用实训项目第三章第一节所介绍的方法新建一张空报表。

（一）报表格式定义

1.设置报表尺寸

表尺寸即报表表页的行数和列数。表尺寸缺省为50行×7列，一个实际报表一般包括表头（标题、副标题、编制单位、日期等）、表体（报表主要数据区域）、表尾（辅助说明部分）三部分，在设置表尺寸时应包括这三部分。

操作步骤：

（1）执行【格式—表尺寸】命令，打开“表尺寸”对话框，如图3-9所示。

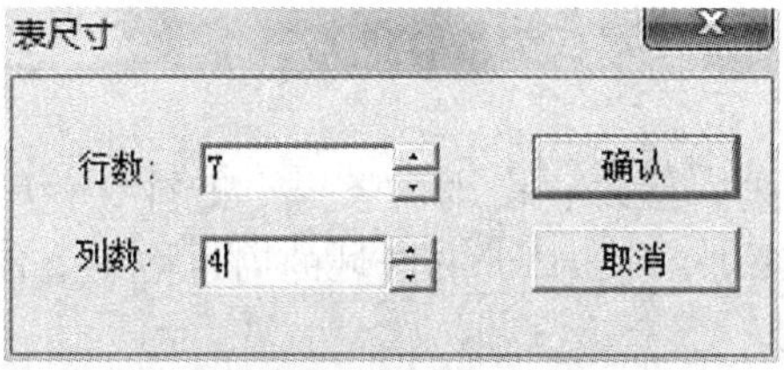

图3-9　设置报表尺寸

（2）输入行数“7”和列数“4”，单击〖确认〗按钮。确认后表尺寸就设置完成了，当前处理的报表将按照设置的表尺寸显示。

2.定义组合单元

组合单元由相邻的两个或更多的单元组成，这些单元必须是同一种单元类型（如表样、数值、字符），报表系统在处理报表时将组合单元视为一个单元。

在报表系统里可以组合同一行相邻的几个单元或同一列相邻的几个单元，也可以把一个多行多列的平面区域设为一个组合单元。

组合单元的名称可以用区域的名称或区域中的单元的名称来表示。例如，把B2～B3定义为一个组合单元，这个组合单元可以用“B2”、“B3”或“B2：B3”表示。

操作步骤：

（1）选择需合并的区域“A1：D1”。

（2）执行【格式—组合单元】命令，打开“组合单元”对话框，如图3-10所示。

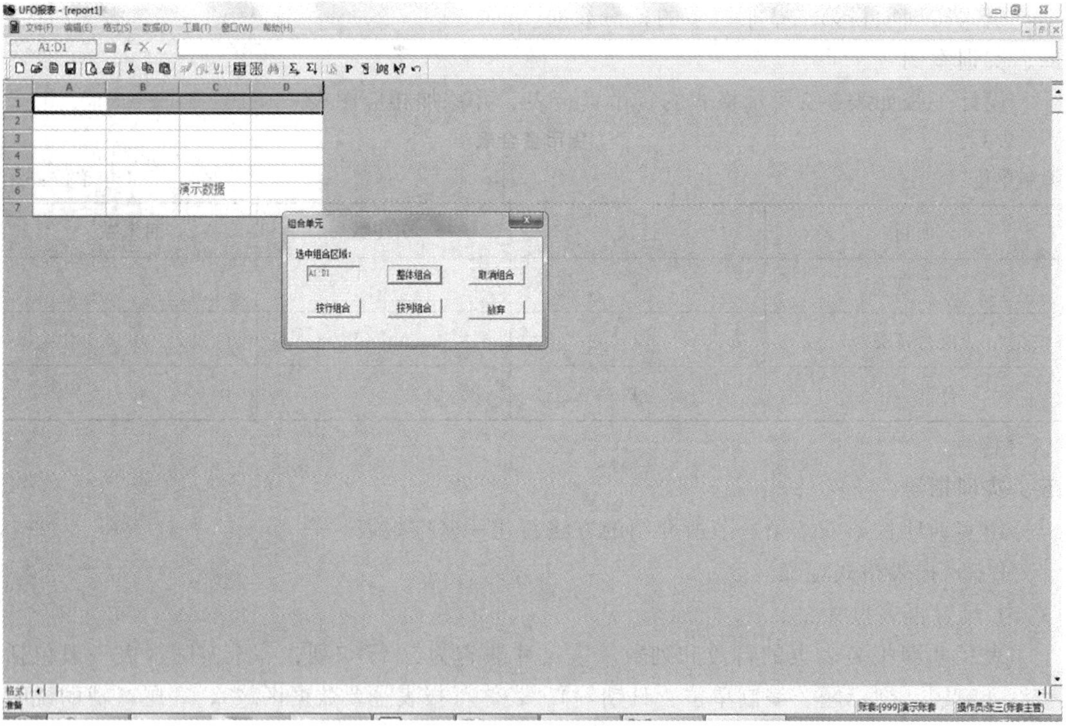

图3-10 组合单元

（3）选择组合方式“整体组合”或“按行组合”，该单元即合并成一个单元格，如图3-11所示。

（4）同此，定义“A2：D2”单元为组合单元。

3.画表格线

报表的画线类型有网线、框线、横线、竖线、正斜线、反斜线6种，表线样式有空线、细实线、虚线、粗实线等8种，单元和区域的周边格线由各种线型绘制，缺省线型为空，即不绘制格线。

图3-11　合并单元格

操作步骤：

（1）选中报表需要画线的区域“A3：D6”。

（2）执行【格式—区域画线】命令，打开“区域画线”对话框，如图3-12所示。

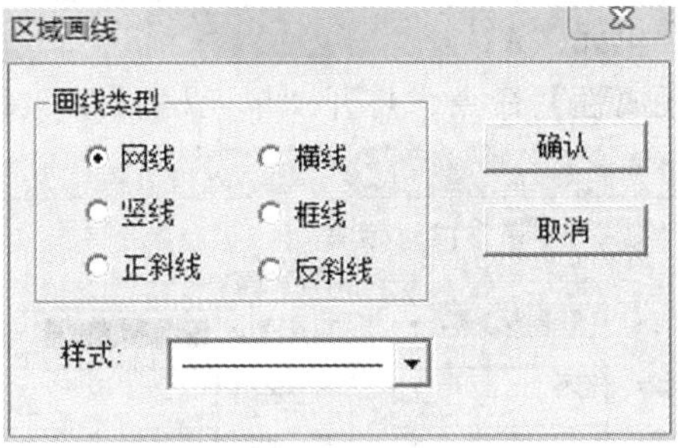

图3-12　区域画线

（3）在“画线类型”和“样式”中选择一种即可，确认后，选定区域中按指定方式画线。

（4）如果想删除区域中的表格线，则重复（1）、（2）和（3）步，在对话框中选相应的画线类型样式为“空线”即可。

4.输入报表固定项目

操作步骤：

（1）选中需要输入内容的单元或组合单元。

（2）在该单元或组合单元中输入相关文字内容，如在“A1”组合单元中输入“货币资金表”。

操作说明：

—报表项目指报表的文字内容，主要包括表头内容、表体项目、表尾项目等，不包括关键字。

—编制单位、日期一般不作为文字内容输入，而是需要设置为关键字。

5.定义报表行高和列宽

在报表中，行高限制在0～160毫米，缺省为5毫米；列宽限制在0～220毫米，缺省为25毫米。

操作步骤：

（1）选中需要调整的单元所在区域“A1：D1”。

（2）执行【格式—行高】命令，打开“行高”对话框，如图3-13所示。

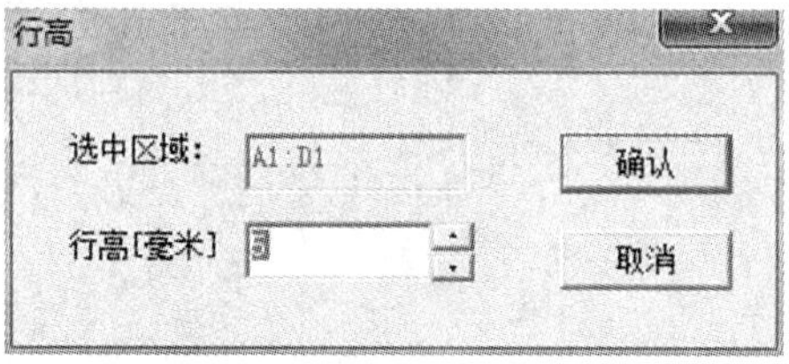

图3-13　定义报表行高

（3）输入行高“7”，单击〖确认〗按钮。

（4）选中需要调整的单元所在列，执行【格式—列宽】命令，可设置该列的宽度，操作方法与设置行高类似。

6.设置单元风格

单元风格指单元内容的字体、颜色图案、对齐方式和折行显示。

操作步骤：

（1）选中标题所在组合单元“A1”。

（2）执行【格式—单元属性】命令，打开“单元格属性”对话框，如图3-14所示。

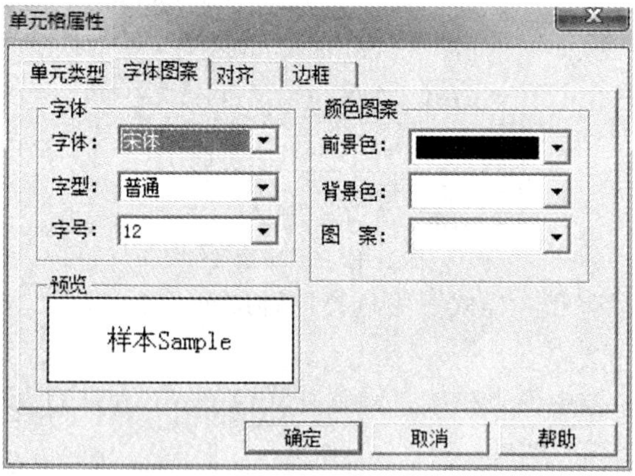

图3-14　单元格属性

（3）打开“字体图案”选项卡，设置字体为“黑体”，字号为“14”。

（4）打开“对齐”选项卡，设置对齐方式为“居中”，单击〖确定〗按钮。

7.定义单元属性

单元属性是指单元的类型、数字格式和边框线。单元属性是组成报表格式内容的重要部分，设置好每一个单元的属性是设计好一个报表的关键。

操作步骤：

（1）选定单元格“D7”。

（2）执行【格式—单元属性】命令，打开“单元格属性”对话框，如图3-15所示。

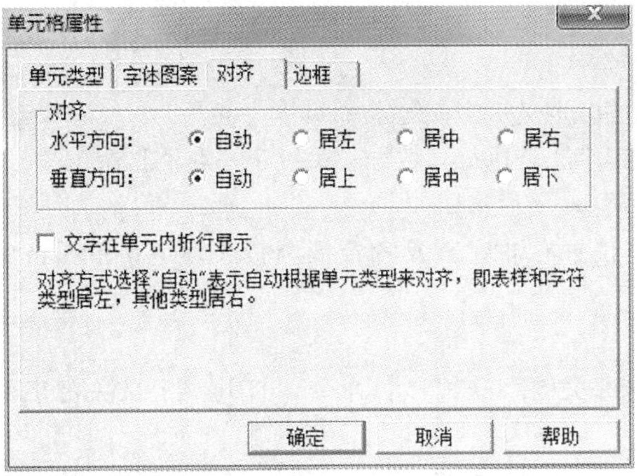

图3-15　定义单元属性

（3）打开“单元类型”选项卡，单击“字符”选项，单击〖确定〗按钮。

操作说明：

—格式状态下输入内容的单元均默认为表样单元，未输入数据的单元均默认为数值单元，在数据状态下可输入数值。若希望在数据状态下输入字符，应将其定义为字符单元。

—字符单元和数值单元输入后只对本表页有效，表样单元输入后对所有表页有效。

8.设置关键字

报表系统共提供了单位名称、单位编号、年、季、月、日六种关键字和一个自定义关键字，关键字的显示位置在格式状态下设置，关键字的值则在数据状态下录入，每个报表可以定义多个关键字。

操作步骤：

（1）选中需要输入关键字的组合单元“A2”。

（2）执行【数据—关键字—设置】命令，打开“设置关键字”对话框，如图3-16所示。

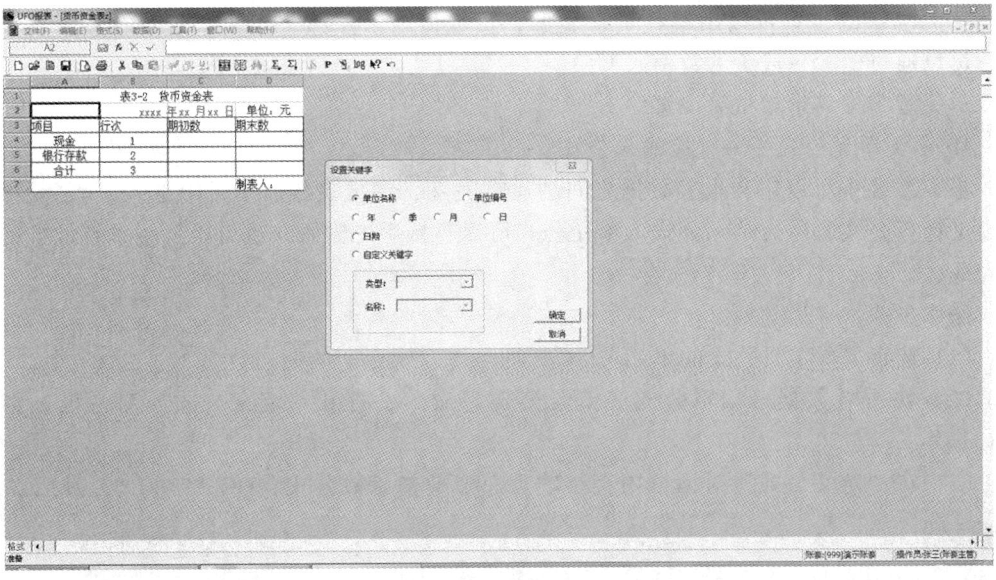

图3-16　设置关键字

(3) 选择“单位名称”，单击〖确定〗按钮。

(4) 以此类推，设置“年”“月”“日”等关键字。

操作说明：

—每个报表可以同时定义多个关键字。

—如果要取消关键字，需执行【数据—关键字—取消】命令。

9.调整关键字位置

当默认的关键字位置有冲突，或者希望调整关键字在单元格中的位置时，采用此操作。

操作步骤：

(1) 执行【数据—关键字—偏移】命令，打开“定义关键字偏移”对话框，如图3-17所示。

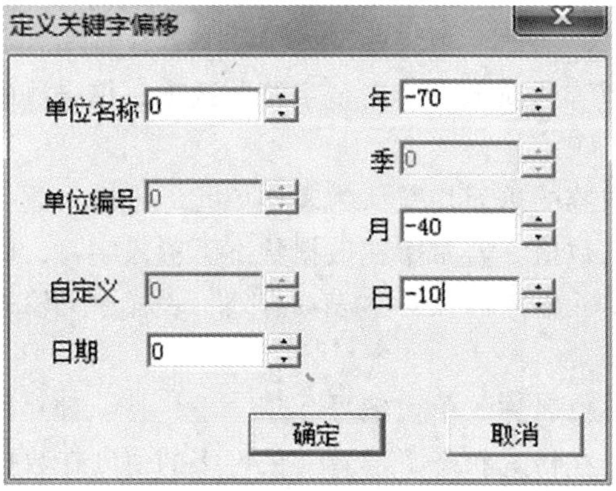

图3-17 定义关键字偏移

(2) 在需要调整位置的关键字后面输入偏移量，如年“-70”、月“-40”、日“-10”。

(3) 单击〖确定〗按钮。

操作说明：

—关键字的位置可以用偏移量来表示，负数值表示左移，正数值表示右移。在调整时，可以通过输入正或负的数值来调整。

—关键字偏移量单位为像素。

10.定义单元公式——直接输入公式

报表系统中可以定义报表数据之间的运算关系，在报表数值单元中键入“=”就可直接定义计算公式，称为单元公式。单元公式可以直接手工输入，也可以利用系统向导的方式完成。

操作步骤：

(1) 选定需要定义公式的单元“C4”，即“库存现金”的期初数。

(2) 执行【数据—编辑公式—单元公式】命令，打开“定义公式”对话框，如图3-18所示。

(3) 在“定义公式”对话框内直接输入总账期初函数公式：QC（"1001"，月,,,,,,,,,），单击〖确认〗按钮。

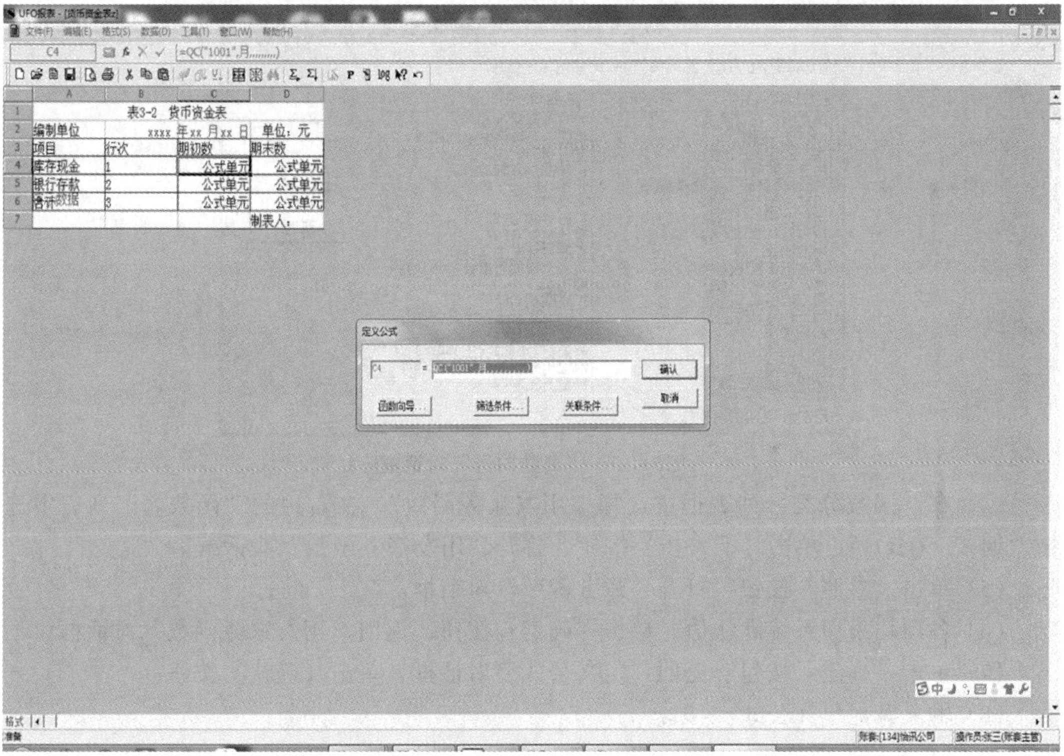

图3-18 “定义公式”对话框

操作说明：

—单元公式中涉及的符号均为英文半角字符。

—单击〖fx〗按钮，或双击某公式单元，或按［=］键，都可打开“定义公式”对话框。

11.定义单元公式——利用向导输入公式

操作步骤：

（1）选定需要定义公式的单元“D5”，即“银行存款”的期末数。

（2）单击〖fx〗按钮，打开“定义公式”对话框，如图3-19所示。

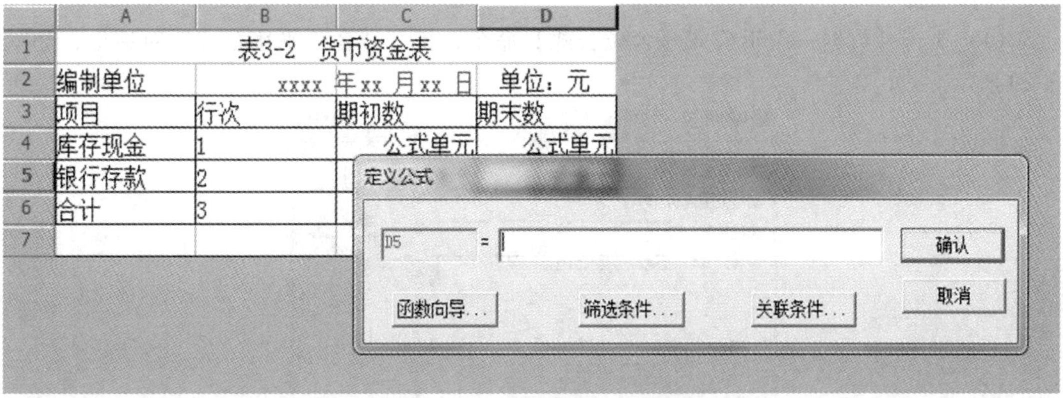

图3-19 利用向导输入公式对话框

（3）单击〖函数向导〗按钮，打开“函数向导”对话框，如图3-20所示。

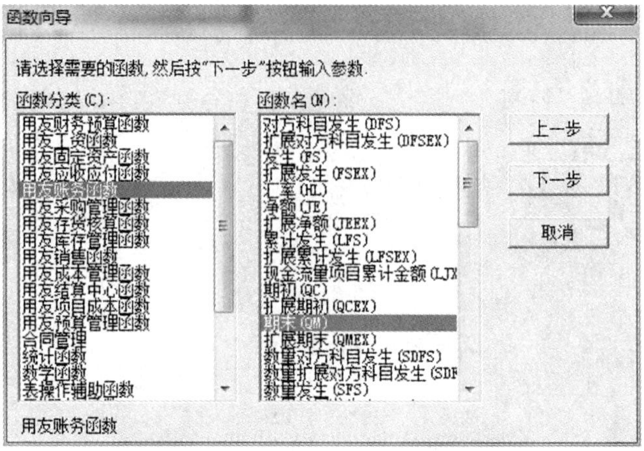

图3-20　“函数向导”对话框

（4）在“函数分类”列表框中选择“用友账务函数”，在右边的“函数名”列表中选择“期末（QM）”，单击〖下一步〗按钮，打开“用友账务函数”对话框。

（5）单击〖参照〗按钮，打开“账务函数”对话框。

（6）各项均采用系统默认值，单击〖确定〗按钮，返回“用友账务函数”对话框。

（7）单击〖确定〗按钮，返回“定义公式”对话框，单击〖确认〗按钮。

（8）输入其他单元公式。

12.定义舍位平衡公式

报表数据在进行进位时，如以“元”为单位的报表在上报时可能会转换为以“千元”或“万元”为单位的报表，原来满足的数据平衡关系可能被破坏，因此需要进行调整，使之符合指定的平衡公式，如：

原始报表数据平衡关系为：50.23+5.24=55.47。

若舍掉一位数，即除以10后数据平衡关系成为：5.02+0.52=5.55。

原来的平衡关系被破坏，应调整为：5.02+0.53=5.55。

报表经舍位之后，重新调整平衡关系的公式称为舍位平衡公式。其中，进行进位的操作叫作舍位，舍位后调整平衡关系的操作叫作平衡调整公式。

操作步骤：

（1）执行【数据—编辑公式—舍位公式】命令，打开“舍位平衡公式”对话框，如图3-21所示。

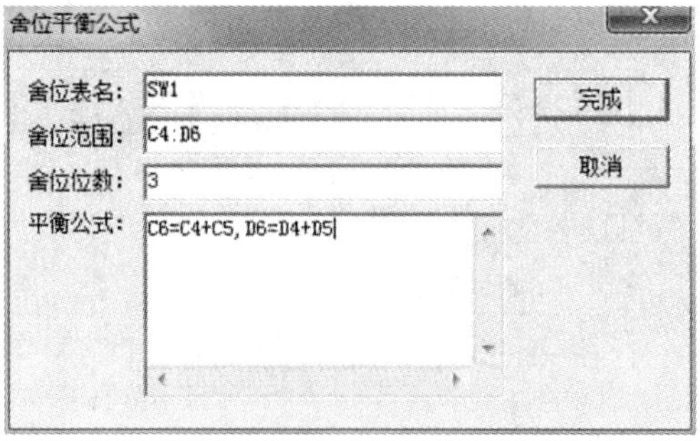

图3-21　舍位平衡公式

（2）确定如下数据，舍位表名“SW1”，舍位范围“C4：D6”，舍位位数“3”，平衡公式“C6=C4+C5，D6=D4+D5”。

（3）单击〖完成〗按钮。

操作说明：

—舍位平衡公式是指用来重新调整报表数据进位后的小数位平衡关系的公式。

—每个公式一行，各公式之间用逗号“,”（半角）隔开，最后一条公式不用写逗号，否则公式无法执行。

—等号右边只能使用“+”“-”符号，不能使用其他运算符及函数。

13.保存报表格式

操作步骤：

（1）执行【文件—保存】命令。如果是第一次保存，则打开“另存为”对话框。

（2）选择保存文件夹路径，输入报表文件名“货币资金表”，选择保存类型“*.REP”，单击〖保存〗按钮。

操作说明：

—报表格式设置完以后切记要及时将这张报表格式保存下来，以便以后随时调用。

—如果没有保存就退出，系统会出现提示：“是否保存报表？”以防止误操作。

—“.REP”为用友报表文件专用扩展名。

（二）报表数据生成及图表

单击空白报表底部左下角的“格式/数据”按钮，使当前状态为“数据”状态。

1.输入关键字值

操作步骤：

（1）执行【数据—关键字—录入】命令，打开“录入关键字”对话框，如图3-22所示。

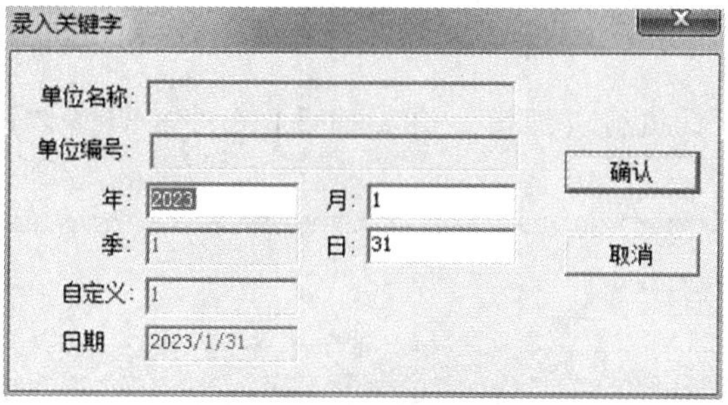

图3-22　录入关键字

（2）输入单位名称、年、月、日。

（3）单击〖确认〗按钮，弹出“是否重算第1页？”提示对话框。

（4）单击〖是〗按钮，系统会自动根据单元公式计算1月份数据；单击〖否〗按钮，系统不计算1月份数据，以后可利用“表页重算”功能生成1月份数据。

操作说明：

—每一张表页均对应不同的关键字值，输出时随同单元一起显示。

—日期关键字可以确认报表数据取数的时间范围，即确定数据生成的具体日期。

2.生成报表

操作步骤：

（1）执行【数据—表页重算】命令，弹出“是否重算第1页？”提示框。

（2）单击〖是〗按钮，系统会自动在初始的账套和会计年度范围内根据单元公式计算生成数据（如图3-23所示）。

	A	B	C	D
1	表3-2　货币资金表			
2	演示数据 编制单位：怡讯公司　2023		年 1 月31 日	单位：元
3	项目	行次	期初数	期末数
4	库存现金	1	7000.00	7512.00
5	银行存款	2	8059059.00	8059059.00
6	合计	3	8066059.00	8066571.00
7				制表人：

图3-23　生成报表

3.报表舍位操作

操作步骤：

（1）执行【数据—舍位平衡】命令。

（2）系统会自动根据前面定义的舍位平衡公式进行舍位操作，并将舍位后的报表保存在SW1.REP文件中。

操作说明：

—舍位操作以后，可以将SW1.REP打开查阅一下。

—如果舍位平衡公式有误，系统状态栏会提示“无效命令或错误参数！”

4.追加图表显示区域

图表可以将报表数据所包含的经济含义以图表的方式直观地反映出来，是企业管理、数据分析的重用工具。报表系统提供了直方图、圆饼图、折线图、面积图4大类共10种格式的图表。因为图表一般显示在相应的报表的下方，所以在添加图表对象之前，需要将图表的显示区域在报表格式状态下添加进去。

操作步骤：

（1）在格式状态下，执行【编辑—追加—行】命令，打开“追加行”对话框，如图3-24所示。

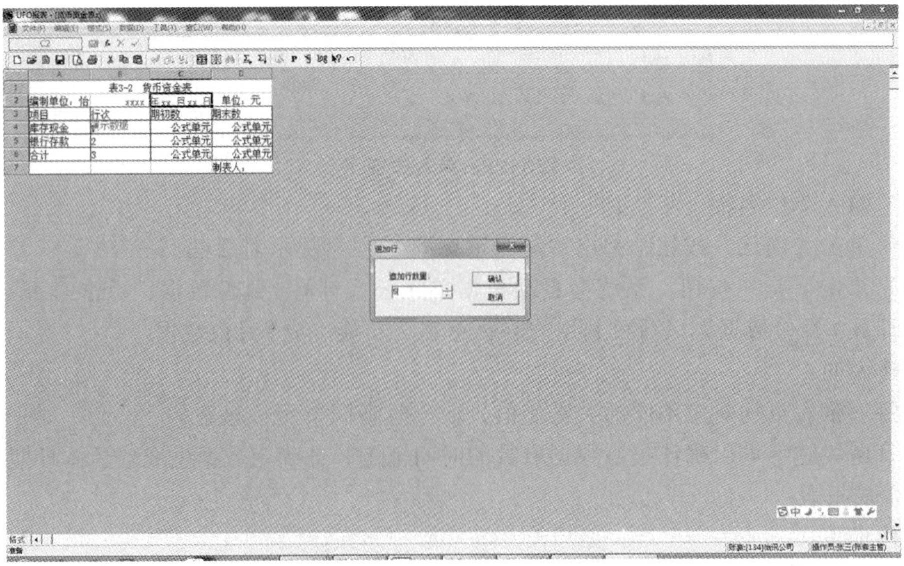

图3-24　“追加行”对话框

（2）输入追加行数“5”，单击〖确认〗按钮。

5.插入图表对象

由于图表是利用报表文件中的数据生成的，因此图表对象的插入是在有生成数据的状态下才能进行。图表与报表存在着紧密的联系，当报表中的源数据发生变化时，图表也随之变化。图表以图表窗口的形式存在。图表并不是独立的文件，它的存在依附于源数据所在的报表文件，只有打开报表文件后，才能打开有关的图表。报表文件被删除之后，由该报表文件中数据生成的图表也同时删除，在报表中可以插入多个图表对象。

操作步骤：

（1）在数据状态下，选取区域“A3：D6”。

（2）执行【工具—插入图表对象】命令，打开“区域作图”对话框，如图3-25所示。

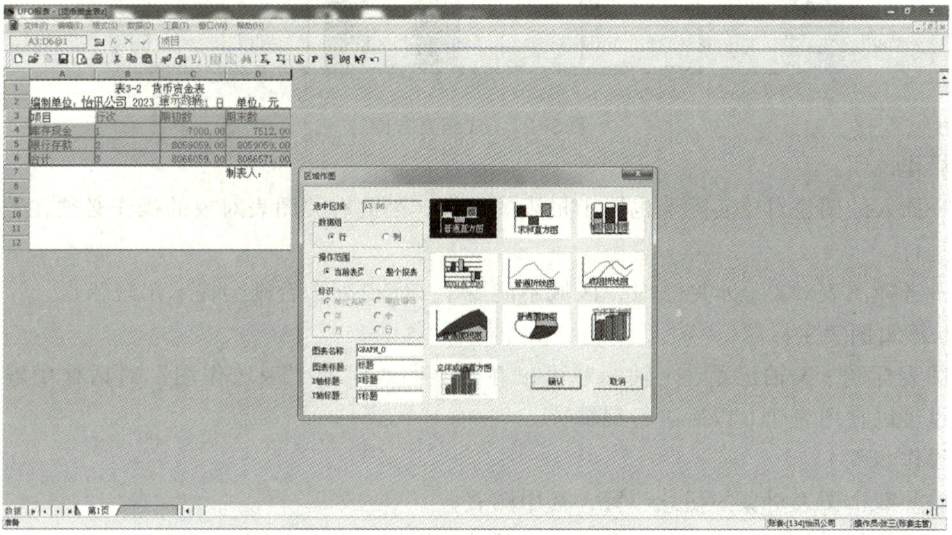

图3-25　“区域作图”对话框

（3）选择确定数据，数据组“行”，数据范围“当前表页”。

（4）输入图表名称“资金分析图”，图表标题“资金对比”，X轴标题“期间”，Y轴标题“金额”（如图3-26所示）。

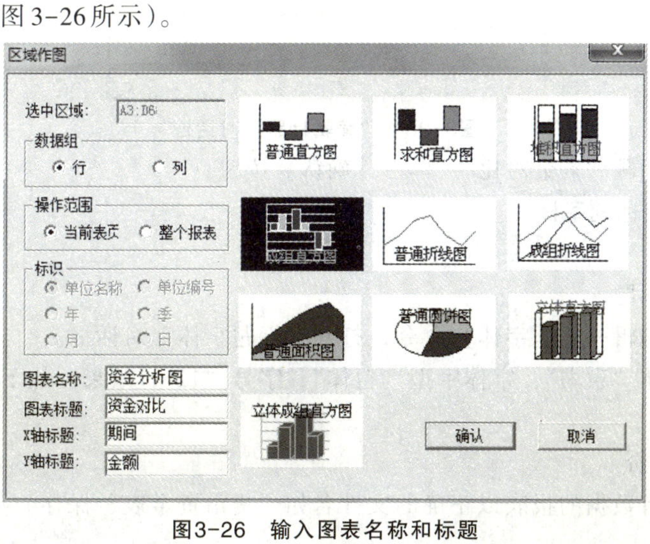

图3-26　输入图表名称和标题

（5）选择图表格式“成组直方图”，单击〖确认〗按钮，生成图表，如图3-27所示。

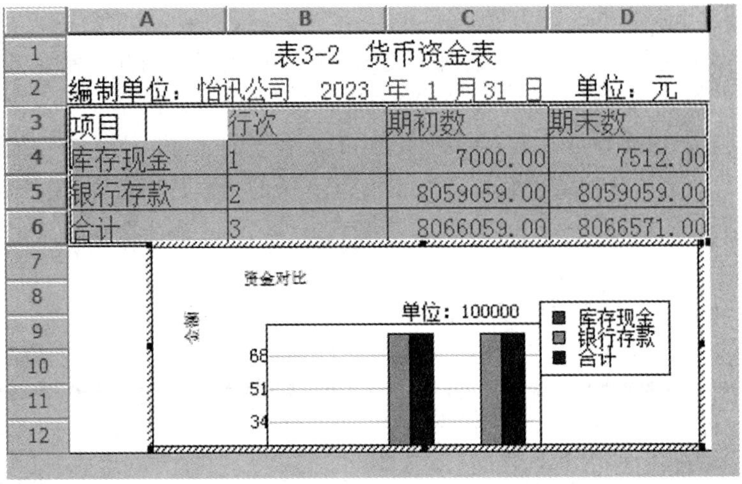

图3-27　成组直方图

操作说明：

—插入的图表对象实际上也属于报表的数据，因此有关图表对象的操作必须在数据状态下进行。

—选择图表对象显示区域时，区域不能少于2行×2列，否则会提示出现错误。

6.编辑图表主标题

图表标题、X轴标题、Y轴标题可以在建立图表时的“区域作图”对话框中输入内容，也可以在图表建立以后进行编辑。

操作步骤：

（1）双击图表对象的任意位置，选中图表。

（2）执行【编辑—主标题】命令，打开“编辑标题”对话框，如图3-28所示。

图3-28　“编辑标题”对话框

（3）输入主标题“资金对比”，单击〖确认〗按钮。

7.编辑图表主标题字样

操作步骤：

（1）选中主标题。

（2）执行【编辑—标题字体】命令，打开“标题字体”对话框。

（3）选择字体“隶书”，字体字型“粗体”，字号“12”，效果“加下划线”，单击〖确认〗按钮。

（三）数据备份

将生成的带有数据的报表以正确的文件名如“货币资金表”保存。

第四章

薪资管理系统

第一节　薪资管理系统初始化设置

一、实训目的

通过完成本实训，学生应掌握薪资管理系统初始化设置。

二、实训内容

薪资管理系统初始化设置。

三、实训准备

1.已正确安装用友U8V10.1薪资管理系统；

2.正确设置相应的系统日期。

四、实训案例

（一）建账资料

1.操作员及权限

增加操作员两名：账套主管——姜南，编号01，口令为1；薪资管理员——莫北，编号02，口令为2，授予薪资管理系统权限。

2.新建账套

账套号：4+后两位学号；账套名称：和讯股份有限公司；启用时间：2022年12月；单位名称：和讯股份有限公司；企业类型：工业；行业性质：新会计制度科目；账套主管：姜南；按行业性质预置会计科目，分类编码方案按默认值。

2022年12月1日，系统管理员启用总账、薪资管理系统。

（二）基础设置

1.凭证类别：记账凭证。

2.建立工资套：

工资类别个数：单个；核算币别：人民币RMB；从工资中代扣所得税；工资不扣零；人员编码长度：3位。

3.人员附加信息设置：工龄。

4.人员类别：经理、中层干部、普通员工。

5.工资项目，见表4-1。

表4-1 **工资项目**

工资项目名称	类型	长度	小数	增减项
基本工资	数字	8	2	增项
工龄	数字	3	0	其他
工龄工资	数字	8	2	增项
交通补贴	数字	8	2	增项
物价补贴	数字	8	2	增项
话费补贴	数字	8	2	增项
目标补贴	数字	8	2	增项
煤气补贴	数字	8	2	增项
应发合计	数字	8	2	增项
病假天数	数字	3	0	其他
病假扣款	数字	8	2	减项
事假天数	数字	3	0	其他
事假扣款	数字	8	2	减项
个人养老保险	数字	8	2	减项
个人失业保险	数字	8	2	减项
住房公积金	数字	8	2	减项
代扣税	数字	8	2	减项
扣款合计	数字	8	2	减项
实发合计	数字	8	2	增项

6.部门档案，见表4-2。

表4-2 **部门档案**

部门编码	部门名称
1	经理室
2	办公室
3	财务科
4	一车间
5	二车间

7.人员档案，见表4-3。

表4-3 人员档案

编号	姓名	部门	人员类别	工商银行账号	工龄
101	周法	经理室	经理	3100086101	25
102	王军	经理室	经理	3100086102	18
201	徐京	办公室	中层干部	3100086201	15
202	童君	办公室	普通员工	3100086202	5
301	姜南	财务科	中层干部	3100086301	8
302	莫北	财务科	普通员工	3100086302	7
401	申屠枫	一车间	中层干部	3100086401	12
402	姜青青	一车间	普通员工	3100086402	6
403	廖星	一车间	普通员工	3100086403	7
404	金忠	一车间	普通员工	3100086404	5
405	石方明	一车间	普通员工	3100086405	6
501	赵秀英	二车间	中层干部	3100086501	10
502	吴志赣	二车间	普通员工	3100086502	4
503	董发扬	二车间	普通员工	3100086503	5
504	杜飞	二车间	普通员工	3100086504	8
505	陈新平	二车间	普通员工	3100086505	9

8.公式设置：

工龄工资=工龄*10

交通补贴=200

物价补贴=300

话费补贴=iff（人员类别="经理"，200，iff（人员类别="中层干部"，150，0））

目标补贴=iff（人员类别="经理"，500，iff（人员类别="中层干部"，300，200））

煤气补贴=200

病假扣款=（基本工资/30）*病假天数

事假扣款=（基本工资/30）*事假天数

个人养老保险=基本工资*0.08

个人失业保险=基本工资*0.01

住房公积金=基本工资*0.1

五、实训指导

为了更加明确薪资管理系统和总账系统的数据传递关系，在开始使用薪资管理系统之前，我们要先建立新的账套并启用薪资管理系统，如图4-1所示。建立账套的操作请参考实训项目第一章第一节的建账操作。

图4-1 启用薪资管理系统

薪资管理系统可以根据不同企业的需要设置工资项目、计算公式，更加方便地输入、修改各种工资数据和资料；自动计算个人所得税，结合工资发放形式进行找零设置或向代发工资的银行传输工资数据；自动计算、汇总工资数据，对形成的工资、福利费等各项费用进行月末、年末账务处理，并通过转账方式向总账系统传输会计凭证。

薪资管理系统初始化工作包括：设置工资账的参数（选择工资类别）；设置人员附加信息；设置人员类别、工资项目、银行名称和账号，录入人员档案；设置工资计算公式及进行扣缴所得税设置。

在正式使用薪资管理系统以前，需要结合企业的实际情况，将通用的薪资管理系统改造为适合本企业核算要求的专用系统。薪资管理系统初始化设置可以完成这一工作。薪资管理系统的初始化设置工作由01号操作员（账套主管）来完成。

1.建立工资账

建立工资账是整个薪资管理系统正确运行的基础，将影响工资项目的设置和工资业务的具体处理方式。建立一个完整的工资账，是系统正常运行的根本保证。通过系统提供的建账向导，可逐步完成整套工资账的建账工作。

当使用薪资管理系统时，如果所选择的账套为初次使用，系统将自动进入建账向导，如图4-2所示。

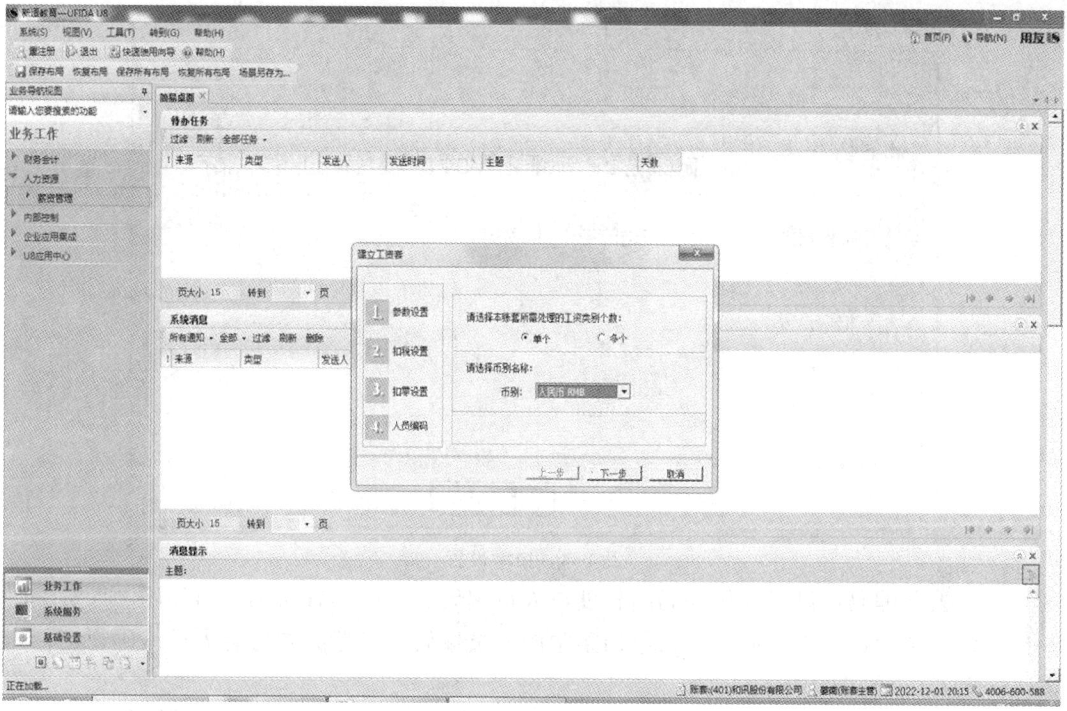

图4-2　建立工资账

系统提供的建账向导分为四个步骤：参数设置、扣税设置、扣零设置、人员编码。

操作步骤：

（1）参数设置：选择本账套处理的工资类别个数：单个；选择币种名称。

（2）扣税设置：确定是否从工资中代扣个人所得税。选择此项，薪资核算时系统就会根据输入的税率自动计算个人所得税，如图4-3所示。

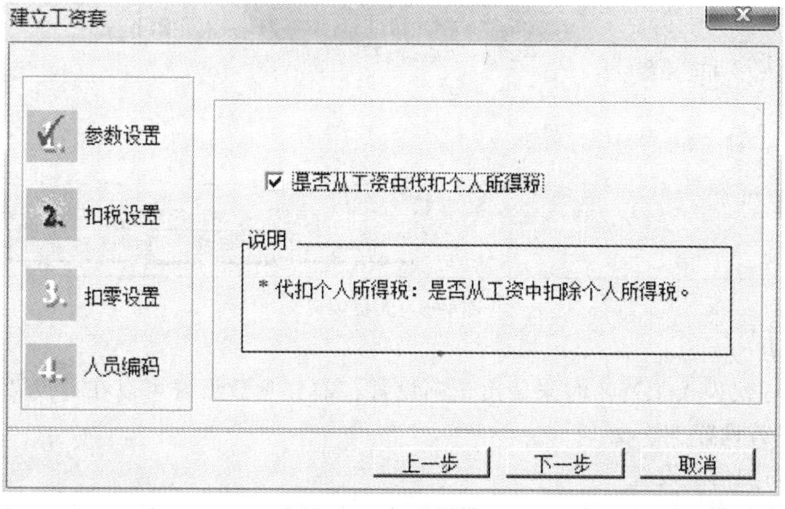

图4-3　扣税设置

（3）扣零设置：确定是否进行扣零处理。若选择进行扣零处理，系统在计算工资时将依据所选择的扣零类型将零头扣下，并在积累成整时补上。扣零的计算公式将由系统自动定义，无须设置，如图4-4所示。

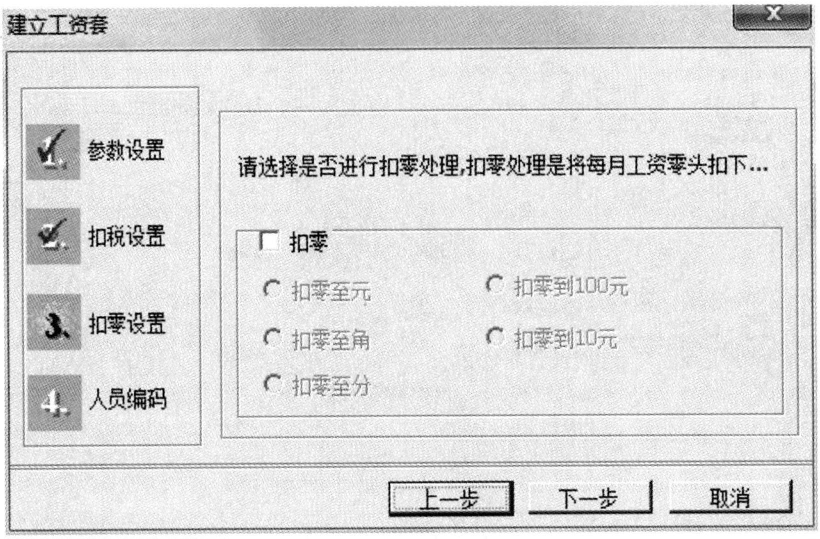

图4-4　扣零设置

（4）人员编码：设置人员编码的长度。人员编码长度中不含所属部门编码。人员编码长度应结合企业员工人数而定。人员档案中的人员编码的设置必须符合人员编码规定，如图4-5所示。

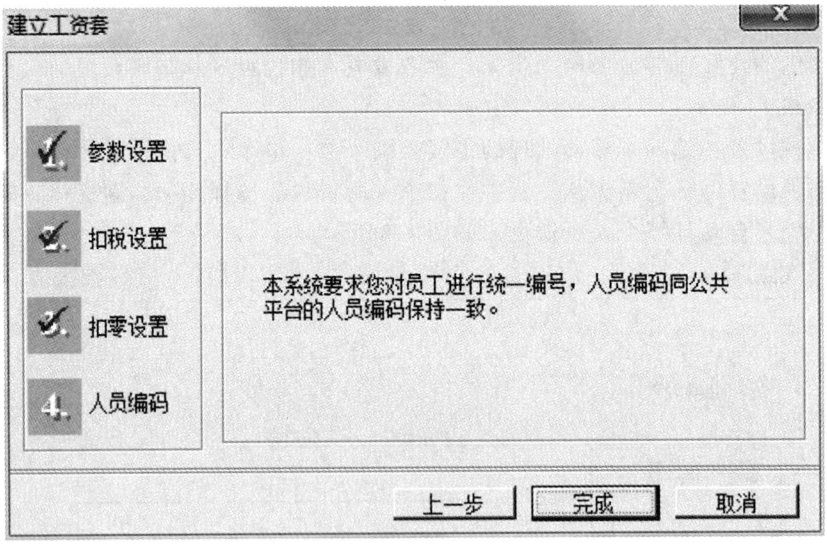

图4-5　人员编码

操作说明：

—若第一次进入工资账时未做出正确设置，部分参数设置可以在【设置】菜单下的【选项】中进行设置、修改。

2.人员附加信息设置

除了人员编号、人员姓名、所在部门、人员类别等基本信息外，为了管理的需要，还需要一些辅助管理信息。人员附加信息的设置就是设置附加信息名称，一般用于增加人员信息，丰富人员档案的内容，便于对人员进行更加有效的管理，例如，增加设置人员的工龄、性别、民族、婚否等。

选择【设置】菜单下的【人员附加信息设置】，进入“人员附加信息设置”窗口，如图4-6所示。

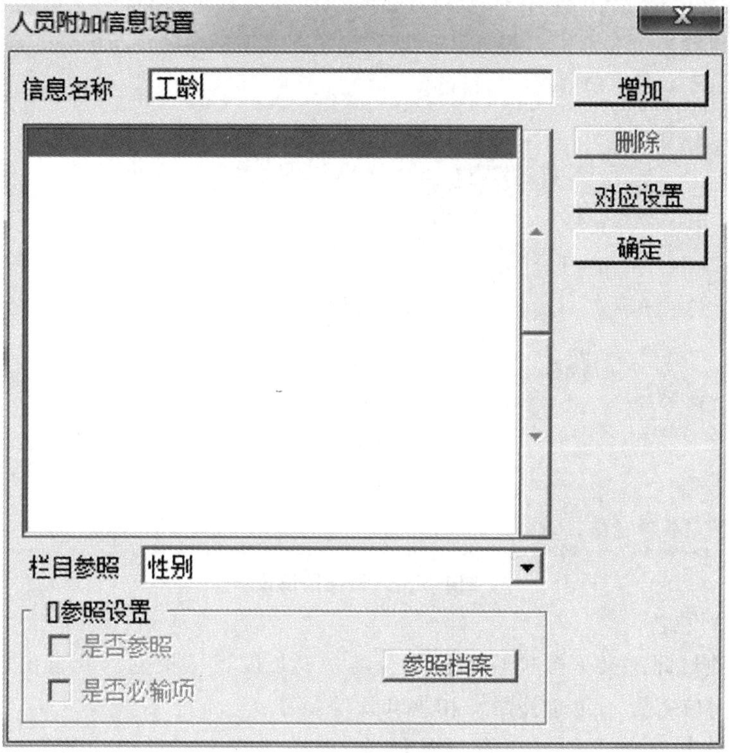

图4-6 人员附加信息设置

操作步骤：

(1) 点击〖增加〗按钮，可输入附加信息名称或从参照栏中选择系统提供的信息名称。再次点击〖增加〗按钮，保存新增名称并可继续增加下一条记录。

(2) 选中“是否参照”，点击〖参照档案〗按钮，可以设置人员附加信息的参照值。

(3) 确认增加的附加信息是否为必输项，如果为必输项，则在录入人员档案时此附加信息必须输入内容不能为空。

3.人员类别设置

人员类别是指按某种特定分类方式将职员分成若干类型。不同类型的人员工资水平可能不同，有助于实现工资的多级化管理。人员类别的设置与工资费用的分配、分摊有关，并能为企业提供不同人员类别的工资信息。

选择【基础设置—基础档案—机构人员】下的【人员类别】，进入“人员类别”窗口，如图4-7所示。

操作步骤：

(1) 点击〖增加〗按钮，在“类别”中输入本账套管理的人员类别。再次点击〖增加〗按钮即可保存设置并新增一条记录。

(2) 点击〖返回〗按钮，即可返回系统主界面。

图4-7　人员类别设置

4.工资项目设置

设置工资项目即定义工资项目的名称、类型、长度，可根据需要自由设置工资项目，如基本工资、岗位工资、交通补贴、扣款合计等。

选择【设置】菜单下的【工资项目设置】，进入“工资项目设置”窗口，如图4-8所示。

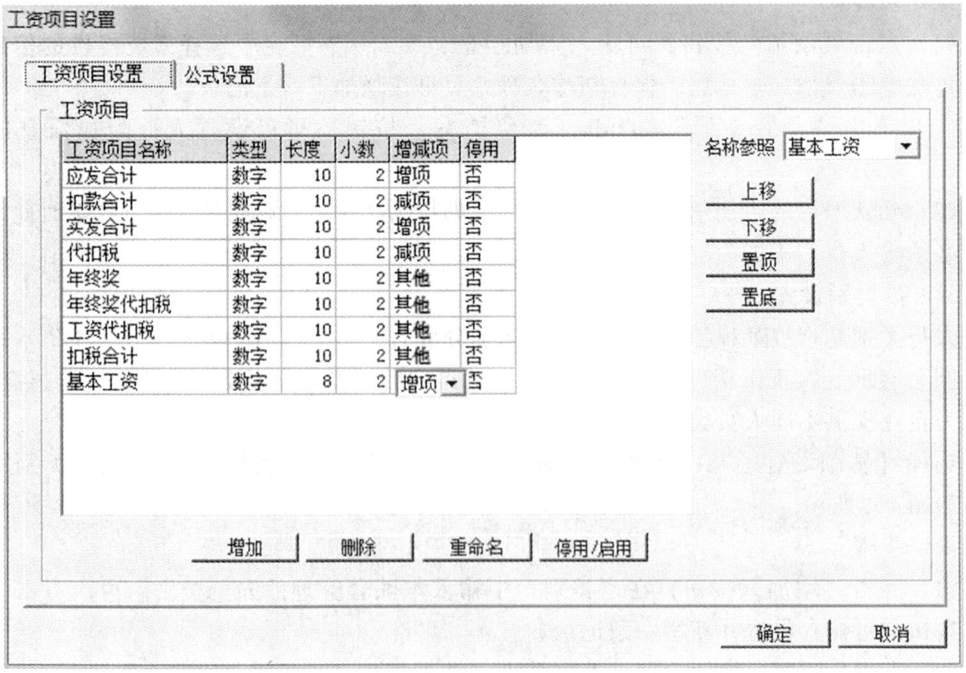

图4-8　工资项目设置

操作步骤：

（1）点击〖增加〗按钮，在工资项目列表末增加一空行。

（2）直接输入工资项目或在“名称参照”中选择工资项目名称，并设置新建工资项目的类型、长度、小数位数和工资增减项。

（3）利用界面上的〖上移〗、〖下移〗按钮可调整工资项目的排列顺序。

（4）重复上面三个步骤直至工资项目全部设置完毕，如图4-9所示。

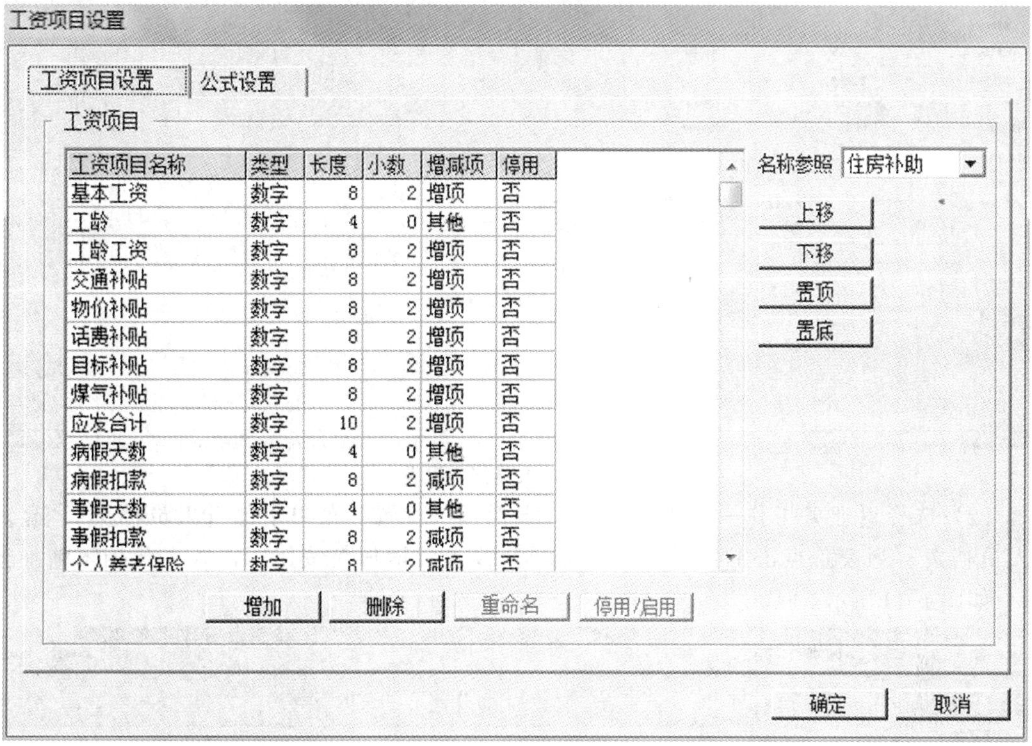

图4-9 工资项目

操作说明：

—增项直接计入应发合计，减项直接计入扣款合计。

—若工资项目类型为字符型，则小数位不可用，增减项为“其他”。

5.部门档案设置

部门档案设置是设置人员工资信息的基础，以便按部门核算各类人员工资，提供部门核算资料。操作方法请参考第一章第二节基础档案设置中的部门档案设置方法。

6.人员档案设置

人员档案的设置用于登记工资发放人员的姓名、职工编号、所在部门、人员类别等信息，员工的增减变动都必须先在本功能中处理。

操作步骤：

（1）选择【基础设置—基础档案—机构人员】下的【人员档案】，参考第一章第二节基础档案设置中的人员档案设置方法进行人员基本信息的设置，如图4-10所示。

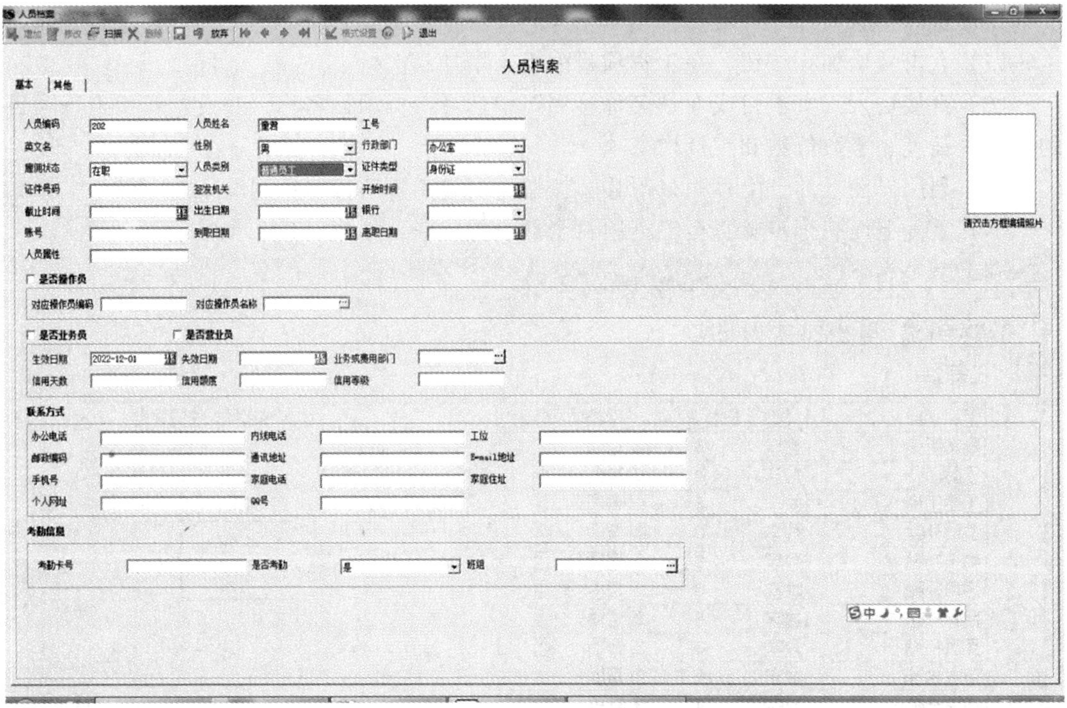

图4-10 人员档案设置

（2）选择【业务工作—人力资源—薪酬管理—设置】菜单下的【人员档案】，显示“人员档案”列表。点击工具栏上的〖批增〗或者〖增加〗按钮，进入人员档案增加窗口，如图4-11所示。

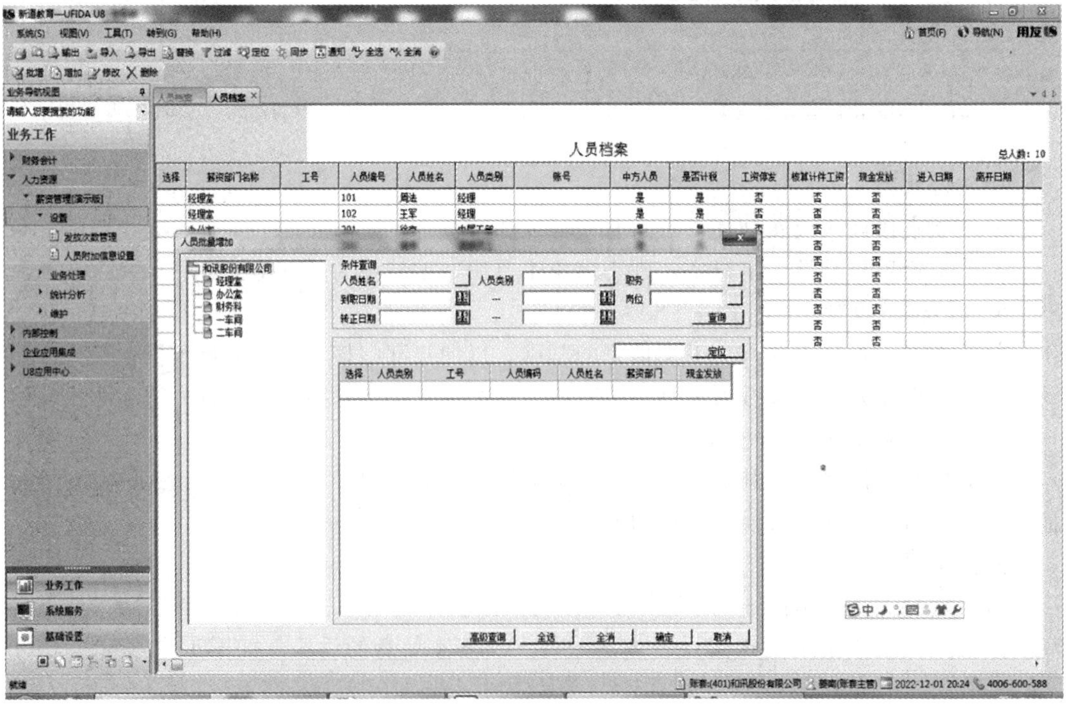

图4-11 人员档案增加窗口

选择相应的人员增加到薪酬管理系统，如图4-12所示。

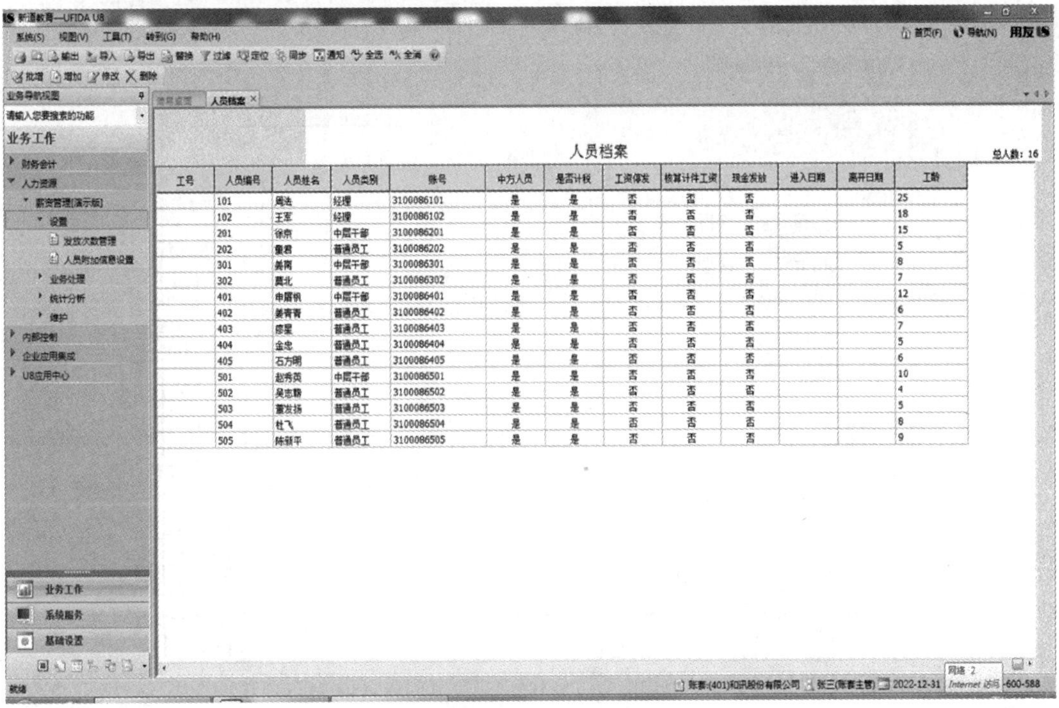

图4-12　增加人员档案

（3）修改人员档案信息。当企业发放工资采用银行代发形式时，需要确定银行名称及银行账号。单击图4-12中的〖修改〗按钮，显示如图4-13所示的界面。

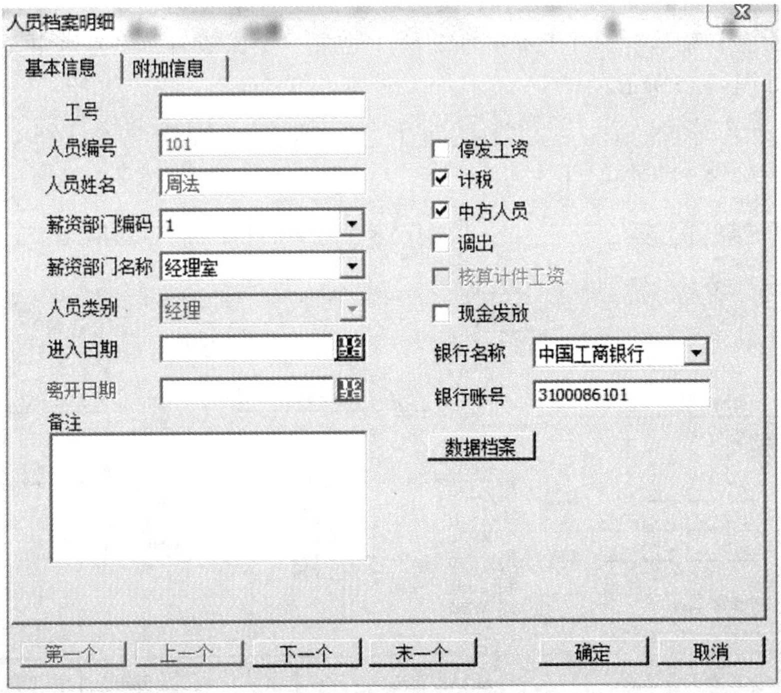

图4-13　修改人员档案信息

（4）单击图4-13中的【附加信息】进行工龄的设置，如图4-14所示。

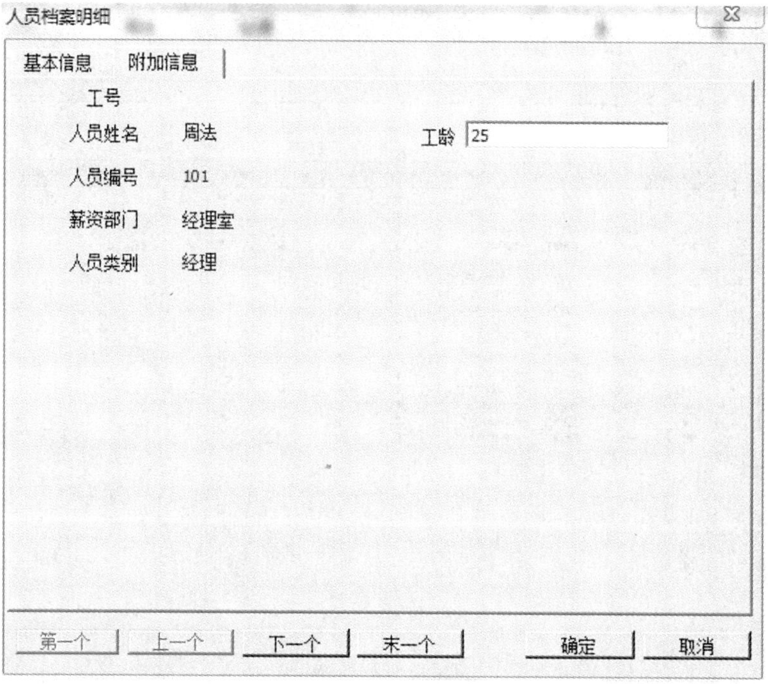

图4-14　工龄设置

7.工资项目计算公式设置

定义工资项目的计算公式是指对工资核算生成的结果设置计算公式。设置计算公式可以直观表达工资项目的实际运算过程，灵活地进行工资计算处理。

选择【设置】菜单下的【工资项目设置】，点击“公式设置”页签可定义工资项目的计算公式，如图4-15所示。

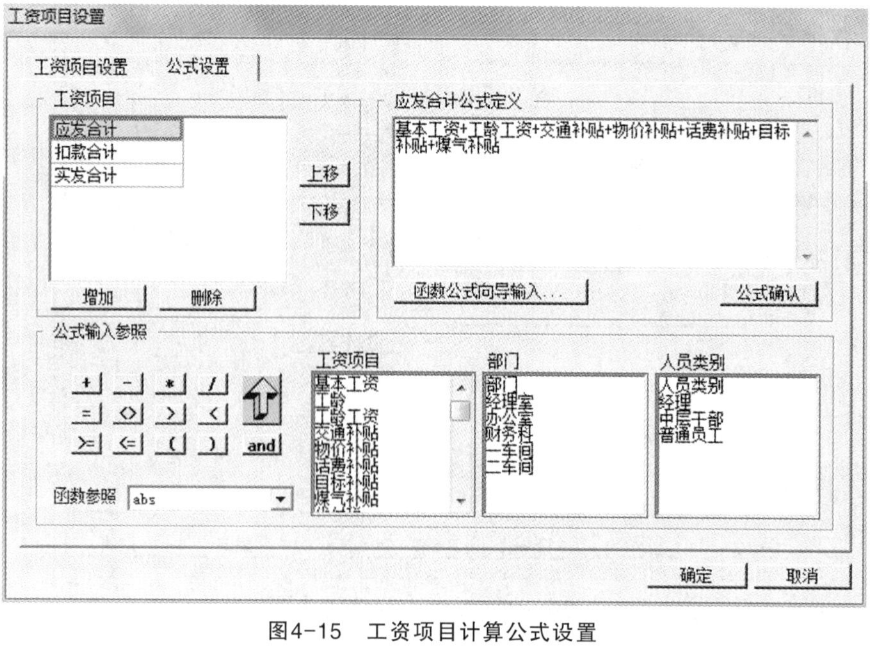

图4-15　工资项目计算公式设置

操作步骤：

（1）点击〖增加〗按钮，在工资项目列表中新增一行，并在下拉列表中选择需要设置计算公式的工资项目。

（2）点击公式定义区，利用函数公式向导、公式输入参照、工资项目参照、部门参照和人员类别参照编辑该工资项目的计算公式，如图4-16所示。

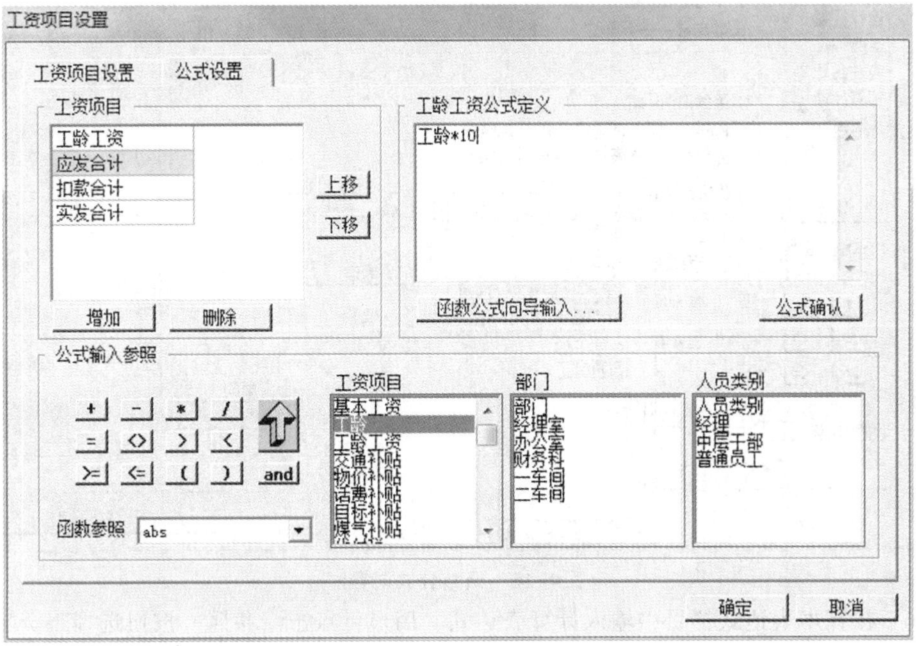

图4-16　增加工资项目计算公式

（3）在公式设置中，点击〖函数公式向导输入〗按钮，即可进入函数向导，如图4-17所示。

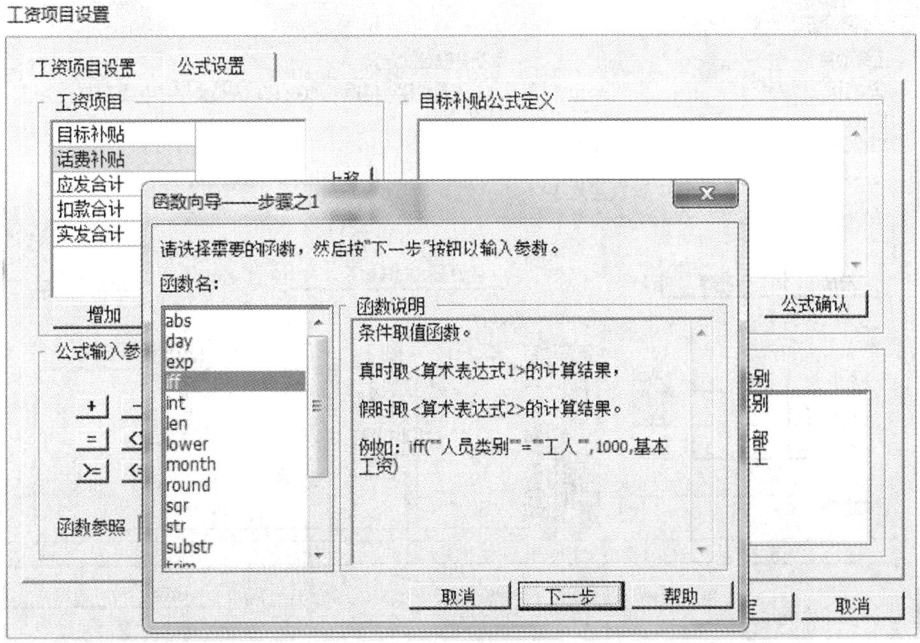

图4-17　函数公式向导1

（4）在“函数名”列表中选取需要的函数，界面右侧显示了所选函数的说明及范例。

（5）点击〖下一步〗按钮，进入向导步骤之2，如图4-18所示。

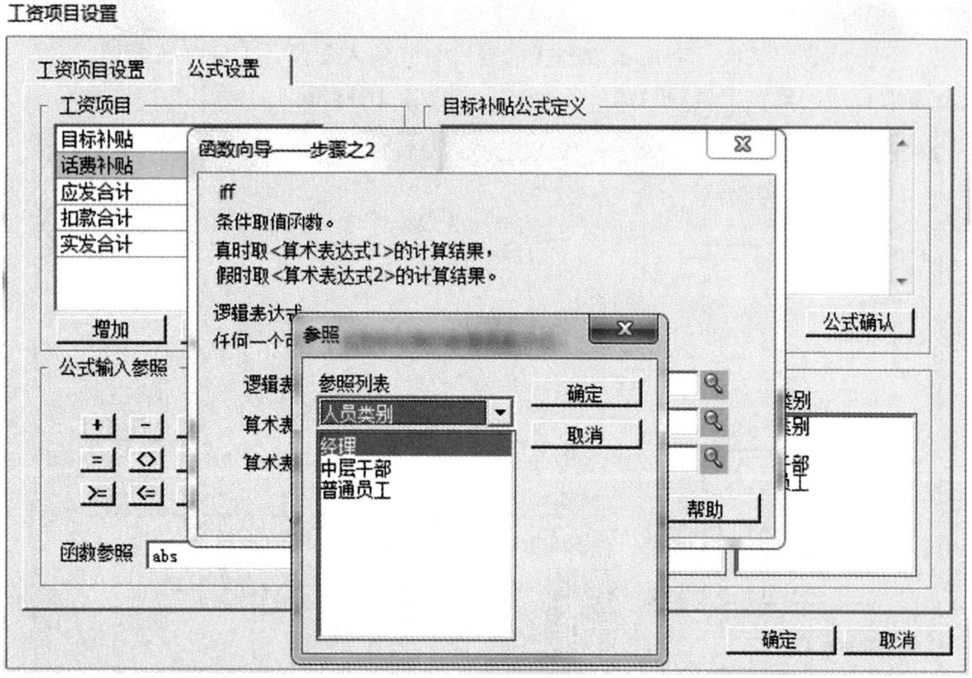

图4-18　函数公式向导2

（6）在算术表达式栏目中输入计算表达式，用户可点击〖参照〗按钮选择工资项目。

（7）点击〖完成〗按钮，返回“公式设置”，如图4-19所示。

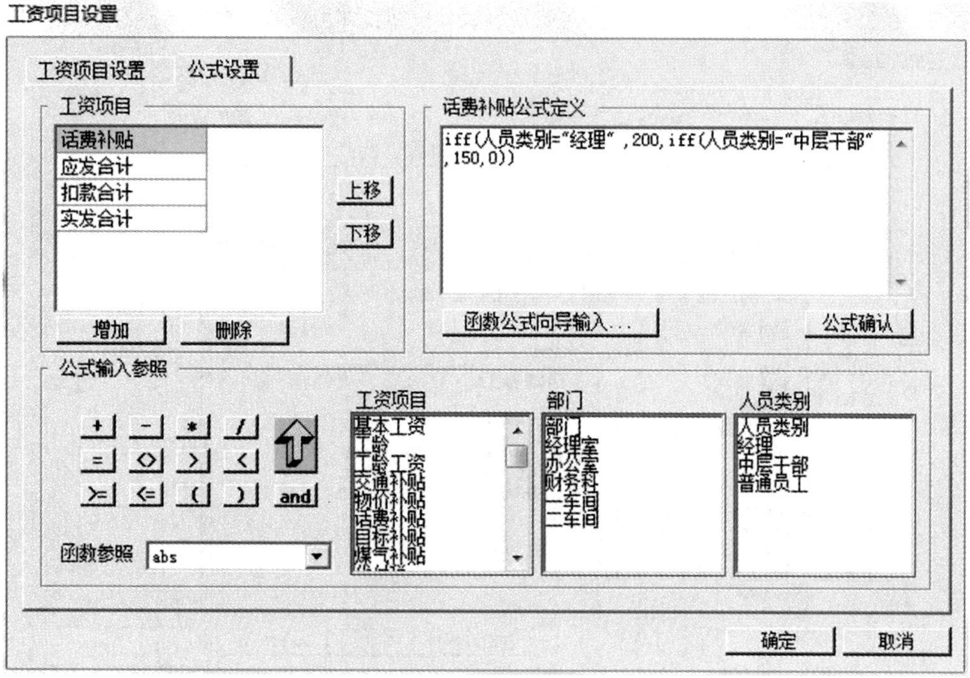

图4-19　完成公式设置

（8）点击〖公式确认〗按钮，系统将对已设置的公式进行合法性判断。

（9）点击〖确定〗按钮保存设置。

（10）可利用已设置的项目公式重复定义公式（即多次计算），以最后的运行结果为准。利用移动箭头可调整计算公式的次序。

操作说明：

—项目名称必须唯一。

—已使用的工资项目不可删除，不能修改数据类型。

—函数公式向导只支持系统提供的函数。

—系统提供的工资固定项目不可修改、删除。

—定义公式时须注意先后顺序，先得到的数应先设公式。

—定义的工资项目计算公式要符合逻辑，系统将对公式进行合法性检验。

—应发合计、扣款合计和实发合计公式不用设置，由系统根据定义的增减项自动设置。

—工资项目中没有的项目不允许在公式中出现。

—应发合计、扣款合计和实发合计应是公式定义框的最后三个公式，并且实发合计的公式要在应发合计和扣款合计公式之后。

—语法：iff（人员类别="经理",300,150）表示人员类别是经理的人员是300元，除经理外其他各类人员是150元。

第二节　薪资管理系统日常业务处理

一、实训目的

通过完成本实训，学生应掌握薪资管理系统日常业务处理的操作方法，掌握工资分摊及月末处理的操作方法。

二、实训内容

1.薪资管理系统日常业务处理；

2.工资分摊及月末处理；

3.账套数据备份。

三、实训准备

引入实训项目第四章第一节的备份数据。

四、实训案例

（一）12月份业务

该公司2022年12月工资变动数据见表4-4。

周法事假2天，陈新平事假2天，吴志赣病假3天。

生成银行代发一览表，单位编号：1234934325。

工资分摊设置见表4-5。

表4-4　　工资变动数据表　　金额单位：元

职员	部门	基本工资	工龄年限	工龄工资	交通补贴	物价补贴	话费补贴	目标补贴	煤气补贴	应发工资
周法	经理室	3 000	25	250	200	300	200	500	200	4 650
王军	经理室	2 800	18	180	200	300	200	500	200	4 380
徐京	办公室	2 500	15	150	200	300	150	300	200	3 800
童君	办公室	2 000	5	50	200	300		200	200	2 950
姜南	财务科	2 500	8	80	200	300	150	300	200	3 730
莫北	财务科	2 000	7	70	200	300		200	200	2 970
申屠枫	一车间	2 500	12	120	200	300	150	300	200	3 770
姜青青	一车间	2 000	6	60	200	300		200	200	2 960
廖星	一车间	2 000	7	70	200	300		200	200	2 970
金忠	一车间	2 000	5	50	200	300		200	200	2 950
石方明	一车间	2 000	6	60	200	300		200	200	2 960
赵秀英	二车间	2 500	10	100	200	300	150	300	200	3 750
吴志赣	二车间	1 800	4	40	200	300		200	200	2 740
董发扬	二车间	2 000	5	50	200	300		200	200	2 950
杜飞	二车间	2 200	8	80	200	300		200	200	3 180
陈新平	二车间	2 100	9	90	200	300		200	200	3 090

表4-5　　工资分摊表　　单位：元

部门	人员类别	项目	工资分摊100%		应付福利费14%		工会经费2%，职工教育经费8%，养老保险20%	
			借方	贷方	借方	贷方	借方	贷方
经理室	经理	应发合计	5 502	2 151	5 502	2 153	5 502	2 181
办公室、财务科	中层干部	应发合计	5 502	2 151	5 502	2 153	5 502	2 181
办公室、财务科	普通员工	应发合计	5 502	2 151	5 502	2 153	5 502	2 181
一车间、二车间	中层干部	应发合计	4 105	2 151	4 105	2 153	5 502	2 181
一车间、二车间	普通员工	应发合计	410 101	2 151	410 101	2 153	5 502	2 181

由操作员莫北登录薪资管理系统，分别编制工资分摊、工资附加费计提凭证（选择明细到工资项目）。

姜南登录到总账系统，对薪资管理系统传递过来的凭证进行审核、记账。

（二）年末处理

1.账套主管姜南注册系统管理，建立2022年年度账；

2.姜南以2022年1月1日注册进入系统管理，执行“结转上年数据/工资管理结转”。

五、实训指导

（一）工资业务处理

完成了工资账的初始设置以后，就可以开始薪资管理系统的日常业务处理操作，用友系列软件的许多系统都适用先初始化，再进行日常业务处理这一处理顺序。薪资管理系统的日常业务处理包括工资变动数据的录入、生成相应的银行代发一览表、工资分摊设置，生成工资分摊的凭证后进入总账系统进行凭证的后续处理。其中，执行生成工资分摊凭证这一环节的操作员应该是02号操作员。

1.工资变动数据的录入

这个功能用于日常工资数据的调整变动及工资项目的增减等，如平常的水电费扣发、事病假扣发、奖金录入等都在此进行，而人员的增减、部门变更则必须在人员档案中操作。首次进入本功能前，需先设置工资项目及其计算公式，然后进行数据录入。进入“工资变动”后屏幕显示所有人员的所有工资项目供查看，可直接在列表中修改数据。

选择【业务处理】菜单下的【工资变动】，进入“工资变动”窗口，如图4-20所示。

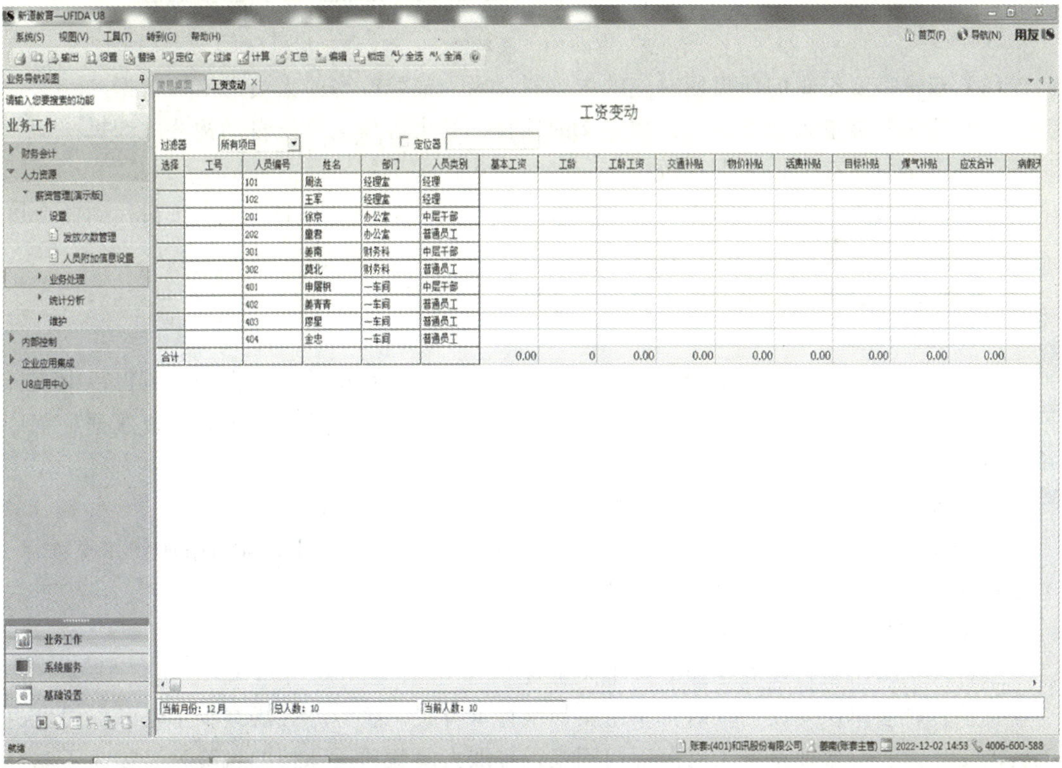

图4-20　工资变动

操作步骤：

（1）在工资变动列表中选中需要编辑的人员所在行。

（2）点击工具栏上的〖编辑〗按钮，或点击鼠标右键，在弹出的菜单中选择【页编辑】，进入“页编辑”窗口。此时，“状态”一栏中显示为：变动状态，如图4-21所示。

图4-21 页编辑

（3）双击需要编辑的项目所对应的内容栏，录入或修改当前人员的工资数据。

（4）这里只需输入没有进行公式定义的项目，其余各项由系统自动按公式计算。

（5）点击〖保存〗按钮保存数据。

（6）若需变更其他人员的工资数据，可点击〖上一个〗或〖下一个〗按钮找到需变更人员，然后重复步骤（3）至（5）。

（7）点击〖退出〗按钮返回工资变动主界面。

操作说明：

—在修改了某些数据、重新设置了计算公式、进行了数据替换或在个人所得税中执行了自动扣税等操作后，必须调用“工资重算”和“工资汇总”功能对个人工资数据重新计算汇总，以保证数据的正确性。

—如果要对同一工资项目做统一变动，可采用数据替换功能。

—若在参数设置中选择了自动扣税功能，则系统在工资项目中自动添加代扣税项目，并在数据录入的过程中自动进行扣税计算。

2.银行代发一览表的生成

银行代发即由银行发放企业职工个人工资。

目前，许多单位发放工资时都采用工资银行卡方式。这种方式既减少了财务部门发放工资的工作量，有效地避免了财务部门到银行提取大笔款项所承担的风险，又提高了对员工个人工资的保密程度。

操作步骤：

（1）双击【业务处理】菜单下的【银行代发】，选择部门范围，如图4-22所示。单击〖确定〗按钮即可显示银行代发一览表，如图4-23所示。

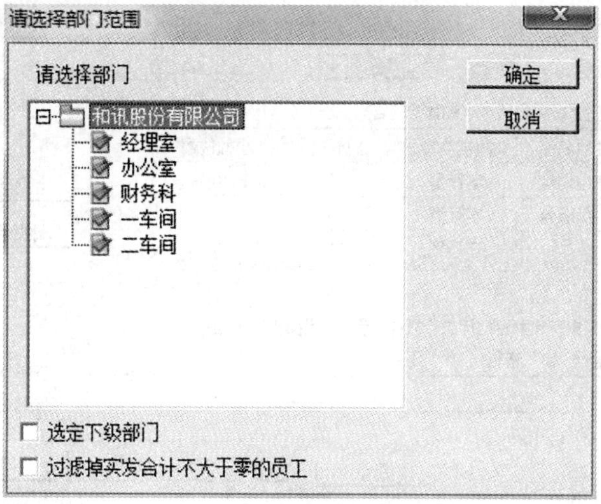

图4-22　选择部门范围

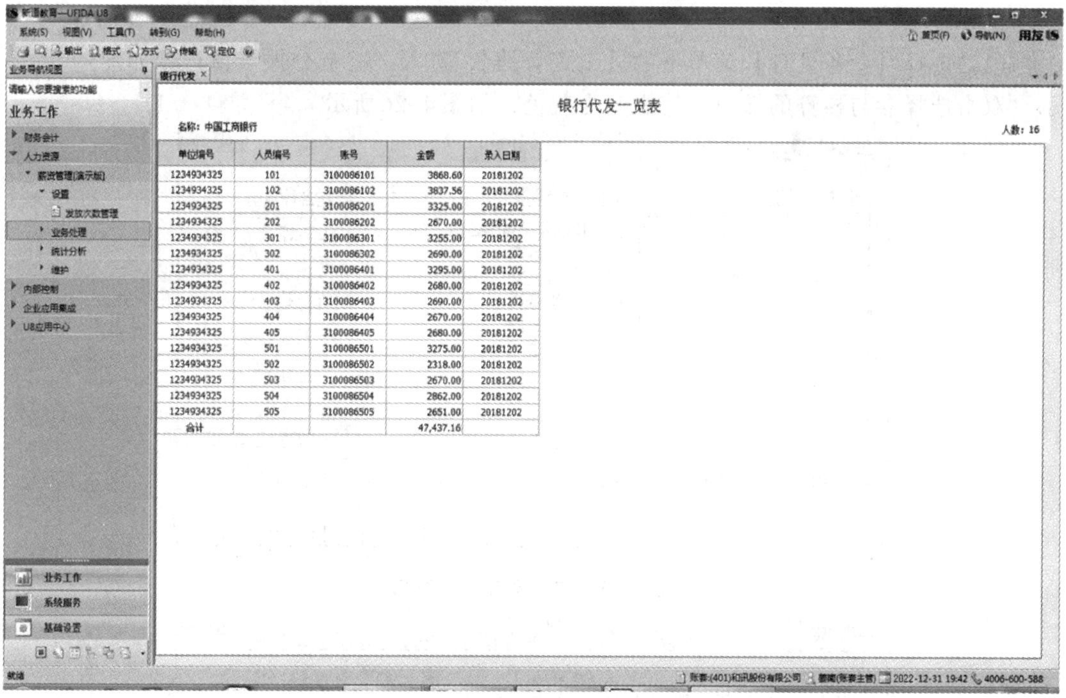

单位编号	人员编号	账号	金额	录入日期
1234934325	101	3100086101	3868.60	20181202
1234934325	102	3100086102	3837.56	20181202
1234934325	201	3100086201	3325.00	20181202
1234934325	202	3100086202	2670.00	20181202
1234934325	301	3100086301	3255.00	20181202
1234934325	302	3100086302	2690.00	20181202
1234934325	401	3100086401	3295.00	20181202
1234934325	402	3100086402	2680.00	20181202
1234934325	403	3100086403	2690.00	20181202
1234934325	404	3100086404	2670.00	20181202
1234934325	405	3100086405	2680.00	20181202
1234934325	501	3100086501	3275.00	20181202
1234934325	502	3100086502	2318.00	20181202
1234934325	503	3100086503	2670.00	20181202
1234934325	504	3100086504	2862.00	20181202
1234934325	505	3100086505	2651.00	20181202
合计			47,437.16	

图4-23　银行代发一览表

（2）点击工具栏上的〖格式〗按钮，显示如图4-24所示界面，选择相应的银行标准格式模板。

（3）在银行代发一览表界面点击〖输出〗和〖传输〗按钮，选择保存文件的路径和名称。

（4）输出银行要求的格式文件，银行可按该文件来发放工资。

3.工资分摊设置

财会部门根据工资费用分配表，将工资费用根据用途进行分配，并编制转账会计凭证，供总账系统记账处理之用。

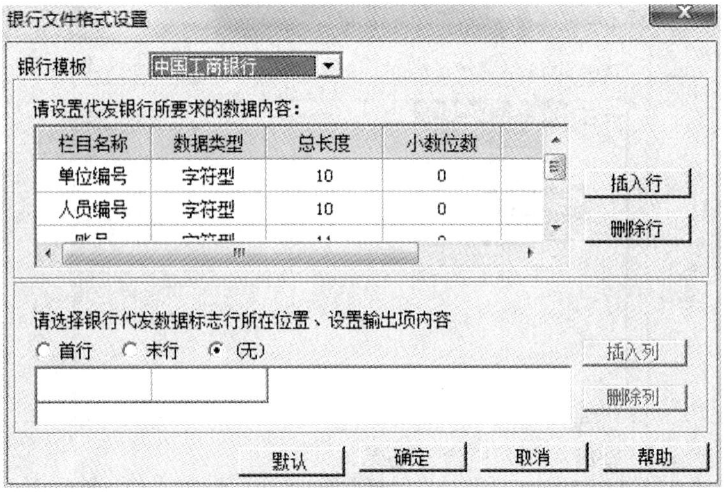

图4-24　选择银行标准格式模板

操作步骤：

(1) 选择【业务处理】菜单下的【工资分摊】，进入“工资分摊”窗口，如图4-25所示。双击选择参与核算的部门，使之变为蓝色，如图4-26所示。

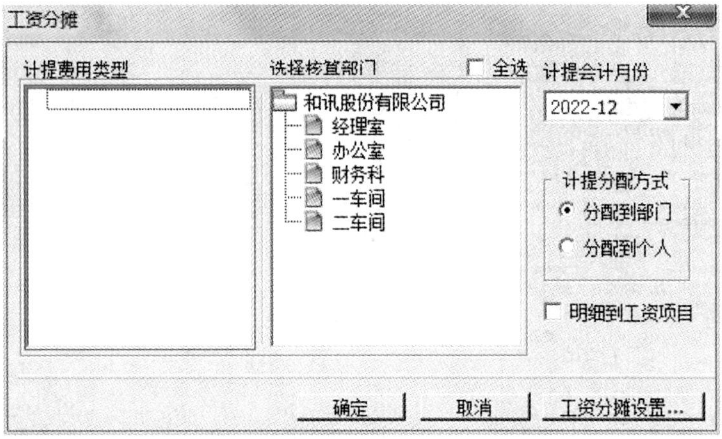

图4-25　“工资分摊”窗口

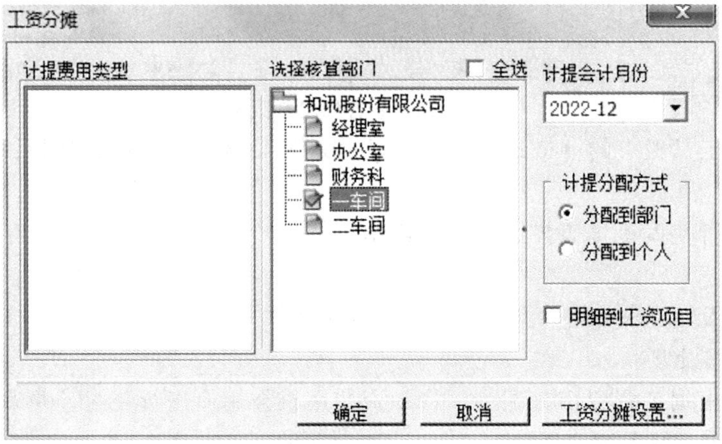

图4-26　选择参与核算的部门

（2）在“工资分摊”界面中点击〖工资分摊设置〗按钮，进入“分摊类型设置”窗口，如图4-27所示。

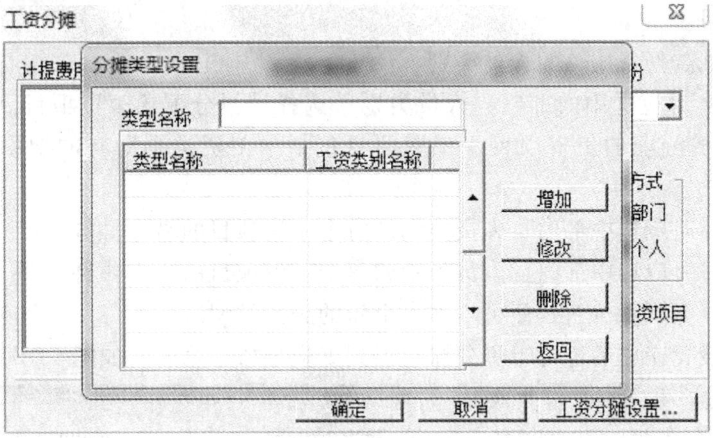

图4-27　工资分摊设置

（3）点击〖增加〗按钮，新增工资分配计提类型，显示如图4-28所示界面。输入计提类型名称，选择分摊计提比例。

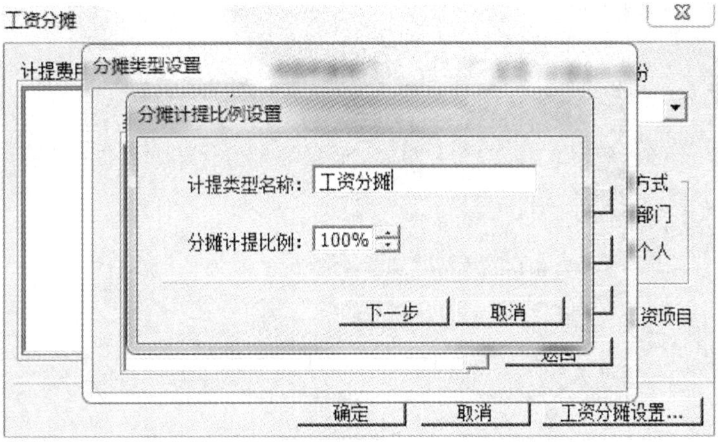

图4-28　新增工资分配计提类型

（4）点击〖下一步〗按钮，进入“分摊构成设置”界面，如图4-29所示。

分摊构成设置

部门名称	人员类别	工资项目	借方科目	借方项目大类	借方项目	贷方科目	贷方项目大类
经理室	经理	应发合计	5502			2151	
办公室,财务科	中层干部	应发合计	5502			2151	
办公室,财务科	普通员工	应发合计	5502			2151	
一车间,二车间	中层干部	应发合计	4105			2151	
一车间,二车间	普通员工	应发合计	410101			2151	

图4-29　“分摊构成设置”界面

项目说明：

部门名称：选择部门，一次可选择多个部门。对于不同部门，相同的人员类别可设置不同的分摊科目。

人员类别：选择费用分配人员类别。

工资项目：对应选中的部门、人员类别，选择计提分配的工资项目。每个人员类别可选择多个计提分配的工资项目。工资项目包括本工资类别所有的增项、减项和其他项目。

借方科目：对应选中部门、人员类别的每个工资项目的借方科目。

贷方科目：对应选中部门、人员类别的每个工资项目的贷方科目。

（5）点击〖完成〗按钮，便可增加一个新的分摊类型。

工资分摊设置完成后进行工资分摊，得到工资分摊一览表，如图 4-30 所示。

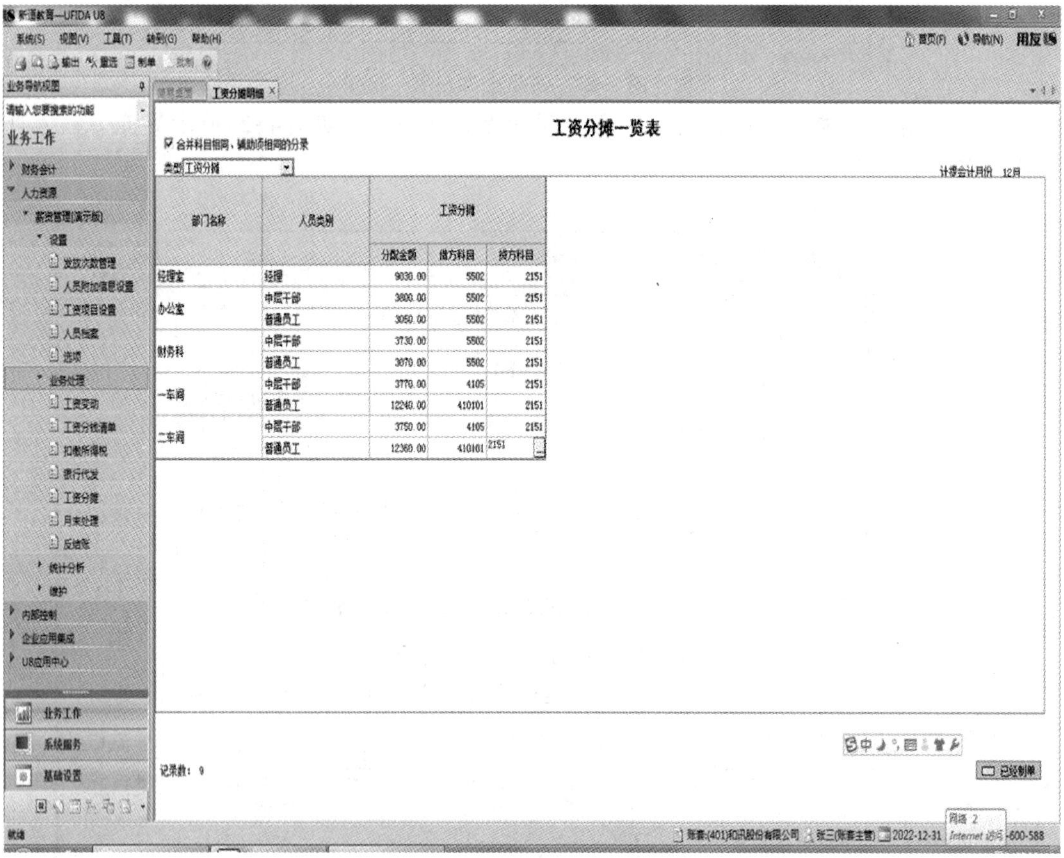

图4-30　工资分摊一览表

（6）生成凭证（此操作由02号操作员完成）。

生成单张凭证：在“工资分摊一览表”界面中的“类型”下拉框中选择需要生成凭证的分摊类型；点击〖制单〗按钮，进入凭证填制窗口，如图 4-31 所示。

选择凭证类别（记）后，点击〖保存〗按钮保存凭证。在屏幕左上角，系统将以红字显示“已生成”标记，如图 4-32 所示。点击〖批制〗按钮可批量制单，即可一次生成所有参与本次分摊的分摊类型所对应的凭证。

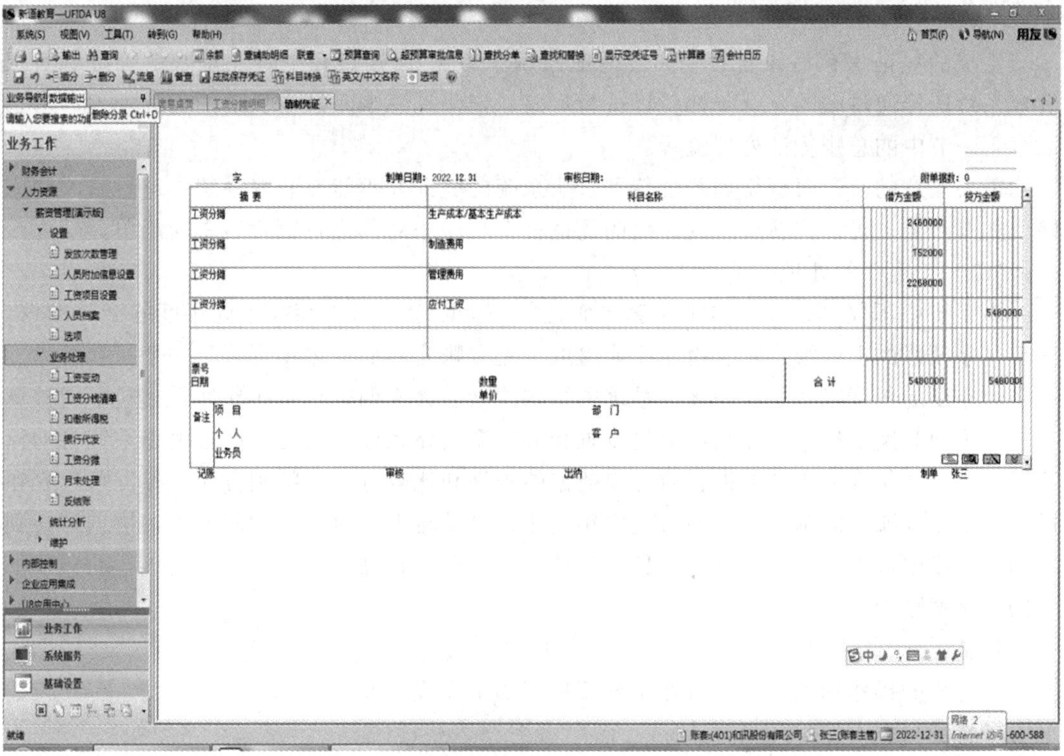

图4-31　生成凭证

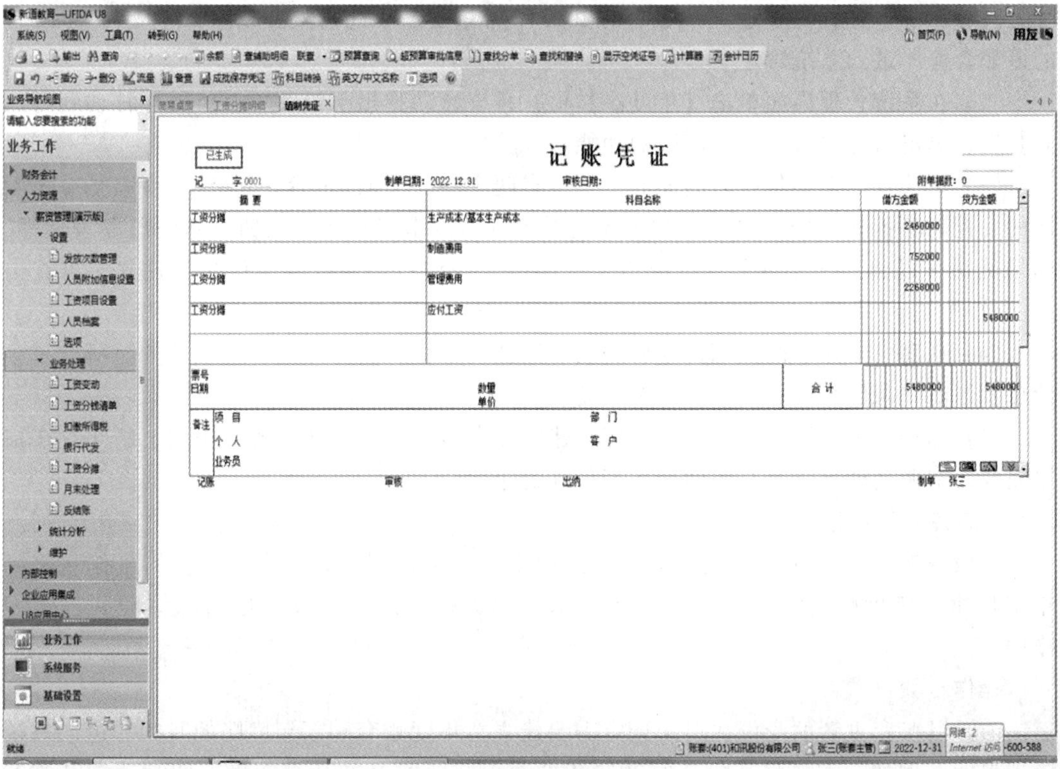

图4-32　已生成凭证

4.凭证后续处理

生成的凭证保存后，会自动传到总账系统中，由01号账套主管在总账系统中对薪资管理系统所传递过来的工资分摊凭证进行审核、记账。总账系统中凭证的后续处理参考第二章第一节中的总账凭证处理流程。

需要注意的是，薪资管理系统传到总账系统的凭证并不能在总账系统中进行修改和删除。如有必要，可以在薪资管理系统的凭证查询功能中对其进行删除后重新制单。

（二）年度账的处理

在系统中不仅可以建立多个账套，而且每一个账套中可以存放不同年度的会计数据。账套是年度账的上一级，账套由年度账组成。先有账套然后产生年度账，一个账套可以拥有多个年度的年度账。这样一来，系统的结构清晰、含义明确、可操作性强，对不同核算单位、不同时期数据的操作只需通过设置相应的系统路径即可进行，而且由于系统自动保存了不同会计年度的历史数据，对历史数据的查询和比较分析也特别方便。年度账建立在已有的上年度账套的基础上，通过建立年度账，自动将上个年度账的基本档案信息结转到新的年度账中。对于上年余额等信息，需要在年度账结转操作完成后，由上年自动转入下年的新年度账中。

1.建立新的年度账

年度账的操作均由账套主管在系统管理模块中完成。

操作步骤：

（1）以账套主管的身份注册，选定需要建立新年度账套和上年度账套的时间，进入系统管理界面。例如，需要建立某账套的2023年新年度账，此时就要以2022会计年度12月的该账套注册进入系统管理。

（2）在系统管理界面单击【年度账】项，系统自动弹出下级菜单，将鼠标移动到【建立】上，单击鼠标进入建立年度账的功能。

（3）系统弹出建立年度账的界面，其中有两个栏目“账套”和“会计年度”是系统默认的，此时不能进行修改操作。如果需要调整，请点击〖放弃〗按钮重新注册登录选择。如果确认可以建立新年度账，此时点击〖确定〗按钮；如果放弃年度账的建立，可点击〖放弃〗按钮。

（4）账套自动显示的是用户注册进入时所选的账套，会计年度自动显示的是所登录会计账套当前登录的会计年度的下一个年度。

（5）单击〖确认〗按钮，等待年度账建立完成后，注销系统管理。至此，新年度账建立完成，本账套就同时拥有了两个相邻年度的年度账。

2.结转上年数据

一般情况下，企业是持续经营的，因此企业的会计工作是一个连续性的工作。每到年末启用新年度账时，就需要将上年度中的相关账户的余额及其他信息结转到新年度账中。

操作步骤：

（1）以账套主管的身份注册，选定需要建立新年度账套和新年度账的时间，进入系统管理界面。例如，需要将某账套的2022年的数据结转到2023年新年度，此时就要以2023会计年度1月的该账套注册进入系统管理。

（2）单击【年度账】菜单中的【结转上年数据】进入结转上年数据的功能。

（3）在弹出的结转窗口，单击〖确认〗按钮，进入结转数据窗口，在是否结转数据提示时选择“是”、是否选择清零项时选择“否”，至此，系统会提示上年数据结转完毕。

（三）数据备份

在系统管理中用第一章第一节中所描述的方法将账套输出保存。

第五章

固定资产管理系统

第一节　固定资产管理系统初始化设置

一、实训目的

通过完成本实训，学生应掌握固定资产管理系统初始化设置的操作流程及操作方法。

二、实训内容

1.建立核算账套并启用固定资产管理系统；

2.固定资产管理系统初始化设置、录入原始卡片。

三、实训准备

1.已正确安装固定资产管理系统；

2.正确设置相应的系统日期。

四、实训案例

（一）建账资料

1.操作员及权限

增加操作员两名：账套主管——陈西，编号为1，口令为1；资产管理——马东，编号为2，口令为2，授予公用目录设置及固定资产管理模块权限。

2.新建账套

账套号：5+后两位学号；账套名称：翔飞公司；启用时间：2023年1月；单位名称：翔飞股份有限公司；企业类型：工业；行业性质：新会计制度科目；账套主管：陈西；按行业性质预置会计科目；分类编码方案按默认值。

2023年1月1日，系统管理员启用总账、固定资产管理系统。

（二）基础设置

1.部门档案见表5-1。

2.凭证类别：记账凭证。

3.总账系统期初余额（陈西操作）见表5-2。

表5-1　部门档案

部门编码	部门名称
1	人事部
2	财务部
3	供应部
4	销售部
5	加工车间

表5-2　总账系统期初余额

科目代码	科目名称	余额方向	金额（元）
1002	银行存款	借	452 982.00
1501	固定资产	借	1 200 000.00
1502	累计折旧	贷	152 982.00
2101	短期借款	贷	500 000.00
3101	实收资本	贷	1 000 000.00

4.进入固定资产管理系统。固定资产采用"平均年限法（一）"计提折旧，折旧汇总分配周期为一个月；当"月初已计提月份=可使用月份-1"时将剩余折旧全部提足。固定资产类别编码方式为"2-1-1-2"；固定资产编码采用自动编码方法，编码方式为"类别编码+序号"；序号长度为"5"。要求固定资产管理系统与总账系统进行对账；固定资产对账科目为"1501固定资产"；累计折旧对账科目为"1502累计折旧"；对账不平衡的情况下不允许固定资产月末结账。

5.部门对应折旧科目见表5-3。

表5-3　部门对应折旧科目

部门名称	贷方科目
人事部	管理费用（5502）
财务部	管理费用（5502）
加工车间	制造费用（4105）

6.资产类别设置见表5-4。

表5-4　资产类别

类别编码	类别名称	使用年限	净残值率	计提属性
01	房屋及建筑物			总提折旧
011	办公楼	30	2%	总提折旧
012	厂房	30	2%	总提折旧
02	机器设备			正常计提
021	生产线	10	3%	正常计提
022	办公设备	5	3%	正常计提

7.固定资产增减方式见表5-5。

表5-5 固定资产增减方式

增加方式	对应入账科目
直接购入	银行存款——工行存款（1002）
投资者投入	实收资本（3101）
捐赠	资本公积——接受捐赠非现金资产准备（311102）
盘盈	待处理财产损溢——待处理固定资产损溢（191102）
在建工程转入	在建工程（1603）
减少方式	对应入账科目
出售	固定资产清理（1701）
投资转出	长期股权投资——其他股权投资（140102）
捐赠转出	固定资产清理（1701）
盘亏	待处理财产损溢——待处理固定资产损溢（191102）
报废	固定资产清理（1701）

8.录入原始卡片。固定资产原始卡片见表5-6。

表5-6 固定资产原始卡片

卡片编号	00001	00002	00003	00004	00005
固定资产编号	01100001	01200001	02100001	02100002	02200001
固定资产名称	1号楼	2号楼	A生产线	B生产线	电脑
类别编号	011	012	021	021	022
类别名称	办公楼	厂房	生产线	生产线	办公设备
部门名称	人事部	加工车间	加工车间	加工车间	财务部
增加方式	在建工程转入	在建工程转入	在建工程转入	在建工程转入	直接购入
使用状况	在用	在用	在用	在用	在用
使用年限	30年	30年	10年	10年	5年
折旧方法	平均年限法（一）	平均年限法（一）	平均年限法（一）	平均年限法（一）	平均年限法（一）
开始使用日期	2014-01-08	2015-03-10	2014-01-20	2014-05-08	2019-06-01
币种	人民币	人民币	人民币	人民币	人民币
原值（元）	400 000	450 000	150 000	180 000	20 000
净残值率	2%	2%	3%	3%	3%
净残值（元）	8 000	9 000	4 500	5 400	600
累计折旧（元）	37 800	25 515	42 525	45 198	1 944
月折旧率	0.0027	0.0027	0.0081	0.0081	0.0162
月折旧额（元）	1 080	1 215	1 215	1 458	324
净值（元）	362 200	424 485	107 475	134 802	18 056
对应折旧科目	管理费用	制造费用	制造费用	制造费用	管理费用

五、实训指导

为了更加明确固定资产管理系统和总账系统的数据传递关系，在开始使用固定资产管理系统之前，我们要先建立新的账套，建立账套的操作请参考实训项目第一章第一节的建账操作。本实训要求增加部门档案及设置凭证类别，还需要在总账系统中对固定资产科目和累计折旧科目录入相应的期初余额，有关设置操作请参考实训项目第二章第一节中相关内容，这里不再赘述。

固定资产管理系统的基本操作流程包括系统初始化、日常业务处理和月末处理三个部分，其操作流程如图5-1所示。

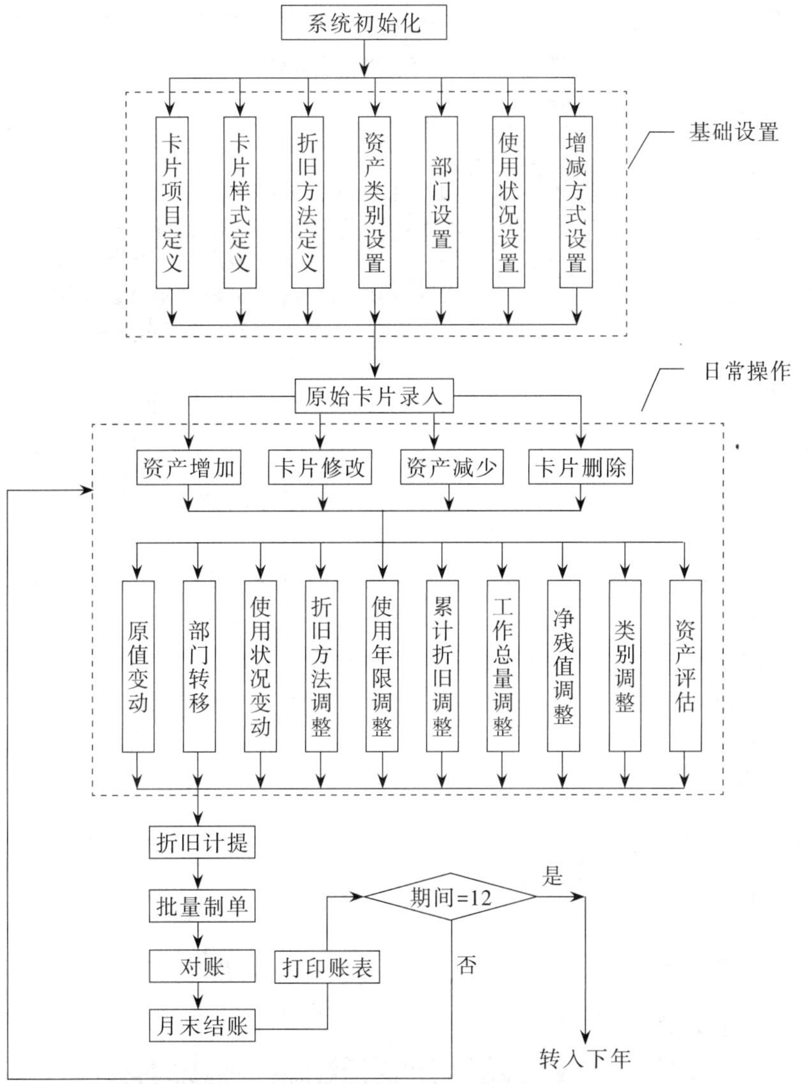

图5-1　固定资产管理系统基本操作流程

企业会计制度规定不同性质企业的固定资产会计处理方法不同，应该根据本企业的情况确定使用何种固定资产应用方案。初始化工作完成后，进行基础设置操作。基础设置操作包括卡片项目定义、卡片样式定义、折旧方法定义、资产类别设置、部门设置、使用状况设置、增减方式设置等部分。

1.固定资产管理系统初始化设置

初次使用固定资产管理系统时，系统会提示“这是第一次打开此账套，还未进行过初始化，是否进行初始化”。系统初始化是使用固定资产管理系统管理资产的首要操作，是根据单位的具体情况，建立一个适合您需要的固定资产子账套的过程。要设置的内容主要包括约定及说明、启用月份、折旧信息、编码方式、账务接口和完成六部分。

固定资产初始化向导分为六个步骤：

（1）约定及说明：在进行初始化之前应认真阅读固定资产管理的基本原则，如图5-2所示。

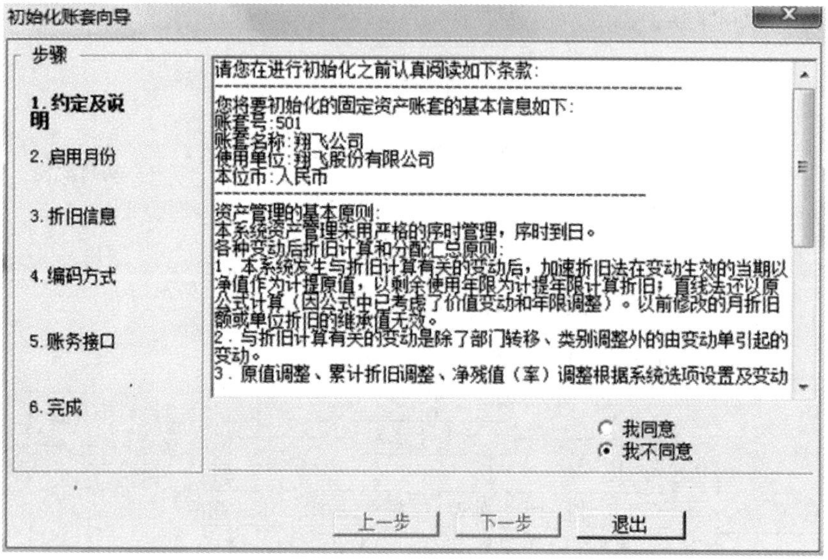

图5-2　约定及说明

（2）启用月份：查看本账套固定资产开始使用的月份和会计期间，启用月份只能查看不可修改，如图5-3所示。要录入系统的期初资料一般指截至该期间期初的资料。固定资产账的开始使用期间不得大于系统管理中的建该套账的期间。

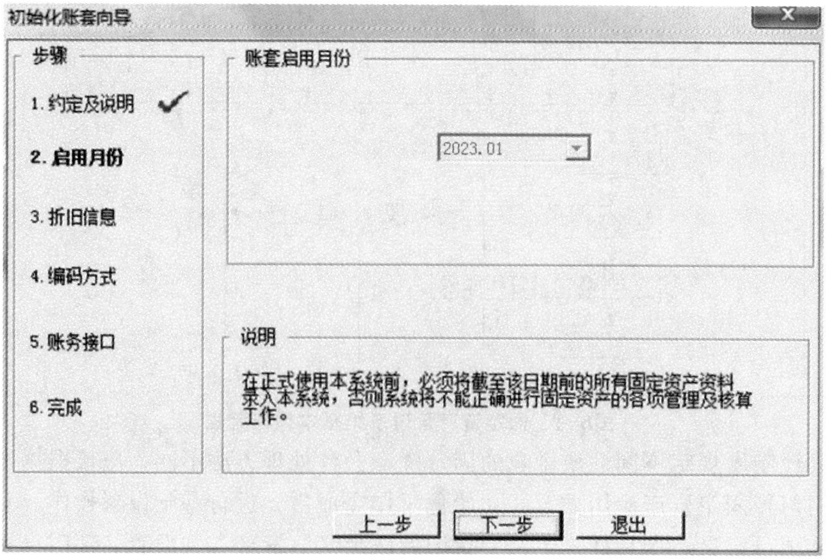

图5-3　启用日期

（3）折旧信息：如图5-4所示。

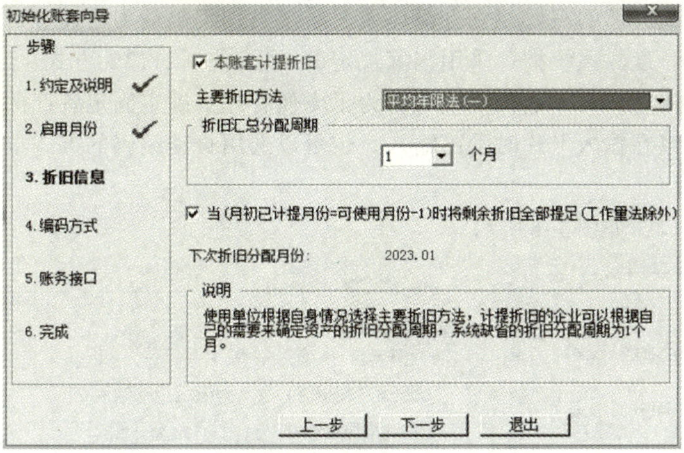

图5-4　折旧信息

本账套计提折旧：这个参数设置是判断本单位选择何种应用方案。一般来说，按照会计制度规定行政事业单位的所有固定资产不计提折旧，那么该判断框内不打钩，表示本账套不提折旧，而一般的企业单位的资产需要计提折旧，要在该判断框内打钩。

主要折旧方法：选择本系统常用的折旧方法，以便在资产类别新增设置时系统自动带出主要折旧方法，以提高录入速度，但可以修改。系统提供常用的五种折旧方法：平均年限法（一）、平均年限法（二）、工作量法、年数总和法、双倍余额递减法。

折旧汇总分配周期：企业在实际计提折旧时，不一定是每个月计提一次，可能因行业和自身情况的不同，每季度、半年或一年计提一次，折旧费用的归集也按照这样的周期进行，如保险行业每3个月计提和汇总分配一次折旧。系统提供该功能，企业可根据所处的行业和自身实际情况确定计提折旧及将折旧归集入成本和费用的周期。系统具体的处理办法是，每个会计月期间均计提折旧，但折旧的汇总分配按这里设定的周期进行，把该周期内各会计月计提的折旧汇总分配。一旦选定折旧汇总分配周期，系统自动提示第一次分配折旧，也是本系统自动生成折旧分配表制作记账凭证的期间。

（4）编码方式：如图5-5所示。

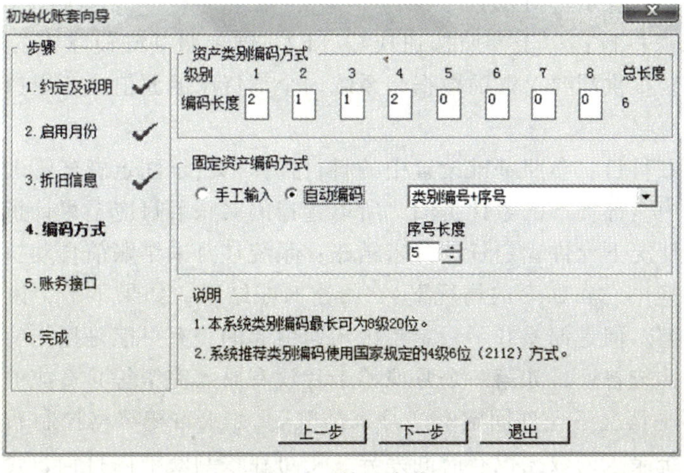

图5-5　编码方式

资产类别编码方式：资产类别是企业根据管理和核算的需要对固定资产所做的分类，可参照国家标准或自己的需要建立分类体系。系统类别编码最多可设置8级20位，可以设定每一级的编码长度，系统推荐采用国家规定的4级6位（2112）方式。

固定资产编码方式：固定资产编码是为了方便管理、确定固定资产的唯一标识，有两种输入方法：可以在输入卡片时手工输入，也可以选用自动编码的方式根据编码原则自动生成。

（5）账务接口：如图5-6所示。

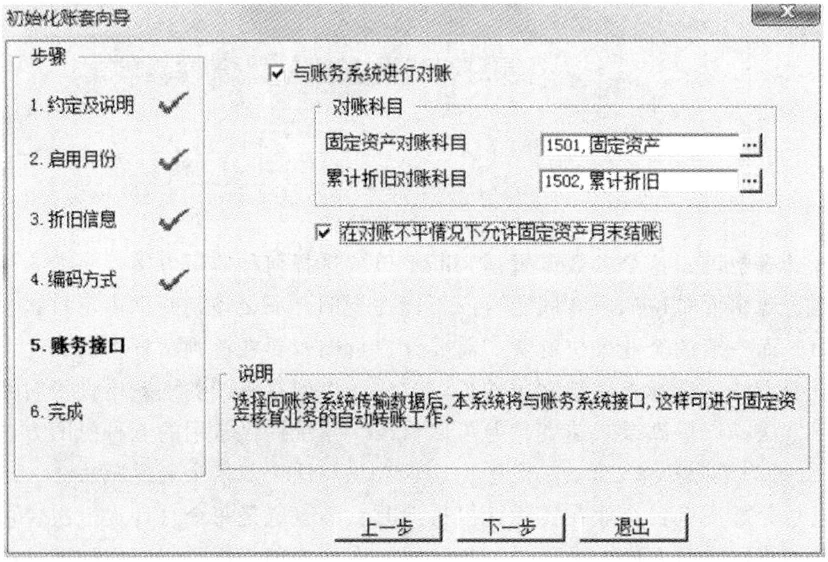

图5-6　账务接口

对账是指将固定资产管理系统内所有资产的原值、累计折旧与总账系统中的固定资产科目和累计折旧科目的余额核对，看数值是否相等。

与账务系统进行对账：只有存在对应的总账系统的情况下才可操作。如果在该判断框内打钩，表示本系统要与总账系统进行对账。可以在系统运行中的任何时候执行对账功能，如果不平，说明两个系统出现偏差，应引起注意，予以调整。如果不想与总账系统进行对账，可不打钩，表示不对账。

固定资产对账科目：单击参照按钮或按［F2］键参照基础设置中的科目选择。由于固定资产管理系统提供的要对账的数据是系统内全部资产的原值，所以选择的对账科目应是固定资产一级科目。

累计折旧对账科目：参照基础设置中的科目选择。由于固定资产管理系统提供的要对账的数据是系统内全部资产的累计折旧，所以选择的对账科目应是累计折旧一级科目。

在对账不平情况下允许固定资产月末结账：系统在月末结账前自动执行“对账”功能一次（存在相对应的总账账套的情况下），给出对账结果，如果不平，说明两个系统出现偏差，应予以调整。但是偏差并不一定是由错误引起的，有可能是操作的时间差异（在账套刚开始使用时比较普遍，如第一个月原始卡片没有录入完毕等）造成的，因此给出判断是否“在对账不平情况下允许固定资产月末结账”。如果希望严格控制系统间的平衡，并且能做到两个系统录入的数据没有时间差异，则可在该判断框内打钩，否则不要打钩。

（6）完成：如图5-7所示。

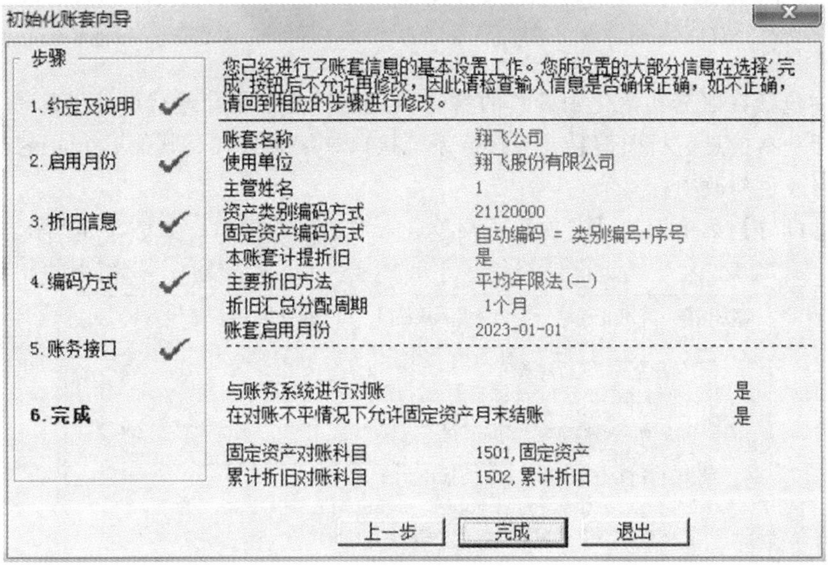

图5-7　完成设置

本界面显示相关已定义内容，检查如果无误，可点击〖完成〗按钮保存。但注意，系统初始化中有些参数一旦设置完成，退出初始化向导后是不能修改的，因此，如果觉得有些参数设置不能确定，可点击〖上一步〗按钮重新进行设置。确定无误后，再点击〖完成〗按钮保存退出。如果发现参数有错，可通过菜单【维护—重新初始化账套功能】进行更正，但此操作将清空账套中所做的一切工作。

操作说明：

①初始化参数的可修改项

—与账务系统进行对账：该判断可修改。

—对账科目：固定资产对账科目和累计折旧对账科目均可修改，但注意应是一级科目。

—在对账不平情况下允许固定资产月末结账：可以修改。

—主要折旧方法：设置这个选项主要是为了系统其他操作的简便性，只是一个缺省的内容，所以可随时修改，修改后缺省的内容会随之变化。

—折旧汇总分配周期：该选择可修改，但有限制。如果该账套还没有进行过一次月末结账，该分配周期可从1、2、3、4、6、12中选择；如果该账套已做过月末结账，则改变后的周期必须既满足是12的除数，又是该会计年度还没有结账的会计期间的除数，且不能小于还没有分配已计提折旧的期间数。

—资产类别编码方式：可以修改。

②不可修改项

—本账套计提折旧：该判断在初始化时设置，不能修改。

—启用月份：在初始化时只能查看，不能修改。

—固定资产编码方式：每一个账套只能设置一种自动编码方式，一经设定，不得修改。如果初始化时选择的是手工输入，则可通过【选项】修改一次，修改后一旦单击〖确定〗按钮退出选项界面，不能再修改。如果初始化时选择的是自动编码，则该选项不能修改。

2.选项设置

选项中包括在账套初始化中设置的参数和其他一些在账套运行中使用的参数或判断。选项中包括基本信息、折旧信息、与账务系统接口、编码方式、其他五个页签，点击〖编辑〗按钮修改可修改项。

选择【设置】菜单下的【选项】子菜单进入“选项”窗口，如图5-8所示。

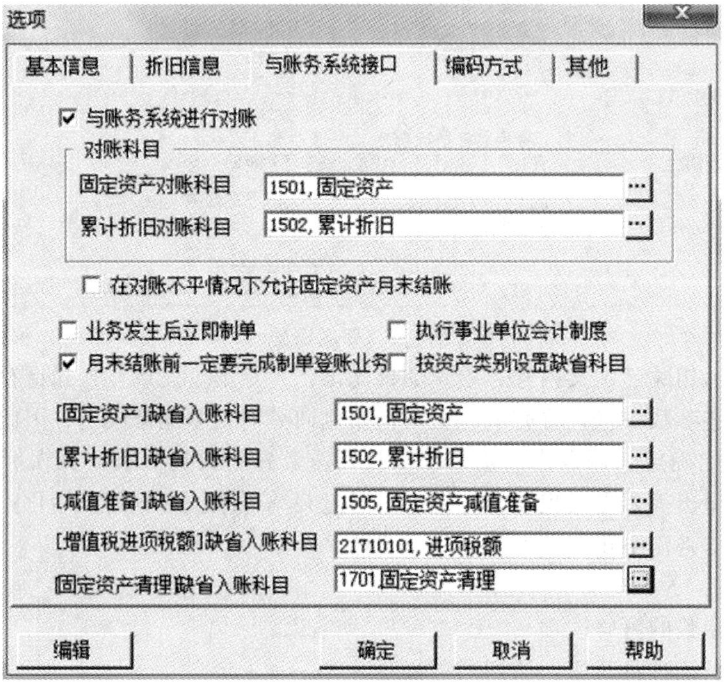

图5-8　选项设置

3.部门对应折旧科目设置

资产计提折旧后必须把折旧数据归集入成本和费用项目，根据不同使用者的具体情况，可按部门归集，也可按类别归集。部门折旧科目的设置就是为部门选择一个折旧科目，以便在录入卡片时自动显示折旧科目。在生成部门折旧分配表时，每一部门按折旧科目汇总，以制作记账凭证。

操作步骤：

(1) 选择【设置】菜单下的【部门对应折旧科目】子菜单，进入“部门编码表”界面，如图5-9所示。

(2) 在界面左侧的部门目录树中选择要设置科目或要修改科目的部门，点击“列表视图”页签，即可查看该部门的编码、名称和对应折旧科目等详细信息。

(3) 点击“单张视图”页签，显示选中部门的详细信息，如图5-10所示。

(4) 点击〖修改〗按钮，可修改该部门的对应折旧科目。

4.资产类别设置

固定资产的种类繁多，规格不一，要强化固定资产管理，做好固定资产核算，必须科

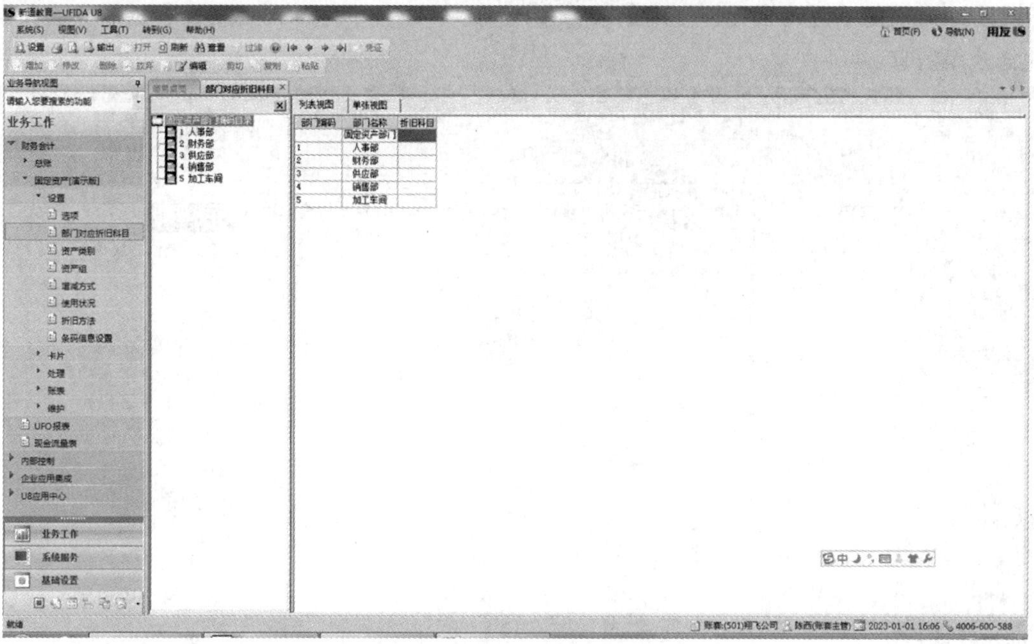

图5-9　部门对应折旧科目设置

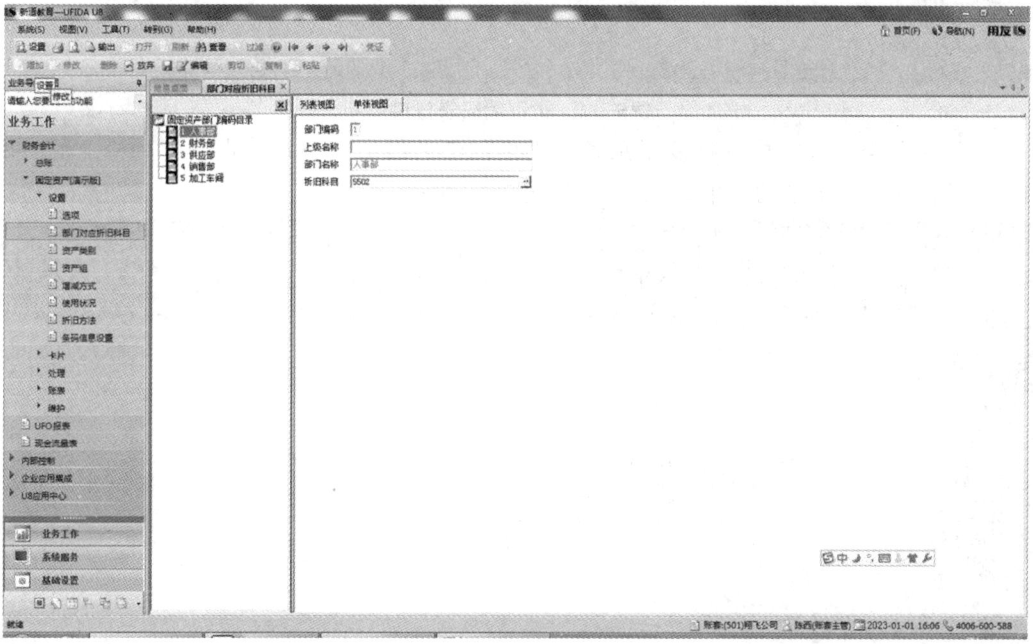

图5-10　单张视图

学地设置固定资产分类，为核算和统计管理提供依据。企业可根据自身的特点和管理要求，确定一个较为合理的资产分类方法。

操作步骤：

（1）选择【设置】菜单下的【资产类别】子菜单，进入“类别编码表”窗口，如图5-11所示。

（2）在界面左侧的资产类别目录树中选择资产大类，点击“列表视图”页签，即可查看该资产类别的编码、名称、使用年限、净残值率、计量单位、计提属性、折旧方法和卡片样式等信息。

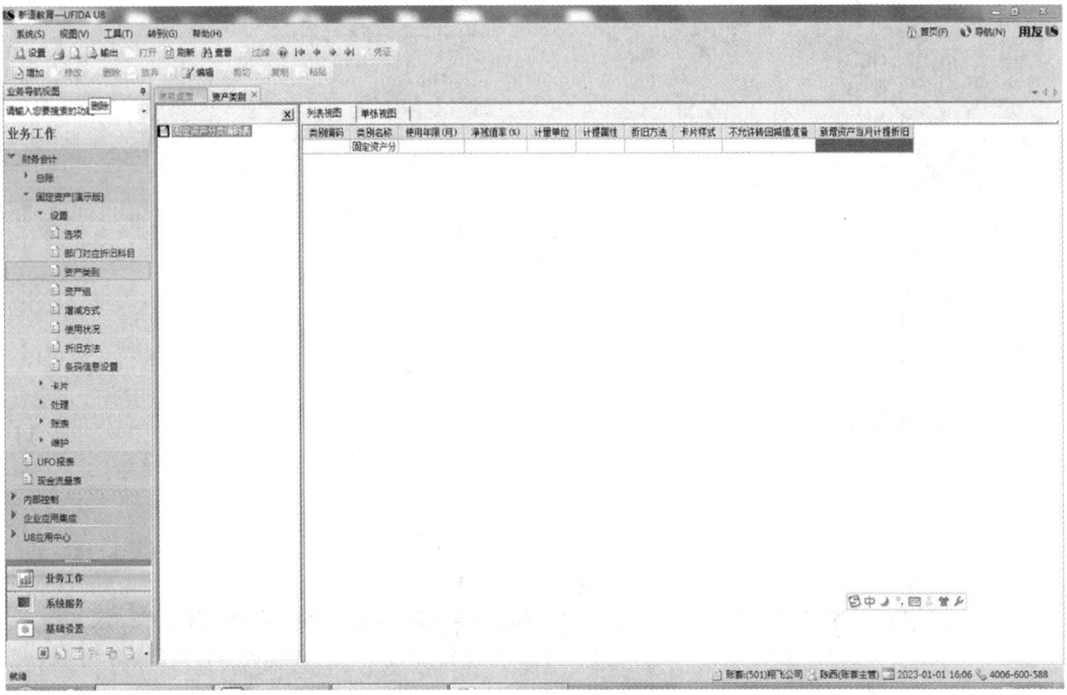

图5-11　类别编码表窗口

（3）在分类目录树中选择要增加资产类别的上一级资产类别，点击工具栏上的〖增加〗按钮，显示该类别的“单张视图”，如图5-12所示。

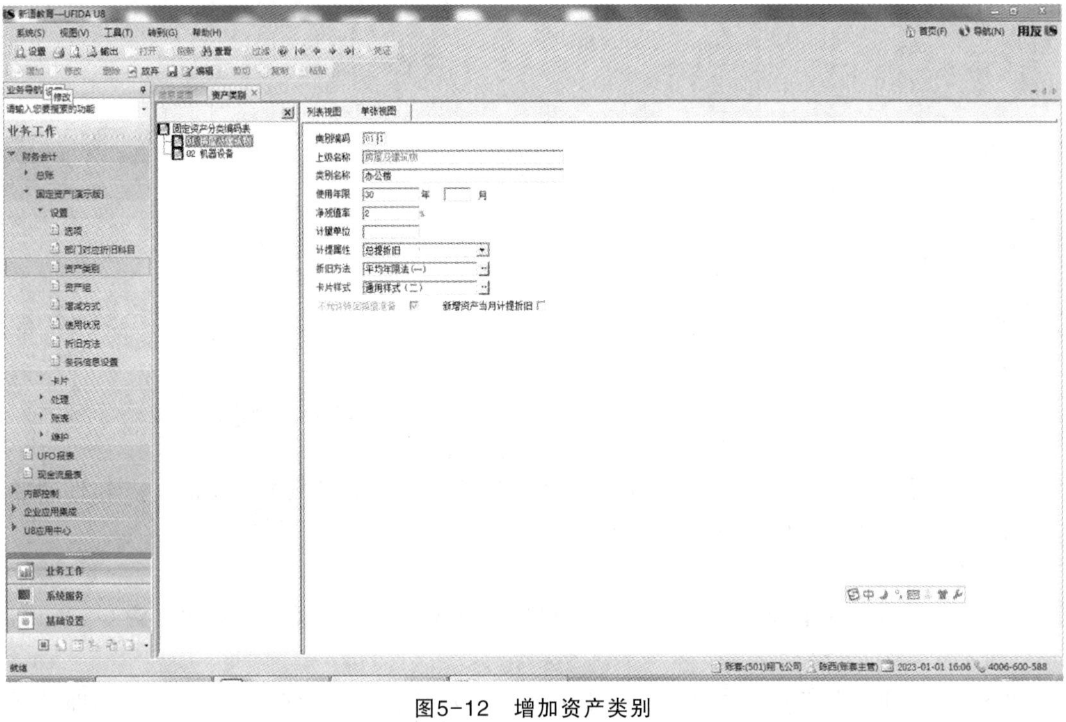

图5-12　增加资产类别

（4）输入类别编码、上级名称、类别名称、使用年限、净残值率、计量单位、计提属性等资产类别信息。

（5）点击〖保存〗按钮保存设置。

栏目说明：

—类别编码：是为了方便记忆和使用，给资产类别所定的一个编号。编号由它的所有上级类别编码和您输入的本级编码共同组成，所有的上级编码已定义好了，在本级自动生成在编码中，不允许修改。

—类别名称：该项资产类别的名称不可与本级资产类别同名。

—使用年限：输入您所定义的资产类别的使用年限，缺省的是继承其上级所设置的使用年限，可修改。

—净残值率：输入您所定义的资产类别的净残值率，缺省的是继承其上级所设置的净残值率，可修改。

—计量单位：输入您所定义的资产类别的计量单位，缺省的是继承其上级所设置的计量单位，可修改。

—计提属性：是系统自动计提折旧时的基本原则，您可以用参照的方式选择。其有三个选项：总提折旧（一般指房屋建筑物类）、总不提折旧（一般指土地类）、正常计提（一般指设备类），每一类别必须选择其中一种情况。

—折旧方法：参照折旧方法集合（包括系统缺省的和自定义的）选择该类别常用的折旧方法。

—卡片样式：从卡片样式目录中选择该资产类别对应的卡片样式，缺省为“通用”，可修改。

操作说明：

—资产类别只有在最新会计期间可以增加，月末结账后则不能增加。

—资产类别编码不能重复，同级的类别名称不能相同。

—类别编码、类别名称、计提属性、卡片样式不能为空。

—其他各项内容的输入可以为空。

—非明细级类别编码不能修改。

—使用过的类别的计提属性不能修改。

—未使用过的明细级类别编码修改时只能修改本级的编码。

—使用过的类别的卡片样式修改后会影响已录入系统的该类别卡片样式，因此非特殊情况不要修改。

—非明细级的资产类别不能删除。

—系统已使用（录入卡片时选用过）的类别不允许删除。

5.设置固定资产增减方式

固定资产的增减方式包括增加方式和减少方式两类。增加的方式主要有直接购买、投资者投入、捐赠、盘盈、在建工程转入、融资租入等。减少的方式主要有出售、盘亏、投资转出、捐赠转出、报废、毁损、融资租出等。

选择【设置】菜单下的【增减方式】子菜单，显示“增减方式”列表，如图5-13所示。

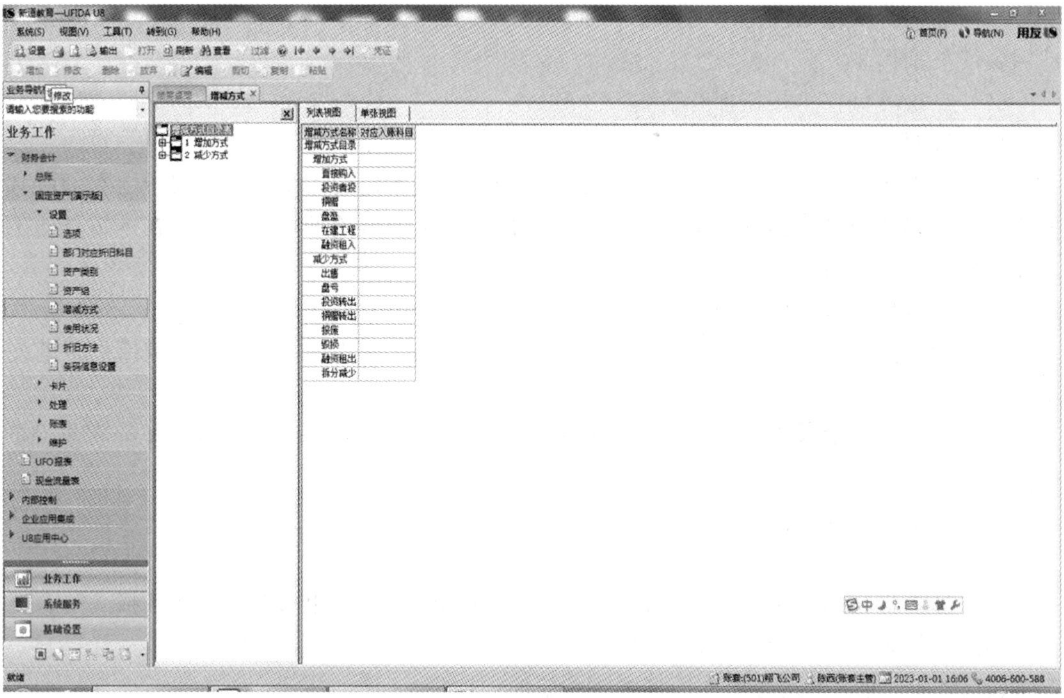

图5-13 增减方式列表

操作步骤：

（1）在左边的目录里选择要设置的增减方式，点击“单张视图”页签，显示单张视图设置界面，如图5-14所示。

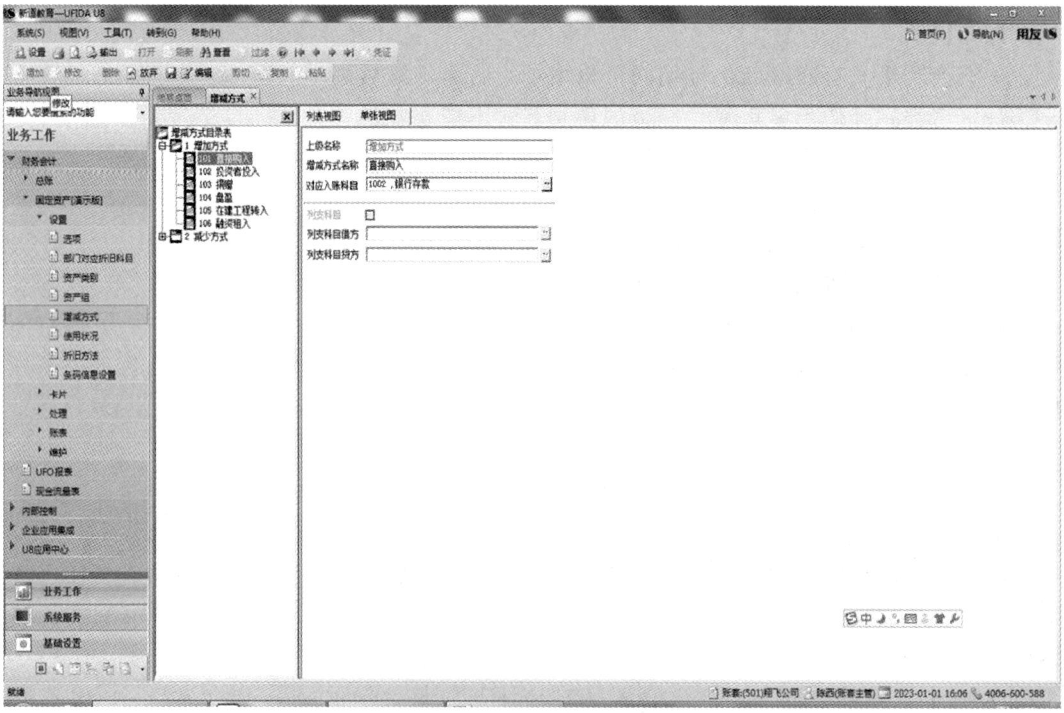

图5-14 单张视图设置界面

（2）输入“增减方式名称”和“对应入账科目”。

操作说明：

—设置的对应入账科目是为了在生成凭证时使用，例如，以购入方式增加资产时该科目可设置为“银行存款”，投资者投入时该科目可设置为“实收资本”，该科目将缺省在贷方；资产减少时，该科目可设置为“固定资产清理”，将缺省在借方。

—非明细级的增减方式不能删除。

—已使用（卡片已选用过）的方式不能删除。

—系统缺省的增减方式中“盘盈”“盘亏”“毁损”不能修改和删除。

6.固定资产使用状况

从固定资产核算和管理的角度，需要明确资产的使用状况，一方面可以正确地计算和计提折旧；另一方面便于统计固定资产的使用情况，提高资产的利用效率。

系统预置的使用状况有：使用中（包括在用、季节性停用、经营性出租、大修理停用）、未使用、不需用。

选择【设置】菜单下的【使用状况】子菜单，进入“使用状况”窗口，如图5-15所示。此处采用默认的系统预置，无须修改。

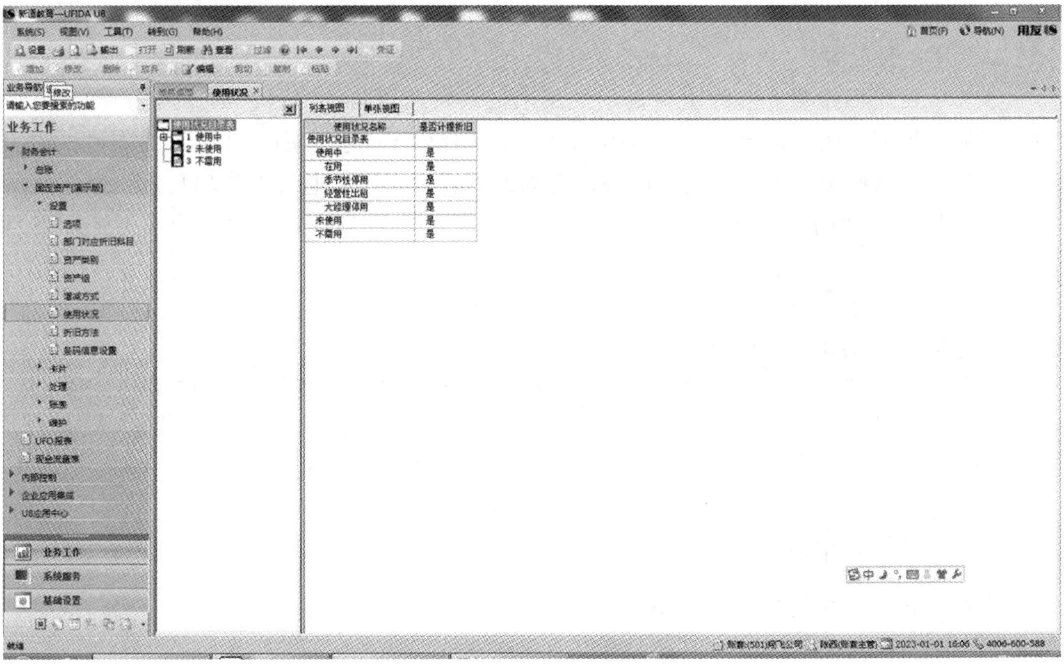

图5-15　固定资产使用状况设置

7.折旧方法调整

折旧方法设置是系统自动计算折旧的基础。系统给出了常用的五种方法：不提折旧、平均年限法、工作量法、年数总和法、双倍余额递减法，并列出了它们的折旧计算公式。这几种方法是系统设置的折旧方法，只能选用，不能删除和修改。如果这几种方法不能满足企业的需要，系统提供了定义功能来定义适合自己的折旧方法的名称和计算公式。本实训采用系统默认方法设置，无须修改。

选择【设置】菜单下的【折旧方法】子菜单，显示“折旧方法”列表视图，如图

5-16所示。此处采用默认的系统预置，无须修改。

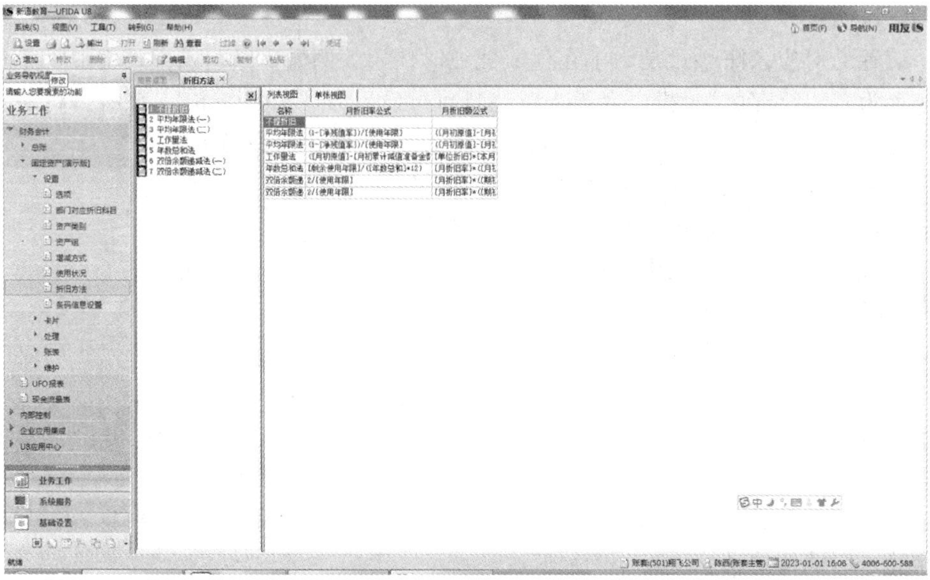

图5-16　折旧方法调整

8.卡片项目设置

卡片项目是固定资产卡片上要显示的用来记录资产资料的栏目，如原值、资产名称、使用年限、折旧方法等是卡片最基本的项目。系统提供了一些常用卡片必需的项目，称为系统项目。当这些项目不能满足资产特殊管理的需要时，可以通过卡片项目定义来定义所需要的项目，增加的定义项目称为自定义项目。系统项目和自定义项目构成卡片项目目录。本实训采用系统默认卡片项目设置，无须修改。

选择【卡片】菜单下的【卡片项目】子菜单，显示“卡片项目定义”界面，如图5-17所示。此处采用默认的系统预置，无须修改。

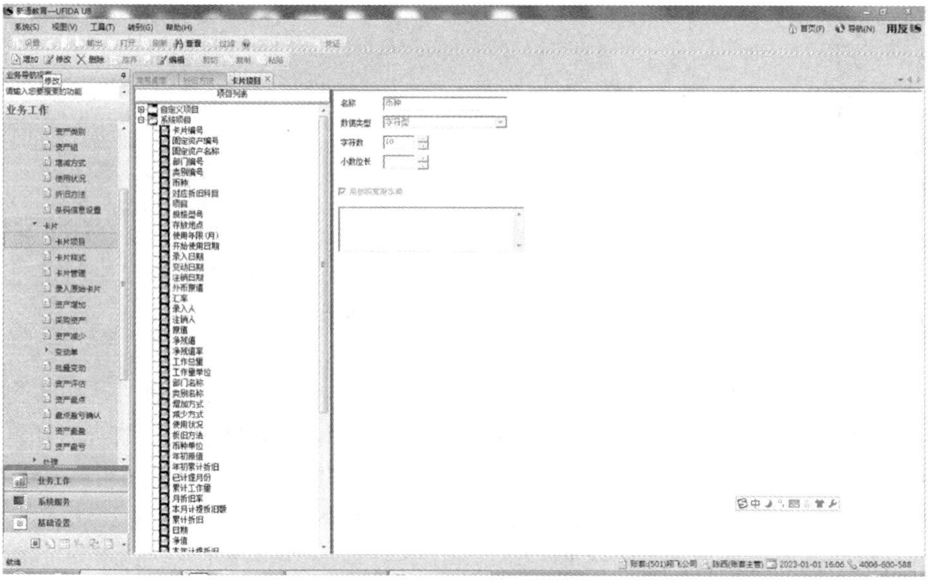

图5-17　卡片项目定义

9.原始卡片录入

原始卡片指卡片所记录的资产的开始使用日期早于固定资产管理系统的启用日期，即已使用过并已计提折旧的固定资产卡片。比如，2023年1月1日启用固定资产管理系统，那么2023年1月1日之前开始使用的固定资产都必须通过录入原始卡片的形式登记到固定资产管理系统中去。在使用固定资产管理系统进行核算前，必须将原始卡片资料录入系统，以保持历史资料的连续性。原始卡片的录入不限制必须在第一个会计期间结账前，任何时候都可以录入原始卡片。鉴于原始资料可能较多，在一个月内不一定能录入完毕，所以本系统原始卡片录入不限于第一个月。也就是说，如果第一个月到月底原始资料没有录入完毕，您可以有两种选择：一种做法是，一直以该月日期登录，直到录入完毕，再进行以下各部分操作；另一种做法是，月底前在没有完成全部原始卡片录入的情况下，继续以下各部分操作，以后各月再陆续进行录入。由于固定资产管理系统和其他系统的制约关系，如果本系统不结账，总账系统就不能结账，所以在特定情况下，必须执行第二种做法。例如，一台电脑是2019年6月1日开始使用，录入系统时是2023年1月1日，则该卡片是原始卡片，该卡片应通过原始卡片录入功能录入系统。

操作步骤：

（1）从【卡片】菜单中选择【录入原始卡片】功能菜单，显示“固定资产类别档案”界面，如图5-18所示。

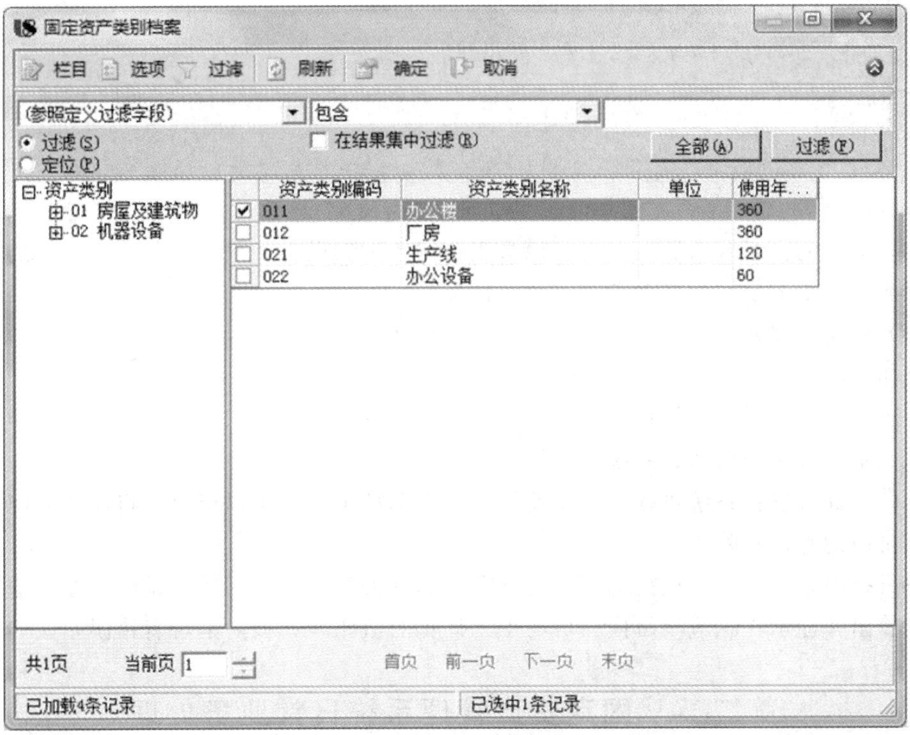

图5-18　“固定资产类别档案”界面

（2）从中选择要录入的卡片所属的资产类别。资产类别较多时，可以使用系统提供的查询方式查找。

先选择资产类别是为了确定卡片的样式。如果在查看一张卡片或刚完成录入一张卡片的情况下，进行录入原始卡片的操作，会直接出现卡片界面，缺省的类别为该卡片的类别。

（3）双击选中的资产类别或点击〖确定〗按钮，显示固定资产卡片录入界面，如图5-19所示，可在此录入或参照选择各项目的内容。

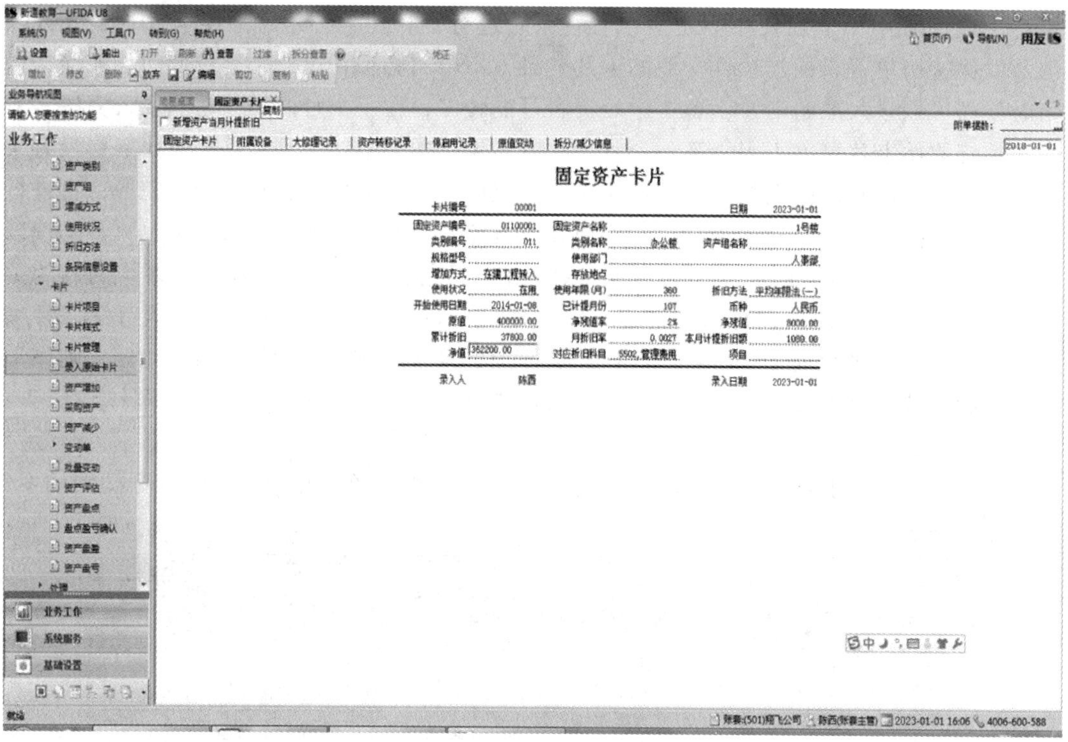

图5-19 “固定资产卡片录入”界面

（4）资产的主卡录入后，单击其他页签，输入附属设备和录入以前卡片发生的各种变动。附属页签上的信息只供参考，不参与计算。

（5）单击〖保存〗按钮后，录入的卡片保存在系统中。

操作说明：

—卡片编号：系统根据初始化时定义的编码方案自动设定，不能修改。如果删除一张卡片，又不是最后一张时，系统将保留空号。

—已计提月份：系统将根据开始使用日期自动算出，但可以修改，将使用期间停用等不计提折旧的月份扣除。

—月折旧率、本月计提折旧额：与计算折旧有关的项目录入后，系统会按照输入的内容自动算出并显示在相应项目内，可与手工计算的值比较，核对是否有错误。

第二节 固定资产管理系统日常业务处理

一、实训目的

通过完成本实训，学生应掌握固定资产管理系统日常业务处理、月末处理的操作流程及操作方法。

二、实训内容

1.固定资产日常业务操作；

2.折旧计提、制单；

3.与总账对账、办理月末结账；

4.账套数据备份。

三、实训准备

引入实训项目第五章第一节的备份数据。

四、实训案例

（一）日常业务

2023年1月发生如下业务：

1.1月5日，计提2023年1月折旧。

2.1月6日，将卡片编号为“00003”的固定资产（A生产线）的使用状况由“在用”修改为“大修理停用”。

3.1月15日，直接购入一台电脑并交付给销售部使用，预计使用年限为5年，原值为12 000元，净残值率为3%，采用“年数总和法”计提折旧。

4.1月23日，根据企业需要，将卡片编号为“00004”的固定资产（B生产线）的折旧方法由“平均年限法”更改为“工作量法”。工作总量为“60 000”小时，累计工作量为“10 000”小时。

5.1月26日，将财务部使用的电脑“00005”号固定资产捐赠给希望工程。

6.完成2023年1月批量制单。

（二）对账与结账

1.账套主管陈西注册进入总账系统，将固定资产管理系统传递过来的凭证进行审核、记账。

2.马东将固定资产管理系统与总账进行对账，对账平衡后办理结账。

五、实训指导

（一）固定资产管理系统日常业务处理

卡片操作：包括卡片录入（包括原始卡片资料和新增资产卡片）、卡片修改、卡片删除、资产减少、卡片查询、卡片打印几部分的操作。

资产变动操作：因为资产发生原值变动、部门转移、使用状况调整、折旧方法调整、累计折旧调整、净残值（率）调整、工作总量调整、使用年限调整、类别调整、计提减值准备、转回减值准备、资产评估，需制作变动单或评估单，该部分主要是制作变动单和评估单的操作。

1.计提本月折旧（业务1）

自动计提折旧是固定资产管理系统的主要功能之一。系统每期计提折旧一次，根据您录入系统的资料自动计算每项资产的折旧，并自动生成折旧分配表，然后制作记账凭证，将本期的折旧费用自动登账。

执行此功能后，系统将自动计提各个资产当期的折旧额，并将当期的折旧额自动累加到累计折旧项目。

操作步骤：

（1）选择【处理】菜单下的【计提本月折旧】子菜单，在系统给出的提示中选择〖是（Y）〗，系统就会开始计提本月折旧。

（2）计提折旧工作完成后可直接查看折旧清单。

2.卡片管理（业务2）

资产在使用过程中，使用状况发生的变化，通过使用状况变动单功能实现。

选择【卡片—变动单—使用状况调整】，进入固定资产变动单使用状况调整窗口，如图5-20所示。选择卡片编号，修改变动后使用状况。

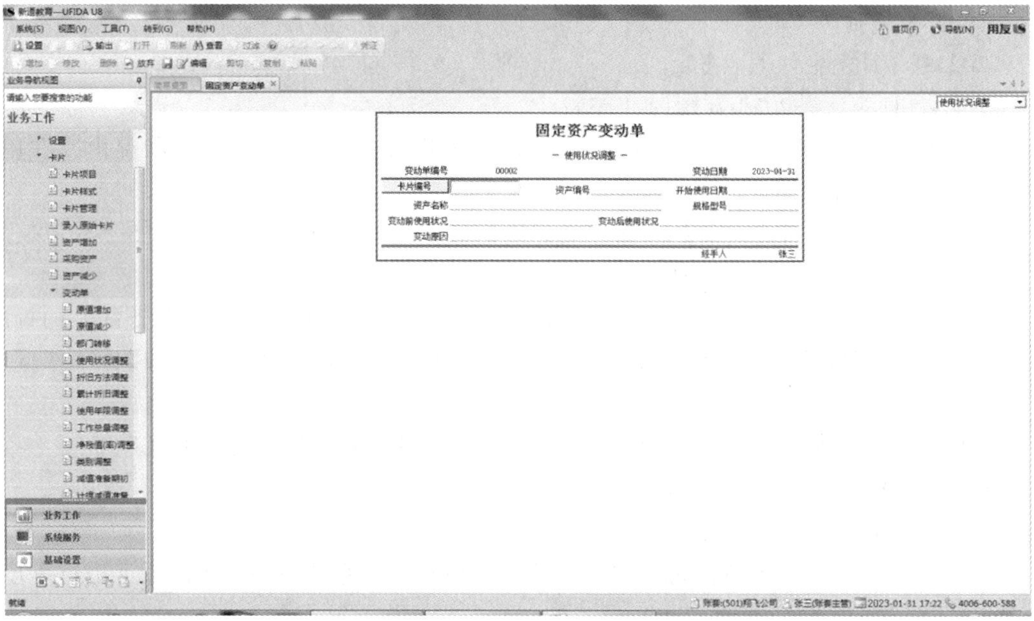

图5-20　固定资产变动单使用状况调整窗口

操作说明：

—原始卡片的原值、使用部门、工作总量、使用状况、累计折旧、净残值（率）、折旧方法、使用年限、资产类别在没有制作变动单或评估单的情况下，在录入当月可修改。如果制作过变动单，只有删除变动单后才能修改。

—通过资产增加录入系统的卡片在没有制作过凭证和变动单、评估单的情况下，录入当月可修改；如果制作过变动单，只有删除变动单后才能修改。如果已制作凭证，要修改原值或累计折旧，必须删除凭证后才能修改。

—原值、使用部门、使用状况、累计折旧、净残值（率）、折旧方法、使用年限、资产类别各项目在做过一次月末结账后，只能通过变动单或评估单调整，不能通过卡片修改功能进行修改。

3.资产增加（业务3）

资产增加操作也称为“新卡片录入”，是与“原始卡片录入”相对应的。

在日常使用过程中，可能会购进或通过其他方式增加企业资产，该部分资产通过“资产增加”操作录入系统。资产通过哪种方式录入，取决于资产的开始使用日期，只有当开始使用日期的期间与录入的期间相等时，才能通过“资产增加”录入。

例如：某单位新购入了一台电脑，2023年1月15日开始使用，录入系统时是2023年1月15日，则该卡片只能通过“资产增加”录入。

操作步骤：

（1）选择【卡片】菜单下的【资产增加】，首先进入资产类别选择界面。

（2）选择要录入的卡片所属的资产类别，点击〖确认〗按钮，进入新增资产卡片录入窗口，如图5-21所示。

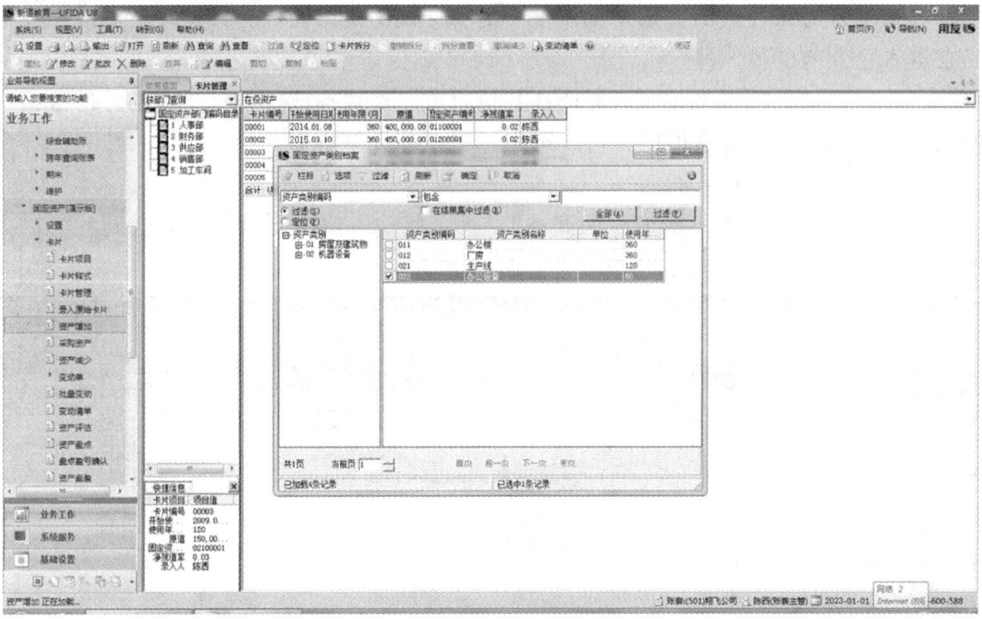

图5-21　资产增加

（3）录入或参照选择各项目的内容。资产增加录入日期不能修改，如图5-22所示。

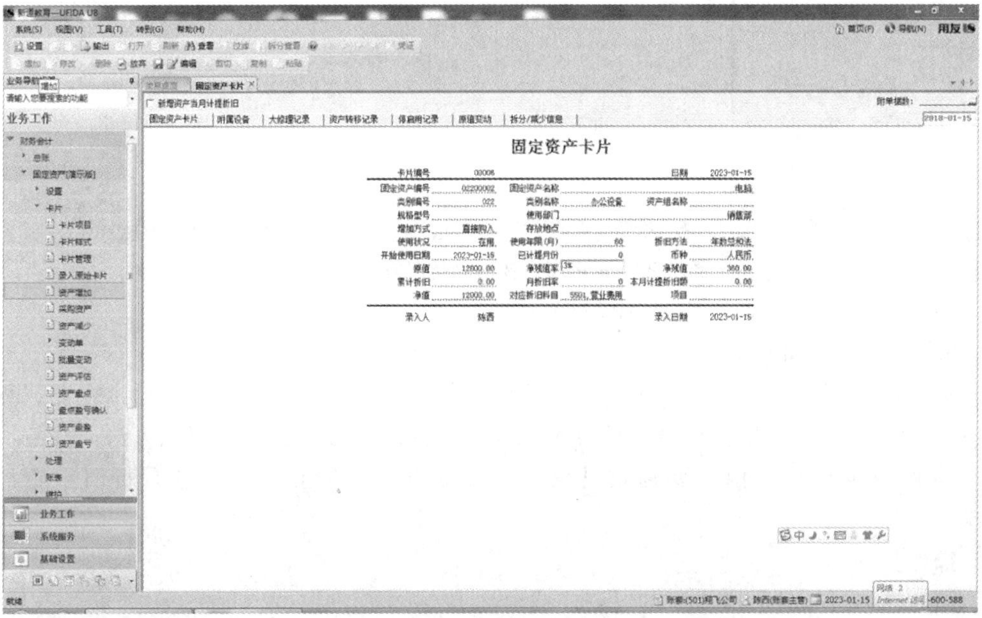

图5-22　新增资产卡片录入

（4）资产的主卡录入后，单击其他选项卡，输入附属设备及其他信息。附属页签上的信息只供参考，不参与计算。

（5）点击〖保存〗按钮，保存录入的卡片。

操作说明：

—新卡片第一个月不提折旧，折旧额为空或零。

—原值录入的一定要是卡片录入月月初的价值，否则将会出现计算错误。

—如果录入的累计折旧、累计工作量不是零，说明是旧资产，该累计折旧或累计工作量是在进入企业前的值。

—已计提月份必须严格按照该资产在其他单位已经计提或估计已计提的月份数，不包括使用期间停用等不计提折旧的月份，否则不能正确计算折旧。

4.折旧方法变动（业务4）

选择【卡片—变动单—折旧方法调整】，进入固定资产变动单折旧方法调整窗口，如图5-23所示。选择卡片编号，修改变动后折旧方法。

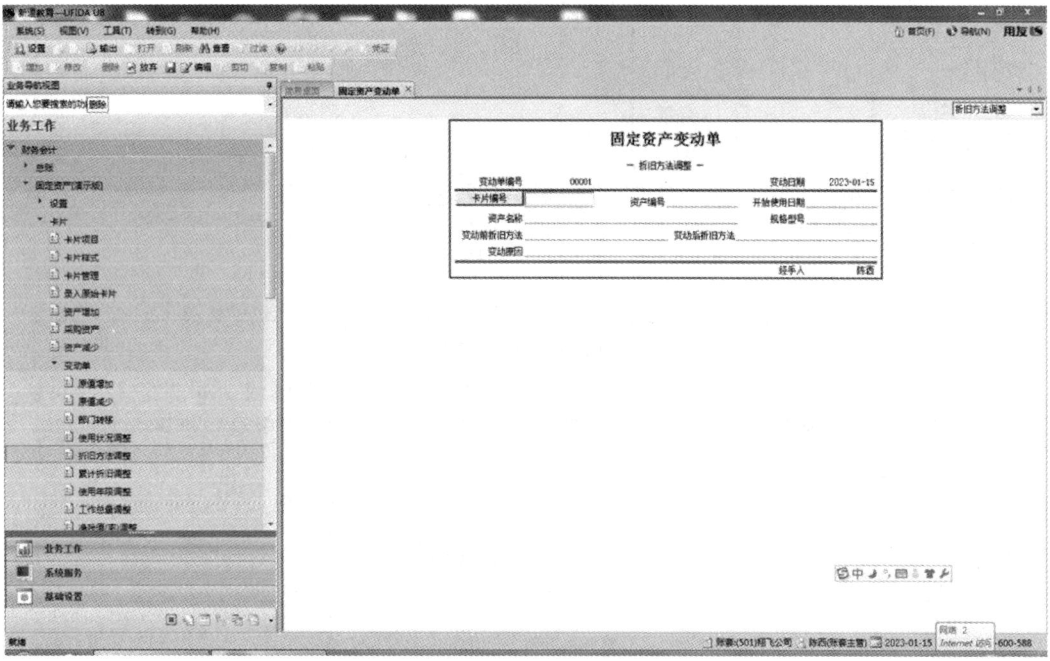

图5-23 固定资产变动单折旧方法调整窗口

输入工作量等相关信息，如图5-24所示。

5.资产减少（业务5）

资产在使用过程中，总会由于各种原因（如毁损、出售、盘亏等）退出企业，称为“资产减少”。系统提供资产减少的批量操作，为同时清理一批资产提供方法。注意，在进行资产减少操作之前，要通过【处理—计提本月折旧】操作将本月折旧重新计提一次。

操作步骤：

（1）选择【卡片】菜单下的【资产减少】。

（2）选择要减少的资产，如图5-25所示。

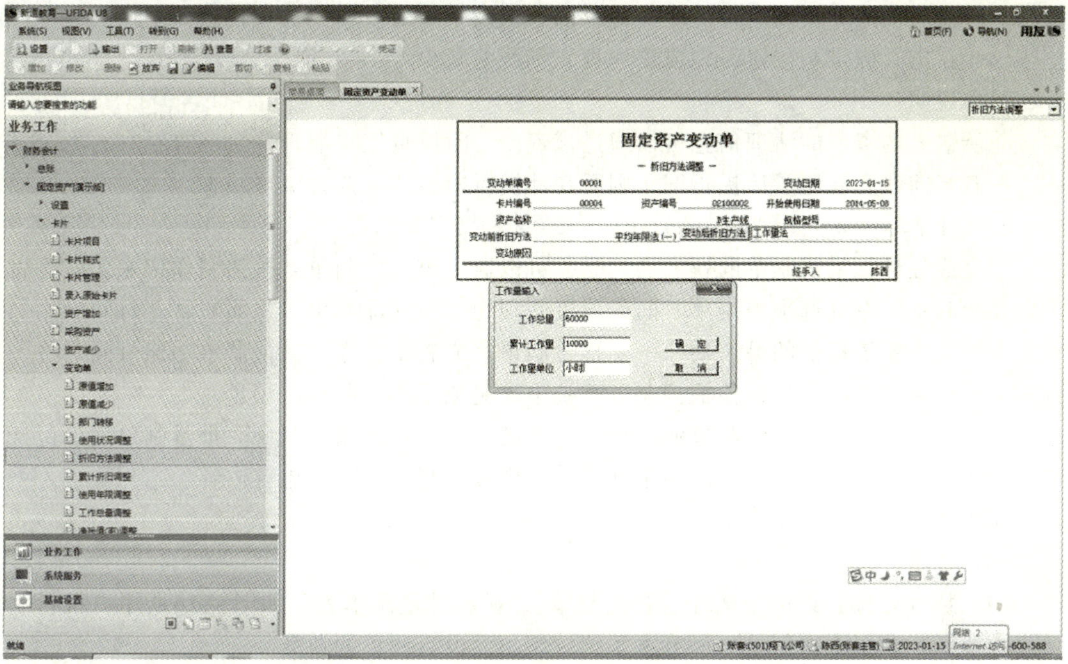

图5-24　输入工作量

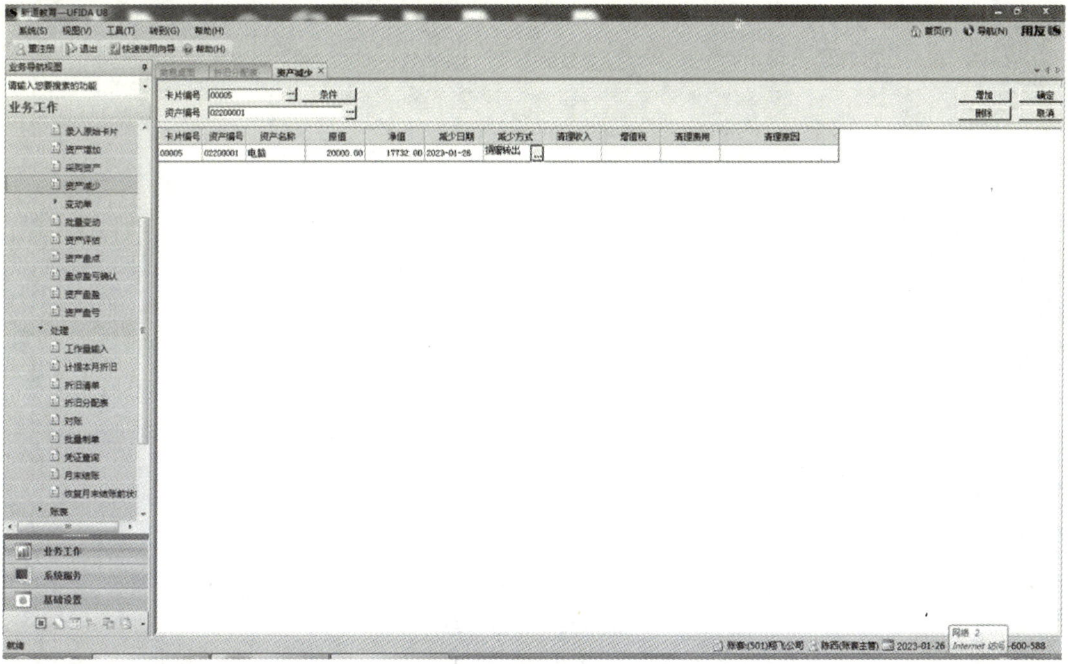

图5-25　资产减少

如果要减少的资产较少或没有共同点，则通过输入资产编号或卡片编号，然后单击〖增加〗按钮，将资产添加到资产减少表中。

如果要减少的资产较多并且有共同点，则可通过【条件】功能，将符合该条件集合的资产挑选出来进行减少操作。

（3）在表内输入资产减少的信息：减少日期、减少方式、清理收入、清理费用、清理原因。若清理收入和费用尚不清楚，可以以后在该卡片附表的“清理信息”中输入。

（4）点击〖确定〗按钮，完成该（批）资产的减少。

操作说明：

—所输入的资产的清理信息可以通过该资产的附属页签“清理信息”查看。

—若当前账套设置了计提折旧，则需在计提折旧后才可执行资产减少。

6.批量制单（业务6）

在完成任何一笔需制单的业务的同时，可以通过单击〖制单〗按钮制作记账凭证，也可以在当时不制单（选项中制单时间的设置必须为“不立即制单”）而在某一时间（比如月底）利用本系统提供的另一功能——批量制单完成制单工作。批量制单功能可同时将一批需制单业务连续制作凭证传输到账务系统中，避免了多次制单的烦琐。

凡是业务发生当时没有制单的，该业务自动排列在批量制单表中。批量制单表中包括制单业务的发生日期、类型、原始单据号、发生额及制单选择标志等内容。

制单操作由2号操作员来完成。

操作步骤：

（1）从【处理】菜单中选择【批量制单】，显示批量制单表，如图5-26所示。批量制单表中显示了直至本次制单，所有本系统应制单而没有制单的业务。

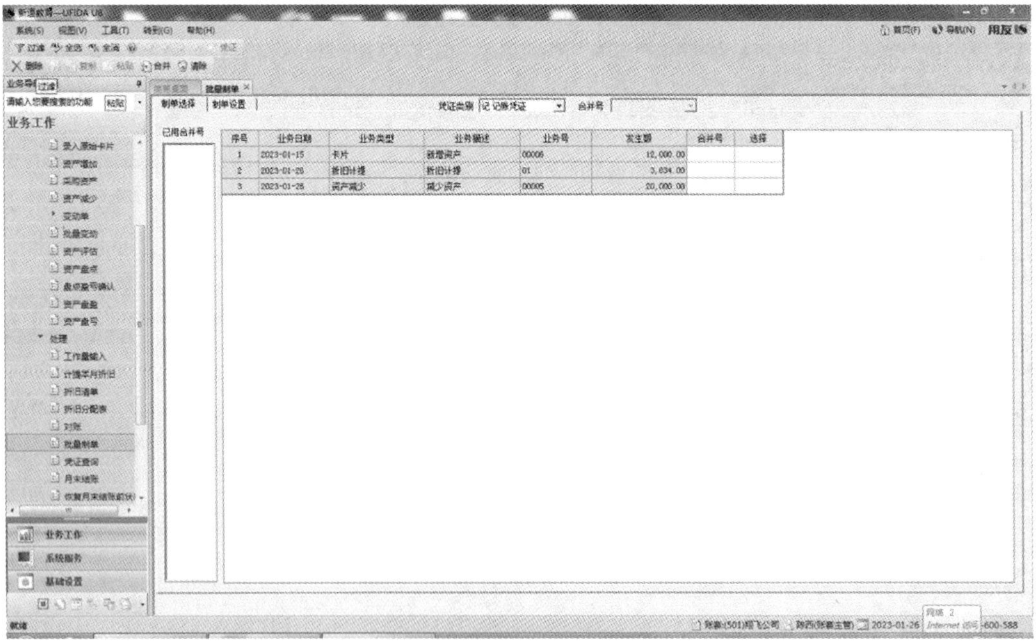

图5-26　批量制单

（2）点击“制单选择”选项卡，在列表中选中需要制单的记录，使“制单”一栏中显示“Y”标记。

（3）用户可进行汇总制单。合同号相同的记录可汇总制作成一张单据。

（4）点击“制单设置”选项卡，根据实际情况和需要进行选择。

（5）点击〖凭证〗按钮，系统将根据设置进行批量制单或汇总制单，如图5-27所示。

（6）点击〖保存〗或〖成批保存凭证〗按钮，如图5-28所示。

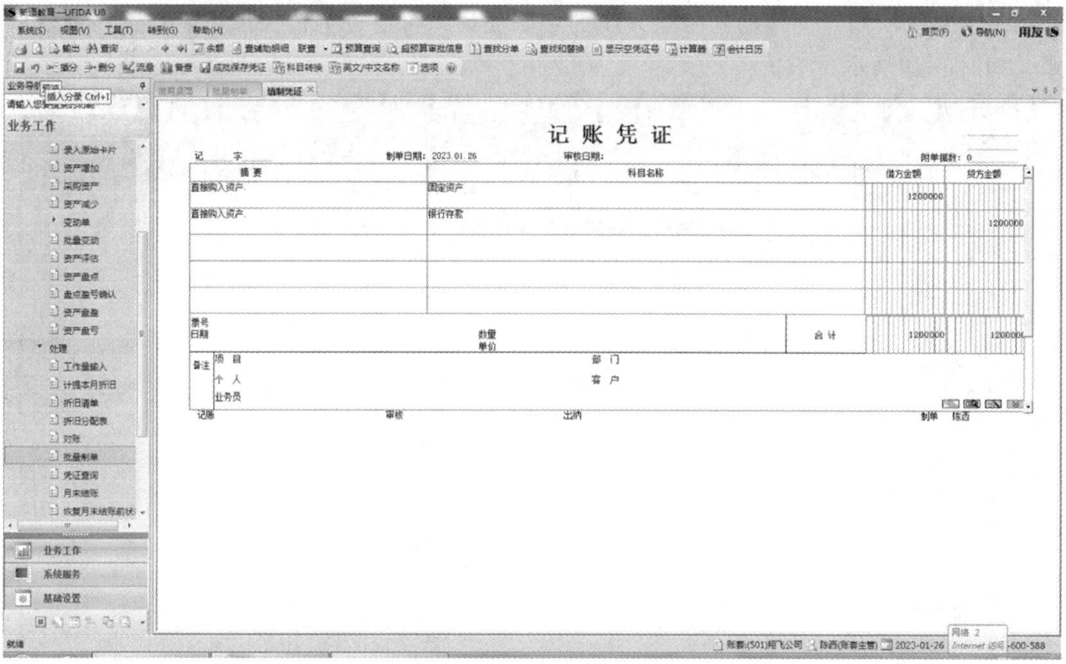

图5-27　生成记账凭证

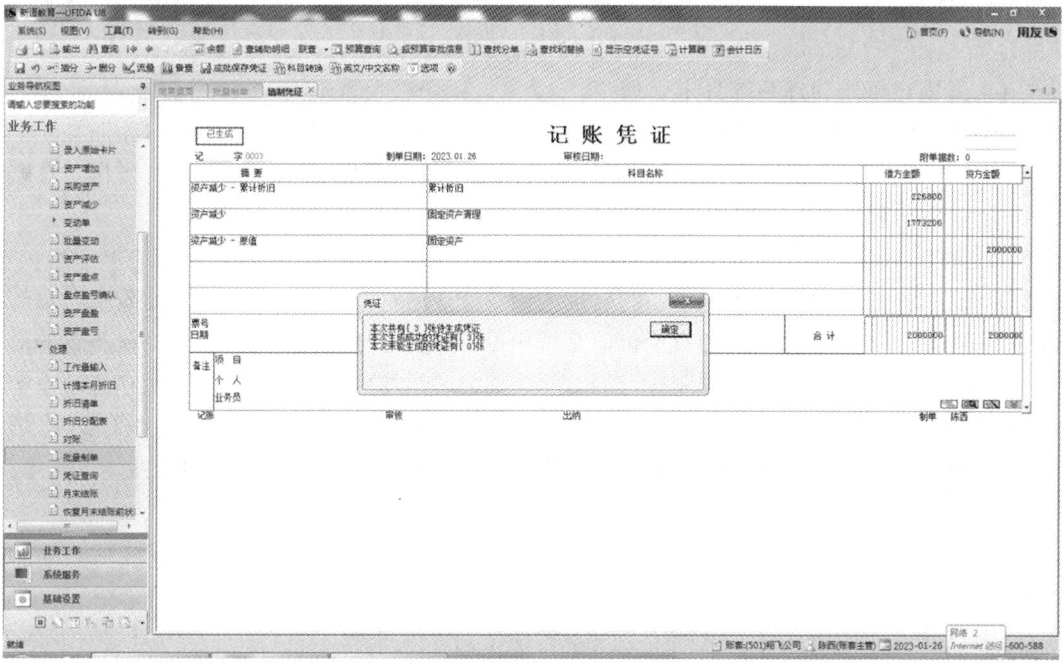

图5-28　保存凭证

操作说明：

—如某业务在其他系统已制单或发生其他情况不应制单，可选中该行后单击〖删除〗按钮，将该业务从表中删除。

—如果在选项中选择了“应制单业务没有制单不允许结账”，则只要本表中有记录，该月不能结账。

—本系统所制作的传输到总账系统的记账凭证，可通过审核凭证功能查看并审核记账，如图5-29所示。

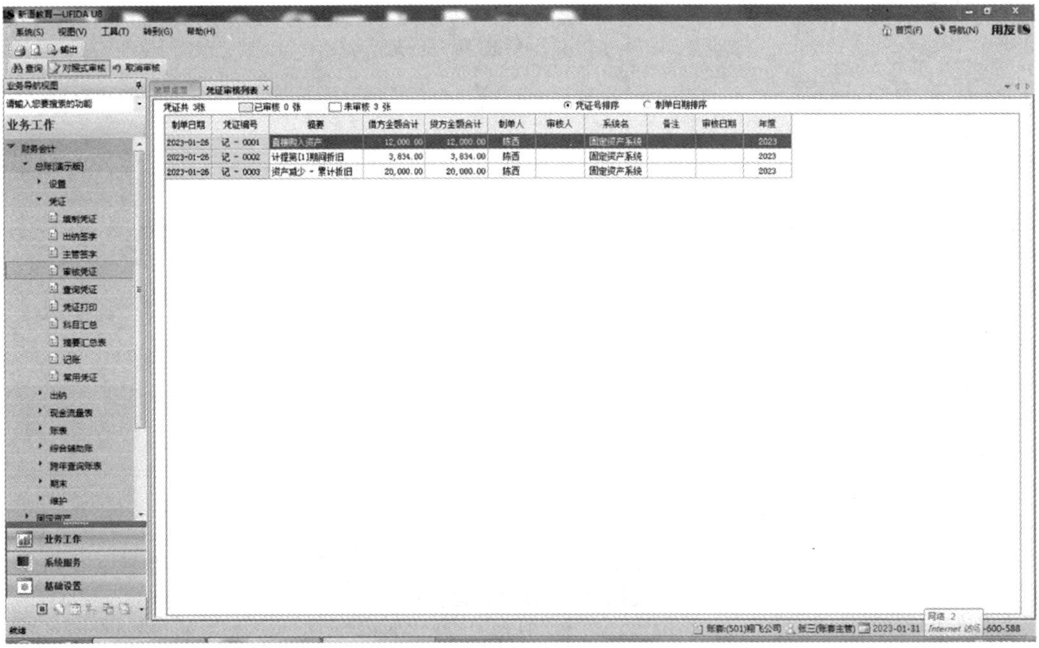

图5-29　凭证审核

（二）固定资产管理系统月末处理

固定资产管理系统的月末处理包括对账和结账处理，在批量制单中生成的凭证必须全部由相应人员在总账系统中进行了凭证的处理流程并登记入账后才能进行对账操作。总账系统的凭证处理请参考实训项目第二章第一节的操作指导，这里不再赘述。

1.对账

系统在运行过程中，应保证本系统管理的固定资产的价值和总账系统中固定资产科目的数值相等，而要核对两个系统的资产价值是否相等，是通过执行固定资产管理系统提供的对账功能来实现的。对账操作不限制执行的时间，任何时候均可进行对账。固定资产管理系统在执行月末结账时自动对账一次，给出对账结果，并根据初始化或选项中的判断确定不平情况下是否允许结账。只有系统初始化或选项中选择了与账务对账，才可进行对账操作。

操作步骤：

（1）在【处理】菜单中选择【对账】，弹出“与财务对账结果”提示对话框，如图5-30所示。

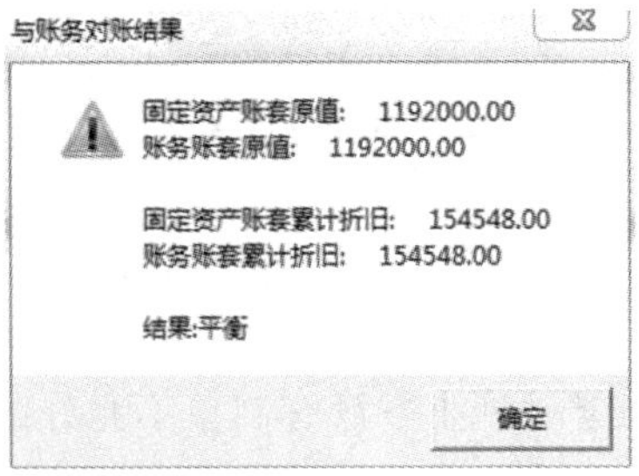

图5-30　对账

（2）单击〖确定〗按钮。

2.结账

对账结果正确后，可以进行结账操作。月末结账每月进行一次，结账后当期的数据不能修改。12月底结账时系统要求完成本年应制单业务，也就是说必须保证批量制单表是空的才能结账。

在【处理】菜单中选择【月末结账】，系统自动进行一系列的处理，直至结账完成。结账完成后，系统会提示您系统的可操作日期已转成下一期间的日期，只有以下一期间的日期登录，才可对账套进行操作。

3.恢复月末结账前状态

恢复月末结账前状态，又称“反结账”，是系统提供的一个纠错功能。如果由于某种原因在结账后发现结账前的操作有误，而结账后不能修改结账前的数据，因此可使用此功能恢复到结账前状态去修改错误。

以要恢复的月份登录，如要恢复到1月底，则以1月份登录。

在【工具】菜单中单击【恢复月末结账前状态】，屏幕显示提示信息，提醒要恢复到的日期，单击“是”，系统即执行本操作，完成后自动以原登录日期打开，并提示该日期是否是可操作日期。

（三）数据备份

退出企业门户，在系统管理中用第一章第一节中所描述的方法将账套输出保存。

第六章

购销存管理系统

第一节　采购与应付款管理系统

一、实训目的

通过完成本实训，学生应掌握采购与应付款管理系统初始化、日常业务处理及月末处理的操作，理解采购管理、应付款管理、总账系统间的数据传递关系。

二、实训内容

1.建账及初始设置；

2.采购业务处理；

3.应付及付款业务处理；

4.采购及应付款管理系统月末处理；

5.账套数据备份。

三、实训准备

1.已正确安装用友U8V10.1软件；

2.正确设置相应的系统日期。

四、实训案例

（一）建账及初始设置

1.操作员及权限（见表6-1）

表6-1　**操作员及权限**

操作员编码	操作员姓名	口令	权　限
A1	莫南	1	账套主管
A2	王小芳	2	公用目录设置、应付款管理系统
A3	张扬	3	公用目录设置、采购管理系统

2.建账资料

账套号：7+后两位学号；账套名称：南丰股份有限公司；启用日期：2023年1月1日。

单位名称：南丰股份有限公司；单位简称：南丰公司；税号：321765617165653。

企业类型：工业；行业性质：新会计制度科目；账套主管：莫南；按行业性质预置会计科目。

存货分类核算；分类编码方案均按默认值。

建账完毕时，在2023年1月1日启用总账、采购与应付款管理系统。

3.部门档案（见表6-2，以下由莫南操作）

表6-2 部门档案

部门编码	部门名称
1	办公室
2	财务部
3	市场部

4.职员档案（见表6-3）

表6-3 职员档案

职员编码	职员姓名	所属部门
101	周军	办公室
201	莫南	财务部
202	王小芳	财务部
301	张扬	市场部

5.供应商档案（见表6-4）

表6-4 供应商档案

供应商编号	供应商简称	税号	开户银行	银行账号
001	北魏公司	12311231345345	工商银行	987456
002	东吴公司	12355653123321	工商银行	654123

6.存货分类（见表6-5）

表6-5 存货分类

存货分类编码	存货分类名称
01	原材料
02	产成品

7.计量单位（见表6-6）

表6-6 计量单位

单位组编码	计量单位组别	单位编码	单位名称	计量单位组类别
01	基本计量	01	吨	无换算
01	基本计量	02	件	无换算
01	基本计量	03	台	无换算

8.存货档案（见表6-7）

表6-7 **存货档案**

存货编码	存货名称	主计量单位	存货分类	存货属性
001	A材料	吨	01	外购、生产耗用
002	B材料	件	01	外购、生产耗用
003	运费	吨	01	应税劳务
201	甲产品	台	02	自制、销售
202	乙产品	台	02	自制、销售

9.需修改的会计科目（见表6-8）

表6-8 **需修改的会计科目**

科目编码	科目名称	核算账类	受控系统
1002	银行存款	银行科目	
1131	应收账款	客户往来	应收系统
1151	预付账款	供应商往来	应付系统
2121	应付账款	供应商往来	应付系统
2131	预收账款	客户往来	应收系统

10.凭证类别

凭证类别为记账凭证。

11.结算方式（见表6-9）

表6-9 **结算方式**

结算方式编码	结算方式名称	票据管理标志
1	现金	否
2	支票	是
3	银行汇票	否
4	汇兑	否

12.仓库档案（见表6-10）

表6-10 **仓库档案**

仓库编码	仓库名称	计价方式
1	原材料库	全月平均法
2	产成品库	全月平均法

13.收发类别（见表6-11）

表6-11 收发类别

类别编码	类别名称	收发标志
1	入库	收
11	采购入库	收
12	其他入库	收
2	出库	发
21	销售出库	发
22	其他出库	发

14.采购类别（见表6-12）

表6-12 采购类别

采购类型编码	采购类型名称	入库类别	是否默认值
01	普通采购	采购入库	是

15.采购管理系统初始设置

采购选项：普通业务必有订单。

录入期初采购入库单：2022年12月28日，收到北魏公司发来的A材料5吨，单价3 200元/吨，已验收入原材料库，尚未收到专用发票。

进行采购期初记账。

16.应付款管理系统初始设置

选项设置：不根据信用额度自动报警。

基本科目设置：应付科目为2121，预付科目为1151，采购科目为1201，税金科目为21710101。

结算方式科目设置：现金结算对应1001，支票结算、汇票结算、其他结算对应1002。

录入期初采购专用发票：2022年12月30日，从东吴公司购进B材料600件，单价75元/件，计45 000元，增值税税额5 850元，共计50 850元，材料未收到。

（二）日常业务处理

南丰公司2023年1月份发生下列经济业务：

1.1月3日，收到东吴公司发来B材料600件，验收入原材料仓库。部门：市场部；业务员：张扬；入库类型：采购入库。

操作向导：进入采购管理系统，由张扬开到货单，莫南开入库单。

2.1月3日，收到北魏公司2022年12月28日发来A材料的专用发票，A材料5吨，单价3 200元/吨，增值税税额2 080元，共计18 080元。

操作向导：由张扬在采购管理系统开出专用采购发票，并办理结算；由王小芳在应付款管理系统审核应付单据并进行发票制单。

3.1月4日，以汇兑方式清偿东吴公司货款50 850元。

操作向导：由王小芳在应付款管理系统录入付款单据，审核后制单并进行核销操作。

4.1月6日，向北魏公司订购A材料8吨，单价3 150元/吨。

操作向导：由张扬在采购管理系统录入采购订单并审核。

5.1月6日，开出银行汇票，支付北魏公司2022年12月28日的货款18 080元。

操作向导：由王小芳在应付款管理系统录入付款单据，审核后制单并进行核销操作。

6.1月6日，市场部张扬向西湖公司（税号：565616105165323；开户银行：工商银行；账号：123456）订购B材料200件，单价75元/件。

操作向导：由张扬在采购管理系统为西湖公司增加供应商档案，录入采购订单并审核。

7.1月9日，向西湖公司购进的B材料到货入库，并收到专用发票，当即开出1230号转账支票付清货款。部门：市场部；业务员：张扬；入库类型：采购入库。

操作向导：进入采购管理系统，由张扬开到货单，莫南开入库单；张扬开专用发票，保存后进行现付处理，现付完成后进行结算；由王小芳在应付款管理系统审核应付单据并进行现结制单。

8.1月9日，收到北魏公司发来的A材料8吨，验收入原材料库。部门：市场部；业务员：张扬；入库类型：采购入库。

操作向导：进入采购管理系统，由张扬开到货单，莫南开入库单。

9.1月10日，收到北魏公司专用发票，A材料8吨，单价3 150元/吨，计25 200元，增值税3 276元，共计28 476元。另附运费发票一张，运费800元，运费需计入B材料成本。

操作向导：由张扬在采购管理系统开专用采购发票及运费发票，并办理手工结算；由王小芳在应付款管理系统审核应付单据并进行发票制单。

10.1月12日，市场部张扬向东吴公司订购B材料500件，单价73元/件，并开出银行汇票预付货款30 000元。

操作向导：由张扬在采购管理系统录入采购订单并审核；由王小芳在应付款管理系统录入付款单（款项类型选择预付款），审核后制单。

11.1月16日，汇给北魏公司1月6日采购货款29 276元。

操作向导：由王小芳在应付款管理系统录入付款单据，审核后制单并进行核销操作。

12.1月17日，12日向东吴公司订购的B材料500件已到货并验收入库。部门：市场部；业务员：张扬；入库类型：采购入库。

操作向导：进入采购管理系统，由张扬开到货单，莫南开入库单。

13.1月18日，收到东吴公司专用发票，货款36 500元，增值税税款4 745元，共计41 245元。

操作向导：由张扬在采购管理系统开专用采购发票，并办理结算；由王小芳在应付款管理系统审核应付单据并进行发票制单。

14.1月19日，市场部张扬向北魏公司订购A材料10吨，单价3 100元/吨。

操作向导：由张扬在采购管理系统录入采购订单并审核。

15.1月20日，汇出东吴公司货款11 245元，以预付款30 000元冲应付款。

操作向导：由王小芳在应付款管理系统录入付款单据，审核后制单，然后进行预付冲应付转账操作及核销操作。

16.1月23日，北魏公司发来A材料10吨，验收入原材料库。部门：市场部；业务员：张扬；入库类型：采购入库。

操作向导：进入采购管理系统，由张扬开到货单，莫南开入库单。

17.1月24日，收到北魏公司专用发票，货款31 000元，税款4 030元，共计35 030元。

操作向导：由张扬在采购管理系统开专用采购发票，并办理结算；由王小芳在应付款管理系统审核应付单据并进行发票制单。

（三）月末处理

1.张扬进行采购管理系统月末结账。

2.王小芳进行应付款管理系统月末结账。

3.莫南对从应付款管理系统传递到总账系统的凭证进行审核、记账，对账后进行结账。

4.将账套数据输出并保存起来，作为下节实训的准备资料。

五、实训指导

在开始使用采购管理系统与应付款管理系统之前，我们要先建立新的账套，然后进行必要的初始公共设置，包括操作员及权限的处理、部门及职员档案的建立、供应商档案的录入、存货分类设置、计量单位设置（先添加分组，再添加计量单位）、存货档案的录入、会计科目设置、凭证类别设置、结算方式设置、仓库档案录入、收发类别和采购类别的设置等，有关的设置操作请参考实训项目第二章第一节中的相关内容，这里不再赘述。

采购管理及应付款管理系统的基本操作流程包括采购系统及应付款管理系统的应用准备工作、日常业务处理和期末处理三个部分，采购管理系统、应付款管理系统和总账系统的关系如图6-1所示。

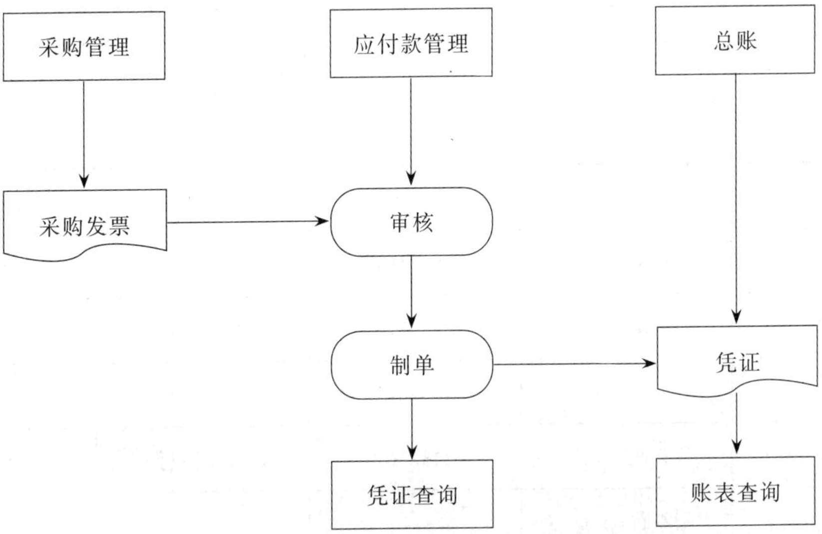

图6-1　采购管理系统、应付款管理系统和总账系统的关系

第二节　销售与应收款管理系统

一、实训目的

通过完成本实训，学生应掌握销售与应收款管理系统初始化、日常业务处理及月末处理的操作，理解销售管理、应收款管理、总账系统之间的数据传递关系。

二、实训内容

1.销售与应收款管理系统建账及初始设置；

2.销售业务处理；

3.应收及收款业务处理；

4.销售及应收款管理系统月末处理；

5.账套数据备份。

三、实训准备

引入实训项目第六章第一节完成后的账套备份数据。

四、实训案例

（一）初始资料设置

1.系统启用。

账套主管莫南注册进入企业门户，在基本信息的系统启用功能中，以2023年2月1日启用应收款管理系统和销售管理系统。

2.操作员权限见表6-13。

表6-13　**操作员权限**

操作员编码	操作员姓名	口　令	权　　限
A2	王小芳	2	应收款管理系统
A3	张扬	3	销售管理系统

3.客户档案见表6-14。

表6-14　**客户档案**

客户编号	客户简称	税　号	开户银行	银行账号
001	青龙公司	5656161	工商银行	2222
002	白虎公司	5165323	工商银行	3333
003	朱雀公司	3653212	工商银行	4444
004	玄武公司	2432161	工商银行	5555
005	零售			

注：分管部门为市场部，专营业务员均为张扬。

4.销售类型见表6-15。

表6-15　**销售类型**

销售类型编码	销售类型名称	出库类别	是否默认值
1	批发	销售出库	是
2	零售	销售出库	否
3	委托代销	其他出库	否

5.费用项目见表6-16。

表6-16　**费用项目**

费用项目编码	费用项目名称
1	代垫费用

6.本企业开户银行：中国工商银行，账号为336688。

7.销售管理系统初始设置。

录入期初发货单：2022年12月28日，市场部张扬向青龙公司出售甲产品20台，单价3 000元/台。

8.应收款管理系统初始设置。

选项设置：坏账处理方式选择应收余额百分比法；不根据信用额度自动报警。

基本科目设置：应收科目为1131，预收科目为2131，销售收入科目为5101，税金科目为21710105。

结算方式科目设置：现金结算对应1001，支票结算、汇票结算、汇兑结算对应1002。

坏账准备设置：提取比率为0.5%，坏账准备期初余额为零，坏账准备科目为1141，对方科目为5502。

账龄区间设置：1～30，31～60，61～90，91～180，181～360，361以上。

（二）日常业务处理

南丰公司2023年2月份发生下列经济业务：

1.2月3日，开出上月末销售给青龙公司20台甲产品的销售专用发票。

操作向导：张扬在销售管理系统开出销售专用发票并复核；王小芳在应收款管理系统审核销售专用发票并制单。

2.2月3日，客户白虎公司欲购乙产品30台，向市场部询问乙产品价格情况，张扬报价2 250元/台（不含税）。白虎公司订购30台，并要求2023年2月6日发货，经协商每台价格为2 200元/台（不含税，下同）。

操作向导：张扬登录销售管理系统，填制销售报价单并审核，填制销售订单并审核。

3.2月6日，从产成品库发出白虎公司订购的乙产品30台，参照销售订单生成发货单并审核。另代垫运费1 000元，开出2136号转账支票付讫。

操作向导：张扬开出并审核发货单，开出并审核代垫运费单；王小芳进入应收款管理系统审核应收单并立即制单，贷方科目为银行存款。

4.2月7日，根据销售给白虎公司30台乙产品的发货单开销售专用发票并进行审核。

操作向导：张扬在销售管理系统开出销售专用发票并复核；王小芳在应收款管理系统审核销售专用发票并制单。

5. 2月8日，朱雀公司订购甲产品10台，单价2 950元/台，乙产品20台，单价2 250元/台，要求2月13日发货。

操作向导：张扬在销售管理系统填制销售订单并审核。

6. 2月9日，收到朱雀公司汇来预付款50 000元。

操作向导：王小芳在应收款管理系统录入收款单，审核后立即制单。

7. 2月10日，与玄武公司签订协议，委托玄武公司代销乙产品，从产成品库发出20台。

操作向导：张扬在销售管理系统开出委托代销发货单。

8.2月13日，根据约定向朱雀公司发出甲产品10台、乙产品20台，代垫运费1 500元，以现金付讫。

操作向导：张扬开出并审核发货单，开出并审核代垫运费单；王小芳进入应收款管理系统审核应收单并立即制单。

9.2月14日，开出销售给朱雀公司甲产品和乙产品的销售专用发票并审核。

操作向导：张扬在销售管理系统开出销售专用发票并复核；王小芳在应收款管理系统审核销售专用发票并制单。

10.2月15日，收到青龙公司汇来货款67 800元。

操作向导：王小芳在应收款管理系统填制收款单，审核后制单并进行核销处理。

11.2月16日，用朱雀公司预收货款50 000元冲应收账款。

操作向导：王小芳在应收款管理系统办理预收冲应收手续并制单。

12.2月17日，收到朱雀公司汇来货款35 685元。

操作向导：王小芳在应收款管理系统填制收款单，审核后制单并进行核销处理。

13.2月20日，青龙公司订购甲产品30台，协议价格为2 900元/台，要求2月24日发货。

操作向导：张扬在销售管理系统填制销售订单并审核。

14.2月24日，根据约定向青龙公司发出甲产品30台，代垫运费2 000元，开出2143号转账发票付讫。

操作向导：张扬开出并审核发货单，开出并审核代垫运费单；王小芳进入应收款管理系统审核应收单并立即制单。

15.2月24日，开出销售给青龙公司30台甲产品的销售专用发票。

操作向导：张扬在销售管理系统开出销售专用发票并复核；王小芳在应收款管理系统审核销售专用发票并制单。

16.2月27日，零售甲产品3台，含税单价3 500元/台，乙产品5台，含税单价2 600元/台，货款均已存入银行。

操作向导：张扬在销售管理系统填制发货单并审核，填制普通销售发票，进行现结处理后复核；王小芳在应收款管理系统进行应收单据审核，审核后立即制单。

17.2月28日，收到玄武公司代销清单，本月销售乙产品12台，结算价格2 180元/台。

操作向导：张扬在销售管理系统填制委托代销结算单，审核后系统自动生成销售专用发票，由张扬进行复核；王小芳在应收款管理系统审核销售专用发票并生成凭证。

18.2月28日，计提坏账准备。

操作向导：王小芳在应收款管理系统执行“计提坏账准备”功能并生成凭证。

（三）月末处理

1.张扬进行采购管理、销售管理系统月末结账。

2.王小芳进行应收款、应付款管理系统月末结账。

3.莫南对从应收款管理系统传递到总账系统的凭证进行审核、记账，对账后进行结账。

4.将账套数据输出并保存起来，作为下节实训项目的准备资料。

五、实训指导

销售与应收款管理系统的基本操作流程包括销售管理系统及应收款管理系统的应用准备工作、日常业务处理和期末处理三个部分，有关的操作与实训项目第六章第一节相似，这里不再赘述。

第三节　存货核算与库存管理系统

一、实训目的

通过完成本实训，学生应掌握存货核算与库存管理系统初始化、日常业务处理及月末处理的操作，全面理解供应链各系统集成使用的情况下系统间的数据传递关系。

二、实训内容

1.初始设置；

2.存货资金流业务处理；

3.存货物流业务处理；

4.存货核算与库存管理系统月末处理；

5.账套数据备份。

三、实训准备

引入实训项目第六章第二节完成后的账套备份数据。

四、实训案例

（一）初始设置资料

1.系统启用

账套主管莫南注册进入企业门户，在基本信息的系统启用功能中，以2023年3月1日启用存货核算系统和库存管理系统。

2.科目设置

（1）存货科目见表6-17。

表6-17　**存货科目**

仓库编码	仓库名称	存货分类编码	存货分类名称	存货科目编码	存货科目名称
1	原材料库	01	原材料	1211	原材料
2	产成品库	02	产成品	1243	库存商品

（2）对方科目设置见表6-18。

表6-18 对方科目设置

收发类别编码	收发类别名称	存货分类编码	存货分类名称	对方科目编码	对方科目名称
11	采购入库	01	原材料	1201	物资采购
21	销售出库	02	产成品	1243	主营生产成本
22	生产领料	01	原材料	410101	基本生产成本

（3）税金科目见表6-19。

表6-19 税金科目

存货编码	存货名称	科目编码	科目名称
001	A材料	21710101	进项税额
002	B材料	21710101	进项税额

3.存货期初余额（见表6-20）

表6-20 存货期初余额 金额单位：元

仓库	存货编码	存货名称	单位	数量	单价	金额
原材料库	001	A材料	吨	60	3 180	190 800
原材料库	002	B材料	件	1 800	75	135 000
产成品库	201	甲产品	台	200	1 650	330 000
产成品库	202	乙产品	台	180	1 380	248 400

库存管理系统期初数据从存货核算系统取数。

库存选项设置中允许超可用量发货。

（二）日常业务处理

南丰公司2023年3月份发生下列经济业务：

1.3月1日，汇给北魏公司前欠货款35 030元。

操作向导：王小芳在应付款管理系统录入付款单，审核后生成凭证。

2.3月2日，市场部张扬向东吴公司订购B材料300件，单价75元/件，要求3月6日到货。

操作向导：张扬在采购管理系统中录入采购订单，保存后审核。

3.3月3日，玄武公司订购甲产品30台，双方协议单价2 900元/台，要求3月10日发货。

操作向导：张扬在销售管理系统中录入销售订单并审核。

4.3月6日，收到东吴公司发来B材料300件验收入库。同时收到采购专用发票，货款22 500元，增值税税额2 925元，共计25 425元。

操作向导：张扬在采购管理系统参照订单生成采购到货单，在库存管理系统参照到货单生成采购入库单；王小芳在存货核算系统进行正常单据记账，然后在财务核算功能中生成记账凭证。

5.3月8日，收到白虎公司汇来前欠货款75 580元。

操作向导：王小芳在应收款管理系统录入收款单，审核后立即生成记账凭证。

6.3月10日，根据协议约定，向玄武公司发运甲产品30台，开出3245号转账支票代垫运费1 200元。当天开出销售专用发票。

操作向导：张扬在销售管理系统参照订单录入发货单并审核，然后录入并审核代垫运费单，参照录入销售专用发票并审核；王小芳在应收款管理系统审核销售专用发票及代垫运费单，再进行发票制单和应收单制单；张扬在库存管理系统根据发货单生成销售出库单并审核；王小芳在存货核算系统对销售出库单进行记账，然后在财务核算功能中生成记账凭证。

7. 3月13日，生产部门领用A材料20吨，单价3 180元/吨，B材料300件，单价75元/件，用于产品生产。

操作向导：张扬在库存管理系统中录入材料出库单并进行审核；王小芳在存货核算系统对材料出库单进行正常单据记账，然后在财务核算功能中生成记账凭证。

8.3月14日，向北魏公司订购A材料5吨，单价3 200元/吨。

操作向导：张扬在采购管理系统录入采购订单，保存后审核。

9.3月16日，收到玄武公司货款50 000元，其余货款下月付清。

操作向导：王小芳在应收款管理系统录入收款单，审核后生成记账凭证并进行核销操作。

10.3月17日，朱雀公司订购甲产品50台，协议单价2 850元/台。

操作向导：张扬在销售管理系统录入销售订单并审核。

11.3月20日，收到北魏公司发来的5吨A材料，经过验收无误入库。

操作向导：张扬在采购管理系统参照订单生成采购到货单，在库存管理系统参照到货单生成采购入库单；王小芳在存货核算系统进行正常单据记账，然后在财务核算功能中生成记账凭证。

12.3月21日，收到北魏公司开来的采购专用发票，货款当即以银行存款结清，结算方式：汇票；票据号：5168。

操作向导：张扬在采购管理系统参照录入采购专用发票并进行现付、结算处理；王小芳在应付款管理系统中审核采购发票并进行现结制单。

13.3月22日，朱雀公司自备车辆提货，由产成品库发货，并开出销售专用发票，货款142 500元，增值税税额18 525元，共计161 025元，收到银行汇票交存银行，票据号2196。按结存单价出库。

操作向导：张扬在销售管理系统填制发货单并审核，填制销售专用发票，进行现结处理后复核；王小芳在应收款管理系统进行应收单据审核，查询时过滤条件应包括已现结发票，审核后立即制单。张扬在库存管理系统根据发货单生成销售出库单并审核；王小芳在存货核算系统对销售出库单进行记账，然后在财务核算功能中生成记账凭证。

14.3月27日，零售甲产品8台，含税单价3 450元/台，乙产品10台，含税单价2 580元/台，货款均已收存银行。按结存单价出库。

操作向导：张扬在销售管理系统填制发货单并审核，填制销售专用发票，进行现结处理后复核；王小芳在应收款管理系统进行应收单据审核，查询时过滤条件应包括已现结发票，审核后立即制单。张扬在库存管理系统根据发货单生成销售出库单并审核；王小芳在存货核算系统对销售出库单进行记账，然后在财务核算功能中生成记账凭证。

（三）月末处理

1.张扬进行采购管理、销售管理、库存管理系统月末结账。

2.王小芳进行应收款、应付款、存货核算系统月末结账。

3.莫南对从各系统传递到总账系统的凭证进行审核、记账，对账后进行结账。

4.将账套数据输出保存。

五、实训指导

存货核算与库存管理系统的基本操作流程包括存货核算与库存管理系统的初始设置工作、日常业务处理和期末处理三个部分，有关的操作这里不再赘述。

参考文献

［1］张耀武，李星. 会计信息化案例实训［M］. 2版. 北京：经济管理出版社，2013.

［2］张耀武. 会计信息系统［M］. 北京：经济科学出版社，2012.

［3］张耀武. 会计信息系统［M］. 武汉：武汉大学出版社，2003.

［4］毛华扬. 会计信息系统原理与应用——基于用友ERP-U8V10.1版［M］. 北京：中国人民大学出版社，2018.

［5］宋红尔，冉祥梅，赵越. 会计信息化——财务篇（用友ERP-U8V10.1版）［M］. 2版. 大连：东北财经大学出版社，2020.

［6］王海林. 会计信息系统：面向财务业务一体化［M］. 3版. 北京：电子工业出版社，2017.

［7］王珠强. 会计电算化——用友ERP-U8V10.1版［M］. 2版. 北京：人民邮电出版社，2017.

［8］王新玲. 用友U8V10.1会计信息化应用教程［M］. 北京：人民邮电出版社，2016.

［9］王玫. 会计信息系统实验教程：用友ERP-U8（V8.72）版［M］. 北京：清华大学出版社，2015.

［10］左莉，金兴霞. 会计信息化（用友T3版）实用教程［M］. 北京：中国水利水电出版社，2015.

［11］占慧莲，龙飞. 新编财务软件实训教程（用友ERP-U8.72版）［M］. 上海：立信会计出版社，2014.

［12］张泓波，李长青，戴悦. 会计信息系统综合实训教程［M］. 北京：清华大学出版社，北京交通大学出版社，2013.

［13］姚靠华，刘纳新. 会计信息系统实验教程［M］. 长沙：湖南大学出版社，2012.